Servizo de Publicacións
Universida_{de}Vigo

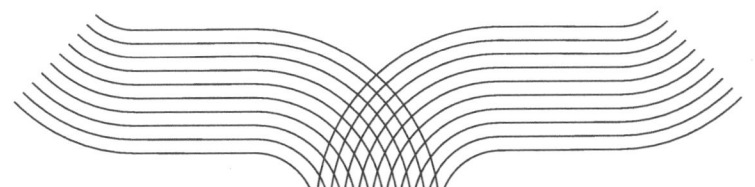

Miscelánea
Serie de textos misceláneos

Edición
Universidade de Vigo
Servizo de Publicacións
Rúa de Leonardo da Vinci, s/n
36310 Vigo

Deseño gráfico
Julinda Molares Cardoso e Tania Sueiro Graña
Área de Imaxe
Vicerreitoría de Comunicación e Relacións Institucionais

Imaxe da portada
Adobe stock

Maquetación e impresión
Tórculo Comunicación Gráfica, S. A.

ISBN
978-84-1188-061-9

Depósito legal
VG 236-2025

Servizo de Publicacións
Universida de Vigo

HR EXCELLENCE IN RESEARCH

Teoría y práctica de la educación social escolar

Autora

Carolina Borges Veloso

02

Marco teórico de la educación social escolar 123

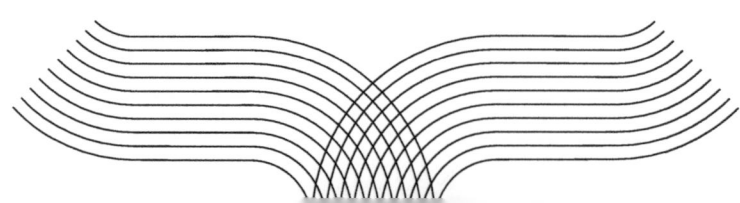

Agradecementos

As miñas primeiras palabras de agradecemento son para o meu benquerido profesor; o Doutor Xosé Manuel Cid Fernández, por contaxiarme da súa paixón pola educación ó longo dos meus anos como estudante e investigadora.

Tamén quero agradecer ás entidades, escolas, alumnado e todos os profesionais que me permitiron realizar a parte empírica da investigación. Pero, sobre todo, por o marabilloso traballo que realizan cada día, mellorando, en silencio, a vida de tantas persoas. Mein besonderer Dank gilt Professor Karsten Speck, der sein Wissen so großzügig mit mir geteilt hat.

Ao meu avó, o Tomás de Ganceiros, que, si puidera velo, estaría máis contento ca ninguén e "presumiría" de neta no bar. Eu si que podo presumir de ter tido o mellor avó do mundo

Por último, unhas palabras para os meus solciños, Mencía e Tomás, que tantas veces tiveron que compartir o "noso" tempo con estas páxinas. Amores; se algún día as ledes, espero que vos gusten e, sobre todo, que esteades orgullosos da vosa mamá, que tanto vos quere.

Prólogo

O meu primeiro libro, nacido da tese de doutoramento, fai nada menos que 35 anos, contaba cun prólogo de Herminio Barreiro. Por iso cando Carolina me pediu unhas palabras introdutorias para esta monografía, sentinme moi honrado. E non podía rexeitalo, aínda consciente de que non podería estar á altura do encargo que eu fixen daquela.

Espero dar conta do encargo. Que estas reflexións sirvan para animar á lectura. Conto coa vantaxe de que o libro defréndese só.

Estamos diante dun traballo propio dunha educadora social que acadou unha destacada madurez intelectual durante o seu longo período de formación. Estamos diante dunha profesional da educación e da investigación que non acortou os tempos, sabedora de que unha disciplina nova, como é a nosa, precisa construír o coñecemento a partir de moitas fontes bibliográficas e de moitas experiencias prácticas.

Ata fai pouco esas fontes viñan da Pedagoxía Social na maior parte dos casos, e doutros campos afíns que aterraban na realidade socioeducativa coas súas propias miradas, cos seus interrogantes e coas súas metodoloxías. Pola súa banda, as experiencias adoecían das mesmas limitacións, propias de persoas sen formación especializada, que actuaban por reprodución dos modelos existentes, con lixeiras innovacións que a observación minuciosa da propia práctica podía provocar.

Coa creación da diplomatura de Educación Social, nos anos noventa, e de maneira mais decidida, coa aparición dos graos, mestrados e doutoramentos, promovidos coa posta en marcha do EEES, esa formación pasou a ser mais completa, tanto no plano da intervención profesional como no da investigación.

Neste novo escenario, a autora fixo ese percorrido, sen présa, con moita formación universitaria, e cunha alta dose de autodidactismo.

Logo dos cinco anos de diplomatura e licenciatura, embarcouse nun longo proceso de investigación de doutoramento. Delimitou o tema que lle preocupaba, preocupación compartida co colectivo profesional. Fronte a quen consideraba que a Educación Social tiña como sinal definitoria, a súa actuación en espazos non escolares, os colectivos profesionais comezaron a darse conta das potencialidades da súa intervención en coordinación co maxisterio, cos departamentos de orientación, coas familias, cos servizos sociais, na perspectiva da cidade educadora, promovida por Departamentos municipais de educación, ou por outras institucións, en lugares moi diversos do planeta.

Conscientes de que ese é o paradigma axeitado, resulta necesario analizar moitas realidades, moitas experiencias e moitos discursos académicos e sociopolíticos, para chegar á proposta dun modelo axeitado que poda servir de base ao traballo das administracións que pensen de verdade en garantir dereitos da infancia, en promover escolas e sociedades inclusivas, en abordar con rigor problemáticas escolares que están na orixe de múltiples formas de violencia.

Estamos por tanto diante dunha obra que interesa non só a profesionais da educación social, senón tamén aos distintos axentes educativos, maxisterio, departamentos de orientación, familias, responsables políticos e de xestión educativa.

Carolina achéganos unha proposta de buscar puntos de encontro, de dialogo, entre todos os axentes implicados. Non se trata de enfrontar posicionamentos irreconciliables, senón de buscar os espazos de cooperación e proxectos colectivos. A educación do futuro demanda ese cambio de mentalidade. O/a docente nun aula, con 25 crianzas, un encerado e pupitres en liña, reflicte un modelo que ten que pasar á historia, como indica o informe 2021 da UNESCO.

A autora non ve movementos nesta dirección dentro do sistema de ensino galego, a pesares de que Nova Escola Galega −con tradición renovadora no mundo escolar − e o Colexio de Educadoras e Educadores Sociais de Galicia, xa se fixeron esta pregunta nas primeiras xornadas, a principio do século, e de forma moito mais visible no terceiro encontro de 2016, en Ourense, co formato de Congreso Internacional de Educación Social e Escola.

Ese feito non a desanima, e procurou realidades de Educación Social na Escola noutras comunidades, e puxo o foco na realidade alemá, con décadas de iniciativas públicas, na profesionalización da Educación Social dentro do sistema educativo.

Sen présa como indicamos anteriormente, Carolina Borges Veloso foi preparando diversas contribucións sobre esta temática, en congresos, en revistas, en estadías con destino en diversas universidades alemás. E cando foi quen de construír ese discurso maduro, sistemático, reflexivo, crítico e científico, enfiou unha tese de doutoramento, que formula un punto de partida teórico e práctico imprescindible para novas investigacións e políticas que aborden esta cuestión.

O libro consigue alixeirar ese contido mais técnico e académico da tese, para poder chegar a todos o públicos, os que teñen funcións mais técnico-pedagóxicas, mais administrativas, e os que teñen curiosidade por ver unha escola na que a infancia se sinta feliz e protagonista dun futuro asentado en novos valores, asentados nos dereitos humanos, a democracia, a paz e a xustiza social.

A escola non é a principal responsable para a consecución deste futuro, pero tampouco pode deixar de intentalo. Galicia non ten un proxecto serio de educación social na escola, pero ten a primeira investigación rigorosa para adiantar camiño nesa dirección.

Iso é o que podemos encontrar nesta obra. Se non esperta o interese da administración, pode ser a comunidade educativa quen lle faga ver a necesidade de abordar o cambio educativo, con esta perspectiva interprofesional.

Ese é o valor principal desta obra. É un libro para a comunidade educativa, e para colocar no centro do debate os principais problemas que afronta o noso sistema educativo. Recomendo por tanto unha lectura colectiva, para sacar conclusións que dinamicen a loita por unha nova escola e unha nova sociedade.

Parabéns á autora por lanzar este desafío, e agardo que a comunidade educativa poida sacar froitos desta proposta.

Prof. Dr. Xosé Manuel Cid Fernández

Profesor titular da Facultade de Educación e Traballo Social

Universidade de Vigo.

Vorwort zur Publikation von Carolina Borges Veloso

Angesichts einer wachsenden Diversität, Problembelastung und sozialen Benachteiligung junger Menschen und des Anspruchs einer Grundbildung und -erziehung für Alle nimmt die Bedeutung von Sozialpädagog*innen in Schulen in den letzten Jahren und Jahrzehnten in vielen europäischen Ländern an Bedeutung zu.

Carolina Borges Veloso beschäftigt sich in ihrer Monographie, die zugleich ihre Dissertation ist, mit dem beruflichen Handeln von Sozialpädagog*innen in Schulen und leistet dabei einen wichtigen Beitrag zur Professionalisierung des Handlungsfeldes der Schulsozialarbeit. Carolina Borges Veloso differenziert zu Recht zwischen der Schulsozialarbeit und der Sozialarbeit an Schulen, macht auf eine Theorielücke zur Schulsozialarbeit aufmerksam und versucht diese zu schließen, betont die Notwendigkeit zur multiprofessionellen Kooperation in Schulen und verweist zu Recht auf einen Professionalisierungs- und Legitimierungsbedarf der Tätigkeit von Sozialpädagog*innen in Schulen. Zugleich arbeitet sie ausführlich die Funktion der Schulsozialarbeit als ethisch-pädagogische Innovation heraus. Die Monographie von Carolina Borges Veloso zeichnet sich dabei m.E. durch einige Besonderheiten aus: Erstens werden unterschiedlichste Datenquellen eingebunden (Fachpublikationen, Theorieansätze, Forschungsbefunde, Feldforschung, Fallstudien, Auslandsaufenthalte). Zweitens werden sowohl akademische als auch berufspraktische Erwartungen und Ansprüche erfüllt. Drittens wird ein Ländervergleich zur Schulsozialarbeit zwischen Spanien und Deutschland vorgenommen, der wichtige und übergreifende Erkenntnisse für die theoretische Fundierung und Professionalisierung des Handlungsfeldes liefert. Viertens wird die Hauptzielgruppe der Schulsozialarbeit, die Schüler*innen, in den Fokus der Darstellung gerückt.

Ich würde mir aufgrund der Qualität der Monographie wünschen, dass die Ausführungen von Carolina Borges Veloso in der akademischen Welt und der Berufspraxis gleichermaßen auf großes Interesse stoßen und so mittels der Schulsozialarbeit eine echte, pädagogische Innovation im Bildungssystem zum Tragen kommt.

Prof. Dr. Karsten Speck

Profesor de la Carl von Ossietzky Universität Oldenburg

Presentación del libro
Teoría y práctica de la educación social escolar

Este monográfico se dispone a abordar la acción profesional de educadoras y educadores sociales en los centros escolares desde la práctica profesional y mediante una sólida fundamentación teórica como soporte, con la finalidad de contribuir, en la medida de lo posible, a la profesionalización del campo.

Las conclusiones de este trabajo señalan que estos profesionales, que inicialmente entraron en los centros escolares para apoyar al alumnado con más dificultades, se han convertido en un apoyo para cualquier discente que necesite ayuda para afrontar las dificultades de la vida diaria de las escuelas, favoreciendo su aprendizaje y mejorando la convivencia, así como en el principal colaborador de los equipos docentes y un nexo de unión entre las familias y el centro. El objetivo de este libro es explicar el proceso por el que han conseguido estos resultados.

Este trabajo está basado, principalmente, en los resultados de mi tesis[1] doctoral sobre la Educación Social[2] en el contexto escolar que se realizó a caballo entre Galicia y Alemania, defendida en el año 2023. Se cimienta en una extensa recopilación de diversas fuentes teóricas y resultados de investigación, tanto de producción nacional como de ámbito europeo, en el que la experiencia alemana tiene un papel muy importante. En todo momento se procuró conseguir un adecuado equilibrio entre los aspectos académicos y profesionales, realizando el trabajo de campo en programas de Educación Social asentados y con profesionales experimentadas, así como a través de varias estancias en universidades y centros educativos alemanes, y poder enriquecer el estudio con la perspectiva internacional.

---

1 Se trata de una Tesis con Mención Internacional y calificada con *Cum laude*, titulada. "A educación social na escola: Contribucións da Pedagoxía-Educación Social para restituír o papel educativo da institución escolar" realizada en la Universidad de Vigo y dirigida por el Prof. Dr. Xosé Manuel Cid Fernández.

2 A lo largo del texto, vamos a utilizar mayúsculas en la expresión "Educación Social" siguiendo el criterio de los profesores Sáez y García-Molina (2006, pp.58-116), que emplean 3 categorías heurísticas para identificar la Pedagogía-Educación Social, para distinguirla como profesión y titulación, frente a la educación social, como práctica educativa y social.

En estas páginas se teoriza sobre las prácticas conceptualizadas como *Educación Social Escolar*[3] frente *a la Educación Social en la Escuela*[4]. Esta distinción ha sido resultado de un análisis de la profesionalización del campo por la que, por medio de un nominalismo empírico crítico, discernimos dos realidades que tienden a unificarse, pero que difieren tanto en el enfoque como en la praxis y en los efectos. Esta apuesta decidida por este tipo concreto de modelo de acción, denominado Educación Social Escolar, se justifica por sus efectos positivos en los centros escolares, convirtiéndose en una auténtica *innovación educativa* y, por lo tanto, hacia donde deben orientarse los esfuerzos del colectivo profesional, de la Universidad y de la Administración.

Otro de los pilares de este trabajo es incorporar las valoraciones del principal destinatario de la acción socioeducativa: el alumnado, que se convierte en uno de los informantes más importantes sobre la praxis profesional de educadoras y educadores sociales.

La finalidad de este trabajo es sistematizar el conocimiento tácito de la praxis y de los resultados de la investigación educativa para transformarlo en conocimiento codificado y aumentar así la teoría de la Educación Social desde las dinámicas concretas que se dan en el sistema escolar. Con esta base, construimos un corpus teórico orientado a la praxis que pretende dar respuesta a las cuestiones clave más frecuentemente formuladas sobre el tema: **¿Qué es? ¿Qué hace? ¿Con quién lo hace? ¿Cómo lo hace? ¿Con qué lo hace? ¿Qué consigue?** Las respuestas pretenden ser una guía teórico-práctica de útil aplicación en el espacio laboral.

Los motivos que confluyen en la necesidad de crear un marco teórico propio son los seguintes:

a) la ausencia y necesidad de una epistemología propia,

b) la relevancia de las implicaciones de la confluencia entre la Educación Social y la institución escolar,

c) contribuir a fundamentar la Educación Social como un perfil profesional idóneo para trabajar en la consecución de los objetivos socioeducativos escolares

d) y la propuesta de un modelo educativo *para* la Educación Social Escolar como innovación educativa de tipo humanístico en las escuelas.

Para empezar, se observa una notable ausencia epistemológica del campo (Rodorigo y Aguirre-Martin, 2020), y la que existe, no está suficientemente sistematizada.

---

3 En esta monografía nos hemos tomado la licencia de escribir en letras capitales *Educación Social Escolar*, en un ejercicio de vindicación del concepto y del campo.

4 Una reflexión amplia de este apartado se puede encontrar en el artículo que aparece en las referencias: Cid y Borges, 2022 y en el apartado 1.2.7. de este monográfico.

Aunque es habitual encontrar este desequilibrio entre el conocimiento "experiencial" y la teoría elaborada en la Educación Social (Úcar, 2001), es preciso aumentar la sistematización de los procedimientos y saberes que se están ejecutando desde la realidad del espacio laboral, creando una red conceptual del campo profesional más robusta de la que actualmente existe, y que ésta debe partir de la investigación y de la reflexión sobre la realidad de la praxis profesional, nutriéndose de los fundamentos epistemológicos de la Pedagogía Social Sociocrítica. Y es que una de las funciones disciplinares de la Pedagogía Social es la de teorizar y conceptualizar, investigar y organizar la práctica, para fortalecer la actividad profesional de modelos teóricos sólidos porque, sin conceptos claros, no es posible actuar con rigor (Ortega, 1999).

También así las dinámicas de la Educación Social en los centros escolares precisan de una epistemología propia puesto que, como señala Caride (2005, p.35), la complejidad que caracteriza las prácticas y los discursos de la Pedagogía Social provoca que cada área tenga exigencias epistemológicas, disciplinares y metodológicas propias.

Con todo, este anhelo de poner en circulación una serie de conceptos propios a la hora de actuar en el contexto escolar, no es óbice para vindicar una figura completa y sin fragmentar de los profesionales de la Educación Social. Así como poner el acento en el tronco común de la profesión, no significa desconsiderar las particularidades que el trabajo en la escuela pueda implicar, puesto que las funciones deben recrearse y adaptarse a la institución, a los sujetos y al territorio (Moyano, 2012).

La importancia de indagar sobre este tema reside en la envergadura que su incorporación puede tener tanto a nivel de la profesión como a nivel de la institución escolar. A nivel de profesión, la incorporación de los profesionales de la Educación Social a las escuelas debe interpretarse como una oportunidad no exenta de riesgos. Los resultados de su colaboración, como señala Parcerisa (2008), conciernen en concreto a la Educación Social, en tanto que se juega su papel en la escuela. Si los profesionales de la Educación Social no consiguen lograr ni legitimación ni reconocimiento social de su labor, podrían sufrir procesos de desprofesionalización.

Siendo legítimas las aspiraciones del colectivo profesional de educadoras y educadores sociales de profesionalizarse, esta no debe medirse únicamente en términos cuantitativos, sino también a efectos cualitativos. Aunque el empleo es una variable profesionalizadora, también puede devenir en un factor desprofesionalizante si la calidad de los puestos de trabajo limita la autonomía de los profesionales, los precariza o se le encomiendan funciones contrarias a su ética profesional (Sáez y Campillo, 2013; Sáez y García-Molina, 2006). Con lo cual, no solamente importa añadir ámbitos profesionales, sino también la calidad del empleo y la legitimación de los profesionales en estos campos son fundamentales para progresar en nuestra profesionalización.

Por otro lado, este tema incumbe muy especialmente a la escuela, que se juega su papel como espacio privilegiado de institución social de educación y socialización de la infancia y de la adolescencia (Parcerisa, 2008). Por este motivo, es primordial que esta confluencia se dé con la máxima adecuación y garantías posibles.

Sea más o menos formal, la colaboración con los profesionales socioeducativos, principalmente la Educación Social, es una realidad; constituye una de las medidas que están adoptando tanto las escuelas como la Administración para dar respuesta a los retos educativos de la institución escolar. Por lo tanto, los esfuerzos deben estar dirigidos a crear un modelo educativo para la Educación Social Escolar que permita establecer una buena formulación de los equipos de trabajo, que sitúen a cada profesional en una situación favorable para desenvolver su acción con la mejor de las garantías.

Una de las cuestiones centrales que gira alrededor de este tema, es la defensa, o no, de la entrada de las profesionales de la Educación Social en los centros escolares. Esta monografía pretende ser un alegato a favor de su incorporación en las escuelas. Pero esta no es la única posibilidad, ni en la teoría ni en la práctica. Existe un variado grupo de colectivos profesionales que demandan su incorporación a los centros escolares para realizar funciones educativas; desde los profesionales de enfermería para realizar educación para la salud (Diario Enfermero, 2020), pasando por las profesionales de Psicología para trabajar la igualdad (COPgalicia,2022), hasta el profesorado técnico en servicios a la comunidad (PTSC) para asumir en su totalidad funciones socioeducativas (Calzado, 4, julio,2020), la pugna existente entre qué profesional debe cubrir el puesto de coordinación de bienestar y protección de la Ley Rhodes (Gaibar, 2020) además de que tanto la Administración como los centros escolares abren sus puertas a otras profesiones y ocupaciones sociales para realizar tareas socioeducativas. Por lo tanto, las posturas ni son unánimes ni unívocas, ni en qué profesiones deben entrar en las escuelas, en general, ni en la pertinencia de la Educación Social, en concreto.

Pues bien, ante esta situación, en lo que atañe a nuestra profesión, pensamos que no se trata de asignar campos profesionales a la Educación Social arbitrariamente con la única finalidad de aumentar cuantitativamente el empleo, en este caso apropiándose de su porción de la tarta escolar como una demanda *domo pro mea*. Como apunta Riera (1998), lo fundamental no son las fronteras, sino que la Educación Social cumpla con éxito la especificidad para la que fue creada. Y, por lo tanto, desde esta firme convicción, consideramos que, a tenor de su perfil profesional y de sus resultados, la introducción de profesionales de la Educación Social en las escuelas para realizar específicamente acción socioeducativa, es una medida idónea para afrontar los retos escolares, convirtiéndose en una de las *innovaciones ético-educativas* más importantes de los últimos años porque está contribuyendo a alcanzar mayores cotas de justicia social en las escuelas. Esto es, sus resultados son su mejor carta de presentación.

La Educación Social Escolar como innovación ético-educativa

El proceso de tecnificación del mundo ha venido de la mano de la Postmodernidad (Valcárcel, 2002). Esta primacía de la técnica en detrimento de los saberes humanísticos se hace también patente en la atención desigual, tanto investigadora como presupuestaria, que reciben las distintas innovaciones de las ramas del campo educativo. La innovación tecnológica, la neuroeducación, los temas de índole tecnocrático y economicista imperan en los discursos educativos hegemónicos. Las ideas de eficiencia y eficacia capitalizan los discursos y las inversiones, eclipsando otras *ideas* más en sintonía con el discurso crítico de la educación: como igualdad, equidad, democracia, emancipación (Sáez, 2003). Esta no es una cuestión menor, ya que la "crisis de la escuela" tiene su origen en una crisis de sentido (Touriñán, 2014), es decir, en torno a los objetivos, hacia dónde ir. La incerteza, el relativismo y el vacío postmoderno afecta también a la escuela, junto con la pérdida de legitimidad de los valores ilustrados de la modernidad, que buscaban compensar las desigualdades de origen por medio de la educación universal escolar, y ante la decepción con los resultados obtenidos. Este vacío o déficit de sentido está siendo ocupado por objetivos espurios, cambiando así las fuentes de las que abastecerse, pasando de la filosofía, de la ética y de la esfera ideológica-política, a la esfera económica (Pérez Gómez, 2000; Laval, 2005).

Se hace necesario recordar que el progreso de la humanidad no se debe únicamente a la técnica, sino también y mucho a las ideas que organizan la moral (Valcárcel, 2002). Por eso pensamos que la escuela tiene que buscar su horizonte de sentido en los valores democráticos, en la escuela equitativa que busca garantizar una *educación de básicos* (Sen, 1995), un salario mínimo cultural (Perrenoud, 2002) para todo el alumnado, democratizando el conocimiento entre toda la población escolar, otorgándole el poder del saber, en sintonía con la idea *freiriana* de convertir el conocimiento como el medio emancipador de las personas oprimidas (Freire, 2002).

Por lo tanto, dentro de este sendero ideológico, consideramos que una de las grandes innovaciones educativas de gran calado ético de las últimas décadas ha sido la introducción de profesionales de la Educación Social *dentro* de las instituciones escolares, con el encargo específico de realizar acción socioeducativa, medida que se ha llevado a cabo a lo largo y ancho de los 5 continentes.

La innovación precisamente se produce cuando dos campos que actuaban por separado comienzan a interactuar. En este mundo dominado por la tecnología, parece que las únicas innovaciones posibles fuesen las de tipo técnico, pero no es así. La Educación Social Escolar es una innovación también, pero de tipo humanístico. Cuando se apuesta por la Educación Social Escolar es muy probable que se esté apostando también por ideas de un profundo calado ético: alcanzar mayores cotas de justicia social y educativa. Y por un determinado modelo de acción en el que no solo se prima la acción individual, sino que también se interviene **en el contexto** del alumnado, diseñando para ello acciones educativas que se implementan en distintos espacios y tiempos educativo-escolares, puesto que las trayectorias individuales del alumnado están marcadas en gran parte por factores estructurales, no solo individuales (Sánchez y Prieto, 2020). De ahí emana nuestra voluntad de preconizar este tipo de acción en las escuelas.

Con todo, aunque la Educación Social Escolar evoluciona, lo hace muy lentamente y no sin pocos estancamientos e incluso retrocesos. En muy pocos lugares cuenta con un apoyo económico firme, hecho que contrasta con otro tipo de gastos escolares. Por ejemplo, España está en la media de los países europeos en la inversión tecnología en escuelas (Colás et.al., 2018). Sin cuestionar la importancia de este tema en el ámbito educativo, lo cierto es que priorizar la inversión en tecnología en vez de en intervención socioeducativa, es una decisión ideológica, en función de hacia dónde se oriente la doctrina sobre cuál debe de ser el sentido de la escuela.

Con esta monografía pretendemos reivindicar su figura a través de sus buenos resultados, pero también poner por encima de la mesa las dificultades con las que se encuentra, los retos que afronta y las mejoras que precisa para que los profesionales de la Educación Social puedan seguir desenvolviendo con calidad su trabajo, pero sin que para ello tengan que sortear más obstáculos de los que la propia complejidad del trabajo implica. La satisfacción y el bienestar de los profesionales de la Educación Social es también un factor importante (además de un deber ético y una obligación que interpele al Estado); requieren de unas buenas condiciones laborales, estabilidad en sus puestos de trabajo y autonomía profesional.

Por lo tanto, en un ejercicio de vindicación de las humanidades, queremos destacar la Educación Social Escolar como lo que es; una **innovación ético-educativa** en las escuelas eficaz, que orienta la escuela en la senda de la justicia social educativa, que busca democratizar la excelencia (Cortina, 2013) y que tiene efectos positivos en la vida diaria del centro, y reclamar así a la Administración una inversión justa y proporcionada a los beneficios escolares que produce.

Estructura del libro

El objetivo del capítulo primero es afín a las funciones disciplinares de la Pedagogía Social: estudiar los modelos educativos vigentes de Educación Social en el sistema educativo, someterlos a crítica desvelando su ideología, analizando los supuestos en los que se fundamentan y los efectos que producen (Núñez, 1990). Por lo tanto, se caracteriza por tener un carácter operativo, esto es, describir la realidad del campo tal cual se muestra con el objetivo de producir efectos explicativos-predictivos.

En la primera parte del monográfico, los contenidos versan en perfilar el estado del campo profesional de la Educación Social Escolar en sus distintas dimensiones:

A *nivel teórico* se presenta una justificación teórica del campo, así como una descripción de las distintas propuestas teóricas sobre la Educación Social Escolar presentadas a través de los debates más frecuentes, explicando las bases que sustentan cada modelo y las implicaciones que tienen en la praxis.

A *nivel de profesionalización*, se analiza el progreso y evolución de la Educación Social en este campo profesional observando si está legitimándose, analizando para este fin el empleo a nivel cuantitativo y cualitativo, así como la influencia de las acciones del colectivo profesional.

A nivel *formativo-investigador*, se ahondará en una de las actrices principales de la profesionalización de la Educación Social: la Universidad y su papel como formadora, investigadora de la praxis y la productora de modelos educativos.

Por último, abordaremos los aspectos relativos a los *efectos de la acción* profesional de la Educación Social Escolar, presentando los principales resultados recopilados de diversos estudios nacionales e internacionales.

El *segundo capítulo* tiene como objetivo crear modelos de Educación Social Escolar de tipo *prescriptivo-operativo*, basados en la evidencia de los resultados de la investigación y de la teoría educativa. En esta sección, se van a ir trenzando argumentos de la teoría y de la investigación con las que hemos elaborado nuestra propia propuesta epistemológica de Educación Social Escolar. La pretensión que nos guía es la puesta en circulación y debate de estos conceptos para que sean probados, contrastados y mejorados. Como dice el profesor Escudero (2005) "la innovación no es un camino a seguir, sino un camino a desbrozar", por lo que esperamos que estas páginas puedan ayudar a otros profesionales a construir una Educación Social Escolar mejor.

Por último, puesto que esta monografía tiene una finalidad profesionalizante, se presentarán casos prácticos reales. Si te apetece compartir tus respuestas educativas o conocer más sobre este campo en España y en el mundo, existe una comunidad de profesionales interesados en crear una Educación Social Escolar mejor.

Entra en www.educacionsocialescolar.net o en https://www.instagram.com/educacionsocialescolar/ y forma parte de este proyecto construyendo conocimiento profesional.

Capítulo 01

Descripción del estado teórico y práctico de la educación social escolar en España

1.1 Emergencia del campo de la educacion social escolar

La justificación teórica del campo es uno de los ejes temáticos más abordados desde la literatura científica de producción nacional. En España se incide de forma frecuente y extensa sobre los motivos por los que la introducción de profesionales de la Educación Social en las escuelas es adecuada y beneficiosa. Este hecho contrasta, por ejemplo, con lo que sucede en Alemania, donde este punto se aborda de forma sucinta y tangencial.

Por nuestra parte, vamos a tratar concisamente esta cuestión para ofrecer una visión particular, centrándonos en las implicaciones que se extrapolarán a la práctica.

1.1.1 Justificaciones

Las justificaciones más comunes a las que se hace referencia en la introducción de profesionales de la Educación Social en las escuelas son básicamente de dos clases: de tipo teórico y práctico. Dentro de las razones de tipo teórico podemos distinguir dos subgrupos: las que provienen del ámbito disciplinar de la Pedagogía Social, que tienen un carácter epistemológico, y las que provienen del ámbito de los profesionales tradicionales de la escuela, que están más relacionados con las teorías educativas.

Argumentación teórica de tipo epistemológico: Esta es la postura más puramente teórica. Se centra en los fundamentos epistemológicos de la Pedagogía Social, argumentando que, por un lado, como disciplina pedagógica que teoriza sobre la educación, no se puede definir por exclusión a la escuela porque se trata de una de las instituciones educativas más importantes en la construcción de nuestras sociedades (Colom, 2014) y no tiene sentido ni razón de ser la definición por exclusión que se ha venido realizando entre ambas disciplinas, la Pedagogía y la Pedagogía Social (Caride et. al., 2015; Molina, 2003; Moyano, 2012; Núñez, 1990; García-Sancho et. al.,

2016, etc.). Por otro lado, resalta que la escuela es también una institución social y, como tal, tiene unas funciones sociales que transcienden los objetivos instructivos, como puede ser la socialización, la interiorización de valores cívicos, etc. Esta posición parte de una concepción amplia de la escuela y de sus funciones, retornando a los orígenes de los procesos educativos en los que no existía una división tan tajante entre lo social y lo escolar (Ortega, 1999), retomando el contrato fundacional de la escuela con la sociedad; el doble mandato de socializar e instruir (Frigerio et. al., 1992; Núñez, 1990, 2010), dentro de una corriente de pensamiento que juzga que todas las educaciones son valiosas y deben dialogar (Caride, 2020). En este caso se considera caduco el modelo instructivo de escuela de la era industrial (Fernández-Enguita, 2018, 1995) y se pone el énfasis en los límites difusos entre la escuela y la sociedad, apostando por una escuela más social. Por lo tanto, se promueve la idea de construir una pedagogía social escolar (March y Orte, 2014).

Argumentación teórica de tipo pedagógico: Esta argumentación apela a los cambios sociales que afectan a la infancia y a la adolescencia y a sus familias, que en muchas ocasiones conllevan determinados problemas de socialización. Del mismo modo, se preconiza un modelo educativo holístico e integral a implementar en las escuelas, más colaborativo y social, así como que pone de manifiesto la incapacidad de los centros escolares y sus profesionales para dar una respuesta adecuada y suficiente a los retos educativos escolares.

Argumentación de tipo práctico: Estas razones tienen un carácter mucho más pragmático, más orientado a la acción y a la resolución de problemas acuciantes y contienen menos argumentación teórica. Hacen alusión a situaciones adversas concretas a los que la escuela y sus profesionales tienen que enfrentarse. Una de las posibles medidas a adoptar pasa por iniciar en el centro acción socioeducativa profesional para resolver o atender una determinada situación, normalmente problemática.

1.1.2 Emergencia del campo profesional de la Educación Social Escolar

Mayoritariamente, el debate en torno a la presencia de la Educación Social en la escuela ha girado alrededor del contexto educativo formal, esto es, sobre la escuela como institución, y donde las disputas se han centrado en temas referidos a si la escuela es o no es un ámbito profesional exclusivo del profesorado, o si la escuela solo debe centrarse en la instrucción o también en las "competencias sociales" (pudiendo llegar a convertirse, en muchas ocasiones, en una disputa erística de geografía profesional).

Este debate, a veces, se ha realizado a costa de dejar en un segundo plano la reflexión en torno a las personas destinatarias de la intervención: la infancia y la adolescencia que a la escuela. Esto contrasta con la realidad puesto que, en muchos casos, la Educación Social inició su andadura en los centros educativos en busca delalumnado, para dar respuesta a necesidades emergentes.

En nuestra propuesta pretendemos poner en el centro de la cuestión a la infancia y a la adolescencia *escolarizada*, pero para analizarla en conjunción con el resto de los elementos que entran en juego en este ámbito profesional.

Para emprender esta tarea nos hemos fundamentado en Moyano (2012), que propone una sistematización que se acerque a los campos de la Educación Social a través de los seguintes elementos: las diferentes franjas de edad y su articulación con el territorio y las instituciones de la sociedad civil y de la administración pública.

Teniendo en cuenta la propuesta de Moyano, la convergencia de los elementos del tema que nos ocupa daría lugar a la emergencia de un nuevo campo teórico y profesional de la Educación Social: la **Educación Social Escolar**.

Figura 1 *Articulación del campo profesional de la Educación Social Escolar.*

El área institucional, en este caso la escuela, tiene un papel fundamental en la articulación de la propuesta, pues es la que enmarca la acción, que tiene como referencia los encargos propios que la sociedad le atribuye a la institución escolar. De hecho, es en la institución donde reside la novedad de la acción para la Educación Social, pero solo cuando la escuela es concebida como un *marco* de acción y no simplemente como un *lugar* de desarrollo de la acción.

Fundamentar la entrada en torno a las *franjas de edad*, en vez de alrededor de colectivos con necesidades, tiene la intencionalidad de reducir el *naming o etiquetaje* (Sánchez-Valverde, 2020), la atribución de carencias sociales a grupos poblacionales

30

más desfavorecidos y de situar la dimensión de ayuda como punto de anclaje de la acción (Spies y Potter, 2011), puesto que esta es susceptible de darse en cualquier persona en cualquier momento, lo que permite a la Educación Social contemplar marcos más amplios de acción y trabajar desde la lógica de los derechos y deberes de la ciudadanía (Moyano, 2012), en vez de hacerlo desde la marginalización y la certificación de carencias (Núñez, 2010).

Por lo tanto, a través de la confluencia de la vía analítica-conceptual y de las prácticas, justificaríamos la emergencia y pertinencia del campo profesional de la Educación Social Escolar. Las implicaciones en la praxis son que, como resultado de la articulación de la franja de edad, infancia y adolescencia escolarizada, con la institución escolar, daría lugar a una Educación Social profesionalizada que trabaje con esa población en la consecución de los encargos sociales atribuidos a la institución escolar, instructivos y de socialización, *desde* y *con* los recursos comunitarios en los que la escuela está inmersa.

Pensamos que no hay mucha más vueltas que darle. Las justificaciones teóricas que existen son solventes y la propia realidad está coadyuvando su incorporación a las escuelas. No sirve de mucho aferrarse a un pasado que ya no existe, porque precisamos de una Pedagogía Social que tenga un discurso contemporáneo a las realidades que se le presenten, y esta conceptualización de los espacios de acción de la Educación Social responde a las transformaciones actuales de la sociedad.

Consideramos que, ahora mismo, a nivel de investigación y producción de conocimiento del campo disciplinar, lo relevante, más que obcecarse con copiosas justificaciones teóricas, es centrarse en analizar y optimizar la praxis para que los efectos de los profesionales de la Educación Social en las escuelas sean los deseables y hablen por sí solos, y argumentar a favor de su expansión en base a los resultados que están obteniendo en los centros educativos.

De hecho, introducir profesionales de la Educación Social en las escuelas no es una excepción; es una de las medidas educativas que los centros escolares han adoptado como respuesta a sus problemas a lo largo y ancho de los 5 continente entre finales del siglo XX y principios del siglo XXI, como parte del movimiento de educación universal de varios países (Huxtable, 2022). Esta figura profesional y sus homónimas están presentes en diversos países de Europa como Portugal, Alemania, Suecia, Suiza, Gran Bretaña, hasta Australia, Estados Unidos, Turquía, India, sur África y también en Hispanoamérica.

1.2 Análisis de la profesionalización de la educación social escolar

En el siguiente apartado vamos a abordar unos de los aspectos cruciales para valorar el estado del campo, que es su profesionalización, respondiendo a la siguiente pregunta: ¿se están legitimando los profesionales de la Educación Social en el contexto escolar?

Para ello analizaremos el empleo a nivel cuantitativo y cualitativo desde el marco de la teoría de las profesiones, de la que haremos una pequeña introducción para aclarar los conceptos clave que hemos empleado en el análisis y que facilitarán la comprensión de nuestras conclusiones.

1.2.1 Introducción. Las profesiones sociales y educativas

Diferentes disciplinas, como la sociología, abordaron el estudio de las profesiones para averiguar cuáles eran sus funciones en los estados democráticos en las sociedades occidentales, especialmente en América del Norte y los países del norte de Europa. En el caso particular de las profesiones sociales, apenas fueron objeto de investigación porque, o bien, no eran valoradas como auténticas profesiones, o eran consideradas como profesiones menores por la ausencia de cualificación profesional que tenían en aquellos años (Tenorth, 1988), así como por su falta de definición en contraposición a las profesiones clásicas más fácilmente reconocibles como la Medicina o el Derecho (Sáez y García-Molina, 2006).

En el caso concreto de las profesiones educativas, el estudio de la profesionalización se redujo a las profesiones docentes, porque así también la educación se reducía al sistema educativo (Caride, 2002). Como consecuencia de lo anterior, la falta de estudios sobre la temática en España, así como la demora del estudio de todas las profesiones socioeducativas, conllevó una falta de análisis en los procesos particulares vivenciados por las profesiones en los diferentes territorios españoles, así como una sobredimensión de la sociología en el estudio de las profesiones educativas.

Sin embargo, en las últimas décadas asistimos a un auge de las profesiones sociales. Esta emergencia está unida a las transformaciones políticas, económicas, sociales y culturales coadyuvadas por el feliz matrimonio entre el neoliberalismo económico y patriarcal, que produce nuevas formas de exclusión. Es decir, los entornos adversos son propicios para el desenvolvimiento de la Educación Social como práctica profesional (Caride et. al., 2013).

a. Conceptos claves de la profesionalización

El concepto de profesión es una construcción social y cultural que va más allá de las connotaciones económicas o funcionales que sugiere, para apelar directamente a los roles y responsabilidades que se asocian a la posesión de una determinada competencia o a la legitimidad que se le confiere el hecho de ejercerla avalada por una titulación o formación previa (Caride et. al., 2017). Esto es, las profesiones tienden a demandar un determinado monopolio de servicios y el apoyo de actores como el Estado, frente a los profanos y no expertos.

La profesionalización es el proceso por el cual una actividad u ocupación pasa a considerarse una profesión, puesto que estas cuentan con prestigio y reconocimiento social (Sáez y Molina, 2006). Tenorth (1988) añade a lo anterior que, en este proceso, un grupo de profesionales logra demostrar su competencia en una actividad de relevancia social, cuando es capaz de transmitir a otros tal competencia e imponer su modelo frente a otras profesiones concurrentes con la ayuda del Estado, que considera que ese determinado grupo de profesionales debe conservar el monopolio de esa competencia para solucionar determinados problemas, hecho que es aceptado, a su vez, por la sociedad.

Por su parte, la desprofesionalización es una forma de erosión del paradigma profesional en el mercado junto con la proletarización (Guillén, 1990), que consiste en el proceso tendente a des-cualificar una profesión, que tiene como resultado la pérdida de autonomía en su ejercicio profesional, el control de sus saberes y de su reconocimiento social (Hernández-Echegaray, 2017).

Algunos de los elementos que pueden conducir a procesos de desprofesionalización en la Educación Social serían la democratización del conocimiento y la reducción en la diferencia de saberes entre el profesional y el cliente, la codificación, estandarización y fragmentación de los saberes profesionales, la alienación del discurso pedagógico, la burocratización, la precarización del empleo y, en general, de las políticas sociales que amparan la profesión (Guillén, 1990; Hernández-Echegaray, 2017; Larson, 1977; Sáez e Campillo, 2013; Sáez y Molina, 2006).

1.2.2 Factores incidentes en la profesionalización de la Educación Social

Es un error limitar la profesionalización a una visión credencialista, por la que la obtención de certificados y títulos se asimile a estar profesionalizado, porque independientemente de las cualificaciones exigibles a una profesión, una actividad laboral puede carecer de reconocimiento social (Tenorth, 1988), como sucede en la Educación Social. Por eso vamos a analizar qué otros elementos juegan un papel importante en la profesionalización.

Uno de los elementos centrales de la profesionalización sería la variable de que las profesiones gocen de reconocimiento y aceptación social. Caride (2002, p.96) señala que la congruencia entre lo que los profesionales hacen y lo que la sociedad espera de ellos, contribuye a su legitimación social, e incluso a la defensa de la profesión ante las injerencias de otros colectivos profesionales con pretensiones similares, que permite que se difunda en el imaginario social unos buenos niveles de confianza en la profesión.

Desde esta perspectiva, las acciones de los profesionales se consideran como un servicio público que da respuestas a las necesidades y demandas de la ciudadanía y esta, a su vez, las juzga como un recurso beneficioso y de utilidad para la población (Caride, 2002; Sáez y Molina, 2006). Este reconocimiento contribuye a mejorar su situación profesional en la sociedad (Tenorth, 1988).

Sin embargo, Fernandez-Enguita (2016) apunta a que las profesiones no necesitan tener una gran competencia profesional para legitimarse, sino que llega con que así lo parezca. Esto es, la creencia pública en las bondades de la profesión es fundamental, y pone como ejemplo las nefastas prácticas médicas y psiquiátricas del pasado.

Esta explicación funcional de la profesionalización no es suficiente para Tenorth (1988), e indica que juega un rol muy importante en este proceso el *estatus* profesional, que es la aspiración que impulsa a los grupos profesionales a mejorar su reconocimiento para poseer las condiciones de las profesiones más privilegiadas. Este factor pone de manifiesto las concepciones equivocadas que existían sobre las profesiones, tales como la "lógica de la acción altruista" (Sáez, 2003a), en el que el "subconsciente colectivo" consideraba que las profesiones trabajaban mostrando sus destrezas, simplemente siguiendo una motivación altruista, y que las investigaciones posteriores pusieron en evidencia al poner en cuestión el pretendido "altruismo profesional" al señalar las contradicciones existentes en las profesiones que ejercían una deontología bastante cuestionable, puesto que servían a sus propios intereses.

Las profesiones sociales y educativas también oscilan entre el altruismo y su propio interés, pero este binomio no puede generalizarse con la misma intensidad en todas las profesiones por igual, puesto que la tendencia varía en función de si las profesiones se orientan al Estado o al Mercado (Saks, 1995, citado en Sáez 2003). En el caso de la profesión de Educación Social, concordando con el profesor García-Molina (2003a), se puede colegir que están intentando conseguir el reconocimiento público de sus funciones al mismo tiempo que orientan sus intervenciones en satisfacer las necesidades y demandas de la educación como un derecho de ciudadanía. Hay que tener en cuenta el gran carácter ético de la profesión de Educación Social (Caride, 2002).

Otro actor clave es el Estado, puesto que es el regulador de la vida profesional, así como un instrumento que propicia o entorpece su avance. El apoyo del Estado es decisivo para favorecer la profesionalización de las ocupaciones ya que, mediante su poder legislativo, es el encargado de acotar las competencias, bienes y servicios de los que goza un grupo profesional en exclusividad. Para Fernández-Enguita (2016), el hecho de que el Estado regule un campo y delimite unas normas de funcionamiento, no significa que las profesiones estén sujetas al poder público, sino a su influencia sobre el mismo. En el extremo opuesto, estaría la clase obrera. Entre la profesionalización y proletarización, existen grupos que comparten características de ambos extremos: las *semiprofesiones*, puesto que solamente alcanzan autonomía profesional en algunas dimensiones (Fernández-Enguita, 1995, p.184). En esta categoría se incluirían a las profesiones docentes (Fernández-Enguita, 1995; Tenorth, 1988) y pensamos que también podría ser el caso de la Educación Social.

Surge aquí otra dimensión importante, la autonomía, como un factor que incide directamente en los resultados del proceso de profesionalización. Esta autonomía, según Tenorth (1988), es entendida en dos dimensiones: la autonomía frente al cliente y frente a las organizaciones. Es decir, en la medida en que los miembros de una profesión controlen las condiciones de su puesto de trabajo, influyendo decisivamente en el proceso; se profesionalizan, y en la medida en la que este desenvolvimiento non es auto dirigido y los profesionales se ven privados de la iniciativa y del control sobre las condiciones laborales de su trabajo; se desprofesionalizan.

Otro aspecto a tener en cuenta es la feminización del empleo. Un ejemplo próximo es lo que ha sucedido con la profesión docente, donde la mayor parte de las profesionales son mujeres, lo que ha favorecido la proletarización de la profesión (Fernández-Enguita, 1995) en el contexto de una sociedad patriarcal. Del mismo modo, en la profesión de Educación Social, la presencia femenina es mayoritaria y es de esperar que tenga el mismo efecto.

Como se ha visto, la profesionalización es un proceso complejo en el que intervienen muchos factores en los diferentes resultados de su desarrollo.

A continuación, vamos a analizar todos estos factores en el caso de la incorporación de los profesionales de la Educación Social en las escuelas en España y ver las consecuencias de la influencia de cada actor analizado a nivel del empleo.

1.2.3 Modalidades de acceso de la acción socioeducativa en España[5]

Al igual que ha sucedido con la Educación Social en particular, el desarrollo profesionalizador de la Educación Social en la escuela tampoco tiene una evolución lineal e igual en las diferentes geografías. En cada territorio se están desarrollando programas en los que tanto las actividades como las condiciones, son diferentes, y estas determinan, en una u otra dirección, su perfil profesional y el resultado de su profesionalización.

La incorporación de los profesionales de la Educación Social está condicionada por un conjunto de decisiones ubicadas en el eje político-educativo, con diversos niveles de responsabilidad: estatal, autonómico y escolar. España no cuenta con un plan común y coordinado entre las diferentes administraciones a nivel estatal para incor-

---

5 Parte del contenido del análisis de empleo se encuentra publicado en el siguiente artículo: Cid, X. M. y Borges, C. (2022). La profesionalización de la educación social en la escuela. *Pedagogía Social. Revista Interuniversitaria*, 41, 127-142.

porar a los profesionales de Educación Social en las escuelas, sino que se realizan acciones aisladas por parte de los diferentes niveles de la administración y el entramado comunitario de cada territorio.

A *grosso modo*, en un intento de sistematizar el estado de la cuestión, podríamos concluir que la incorporación se ha ido realizando, básicamente, de dos formas:

- por la vía de la *institucionalización*. La Administración asume y *regula* formalmente su entrada a través de normativas regionales.
- por la vía de la realización de proyectos *ad hoc* entre la escuela y diferentes instituciones o asociaciones (públicas, privadas o del tercer sector).

La incorporación institucional de los profesionales de la Educación Social a los centros educativos se inició en Castilla La-Mancha con la publicación de la Orden de 26 de junio del 2002, y los primeros profesionales en incorporarse a los centros escolares fueron los de Extremadura en el año 2002. Con todo, como ha venido sucediendo a lo largo del desarrollo profesional de la Educación Social, en la que la praxis se adelanta a la teoría y a la reglamentación (Caride, 2005; Románs et. al., 2000), la educación social como ocupación, ya llevaba atendiendo desde los años 70 al alumnado con problemáticas escolares de absentismo, abandono escolar, etc. fundamentalmente desde equipos multidisciplinares desde el ámbito comunitario o a través de los servicios sociales (Melendro, 2008). Se tratan de experiencias diversas, sujetas a contingencias locales. Se puede constatar que, en muchas ocasiones, ha sido el trabajo en red el impulsor de estas cooperaciones y las propias realidades sociales las que propiciaron la demanda, pero habitualmente de forma puntual, en proyectos locales, limitadas en el espacio y en los objetivos y solo en algunos casos, desembocaron en proyectos estables en el tiempo.

El objetivo de este apartado es el de analizar el estado y proceso de profesionalización de la Educación Social en los centros escolares desde esta perspectiva amplia de la acción socioeducativa escolar, teniendo en cuenta tanto los proyectos institucionalizados como los *ad hoc*, es decir, los profesionales externos que trabajan desde otras entidades en colaboración con la escuela (ASEDES, 2007; Ballester y Ballester, 2014; Hoyos et. al., 2003; Pelegrí et. al., 2017).

Se pretendió averiguar cuáles eran sus condiciones, sus avances y retrocesos, los efectos de sus actuaciones, y determinar así los factores profesionalizantes y desprofesionalizantes, para valorar cómo se están desarrollando y si se están legitimando en este nuevo escenario laboral.

1.2.4 Metodología empleada

Como procedimiento metodológico se empleó la versión *straussiana* de la Teoría Fundamentada, un método inductivo sistemático de análisis de datos orientado a la investigación para la descripción interpretativa y que implica el descubrimiento de regularidades a partir de los datos (Strauss y Corbin, 2002), siguiendo los buenos resultados de este tipo de análisis interpretacional en otros trabajos (Soriano y Trinidad, 2014) y ya aplicado a otras investigaciones sobre la Educación Social en la escuela (Vila et. al., 2019) y en la acción profesional socioeducativa con adolescentes (Montserrat y Melendro, 2017).

Siguiendo los preceptos de la Teoría Fundamentada, el criterio teórico que se empleó para explorar los efectos de las acciones de los profesionales de la Educación Social ha sido la teoría de las profesiones y sus conceptos articuladores: ocupación-profesión, profesionalización-desprofesionalización, monopolización, campo profesional, etc. Por otro lado, se utilizó como herramienta analítica el sistema propuesto por Sáez y García-Molina (2006), analizando las interacciones de una selección de los actores clave que intervienen en su profesionalización: Profesionales, Estado, Mercado y clientes, y valorar los recursos que cada actor aporta a la profesionalización y las consecuencias de sus interacciones.

Como plantear la profesionalización se requiere interrogar a la praxis en sus aspectos cuantitativos y cualitativos (Sáez, 2003a), objeto de análisis han sido 32 proyectos desarrollados en diferentes comunidades autónomas de los que hemos analizado más de 70 fuentes documentales codificándolas en función de su contenido: las normativas existentes (Decretos, convenios), información de los proyectos (memorias, descripciones, convocatorias de empleo, entidades) y efectos de la acción (investigaciones, valoración de resultados, etc). Todas estas fuentes fueron codificadas e interpretadas por medio de categorizaciones (incidentes, codificación abierta y axial) y triangulaciones de fuentes, siguiendo los procedimientos de la Teoría Fundamentada, analizando la información con el software Atlas.ti. Como criterios de calidad se siguieron las recomendaciones de saturación teórica, método comparativo constante, el ajuste, generalidad e idoneidad de la interpretación teórica obtenida (Trinidad et. al., 2006).

Comunidades y proyectos	Tipo I Regulado	Tipo II Semi-institucionalizado Servicios Sociales	Tipo III Externalizado Tercer Sector
Financiación y/o ejecución	*Consejerías de Educación*	*Servicios Sociales-Municipios*	Tercer Sector
ANDALUCÍA	Andalucía: Equipos de Orientación secundaria y primaria		Programa Mentor
ARAGÓN		PIEE de Zaragoza	
CANARIAS	ESEC1 y 2: Secundaria, Primaria y EPA		
CASTILLA LA MANCHA	IES		
CATALUNYA	USEE/SIEI	Comisiones Sociales; Diversos proyectos	UEC
	TIS de los Plans de Qualitat	ES en Plans de Qualitat	ES en Plans de Qualitat
EXTREMADURA	IES		
GALICIA		Centro Cívico de Labañou; Relaciónate de bo rollo UMAD Santiago de Compostela; Centros Quérote, Coruña Educa	Aleida; Atalia Social; Dorna; ACLAD: tod@s contamos, Aloumiños, Arabías, Mentor
ISLAS BALEARES		Varios programas de mejora de la convivencia, absentismo.	Programa Alter
	TISOC-TISE en colaboración con los Servicios Sociales		
MADRID		Programa de Prevención del Absentismo escolar, IRIS	
NAVARRA		Programa Promotor Escolar	
Estatales	PROA, Profesorado Técnico Servicios a la Comunidad.	Comunidades de Aprendizaje	

Tabla 1 *Proyectos analizados*

1.2.5 Resultados
A. Cantidad y calidad del empleo

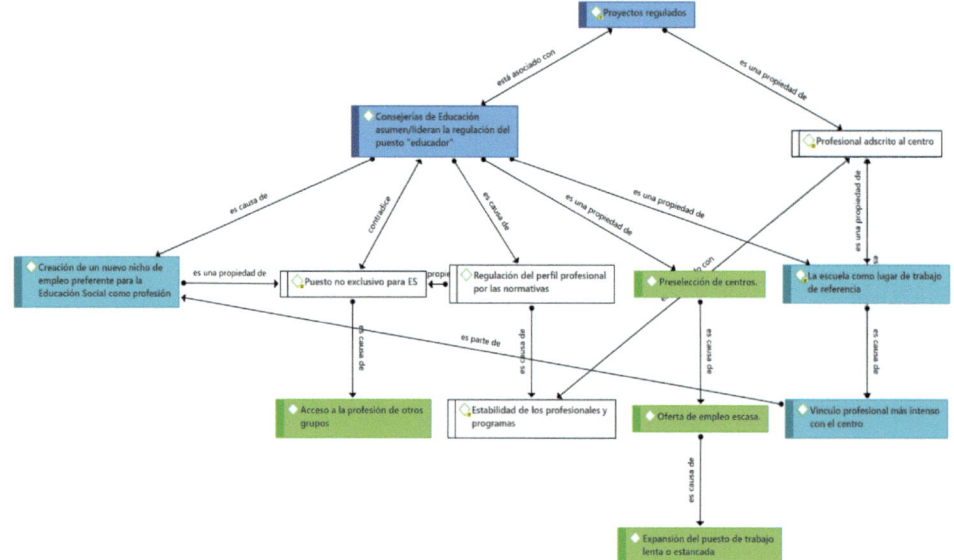

Figura 2 Red conceptual sobre la calidad y la cantidad del empleo de los proyectos regulados.

a) Crea un nicho de empleo para la Educación Social, pero no exclusivo

Los proyectos regularizados tienen como principales efectos sobre la profesionalización de la Educación Social Escolar, la creación de un nuevo nicho de empleo idóneo para la educación social cómo práctica educativa, pero no siempre reservado para los profesionales de la Educación Social con titulación porque, si bien es cierto que la mayor parte de los puestos están cubiertos por titulados, no son exclusivos y acceden a la profesión otras titulaciones aunque, eso sí, de forma minoritaria.

b) La Administración con competencias educativas es la que regula

En cuanto a las variables cuantitativas, se puede observar como los proyectos regulados se van ampliando con una característica que se repite; siempre son iniciativas mediatizadas por las respectivas consejerías de educación. Aunque los servicios sociales puedan participar de la regulación, siempre está por el medio, con un papel decisivo, la administración con competencias en educación.

Pero, si bien se puede observar una evolución positiva en esta modalidad, también es cierto que existen sombras. Por un lado, este crecimiento se da pero, por otro, sucede muy lentamente, ya que los proyectos "institucionalizados" son una minoría. En solo tres casos se podría considerar como plena la institucionalización: Extremadura, Castilla La-Mancha y Andalucía. Otras institucionalizaciones menos estables o profesionalizantes, pero con trazos comunes en su implementación, serían el extinguido ESEC de Canarias, los cancelados Técnicos de Intervención Socioeducativa (TISE) de Baleares y los Técnicos de Integración Social (TIS) de Catalunya.

c) La oferta de empleo existe, pero no es muy abundante

Las cifras de educadoras y educadores sociales contratados en esta modalidad son bastante exiguas si las comparamos con el número total de centros escolares que existen en el territorio. La razón es que no se han incorporado en todas las escuelas de forma masiva, sino que su condición de posibilidad se ha reducido a una preselección de centros delimitados por las normativas, supeditadas a institutos situados en zonas problemáticas o vinculados a determinados grupos de población "en riesgo". Esta expansión no se da a pesar de las valoraciones positivas de las experiencias realizadas por parte de los centros escolares y de las reivindicaciones tanto de las asociaciones profesionales como de la comunidad educativa participante.

De hecho, en algunas ocasiones se han dado retrocesos, testimoniando que la profesionalización no es siempre un camino ascendente. Un ejemplo es el caso de Canarias, en el que el ESEC se suprimió después de su segunda edición con efecto retroactivo, tras las medidas de confinamiento adoptadas por la pandemia Covid-19. Decisión que contrasta, por ejemplo, con las acciones emprendidas en Alemania (Straβ et. al., 2020), en donde se encomendó a los profesionales de la Educación Social Escolar el seguimiento y apoyo del aprendizaje y bienestar del alumnado más necesitado en sus domicilios. Otro ejemplo revelador es el de las Islas Baleares, en el que el programa TISE se suprimió al poco de iniciarse durante los recortes de la crisis económica iniciada en el 2008 (como tantos otros programas de atención a la diversidad) y, tras volver a instaurarse, finalmente en el curso 2021-22 fueron definitivamente substituidos por el profesorado técnicos de servicios a la comunidad (PTSC) (Serra, 2021), donde pueden acceder también personas tituladas en Educación Social. Sin embargo, su presencia es minoritaria, solo un 10% son personas con la titulación de Educación Social (Ortega e Mohedano 2011), entre otros motivos, porque el puesto se creó con posterioridad a la titulación. En cuanto a la figura del PTSC, a pesar de que en su momento fueron una de las primeras experiencias de intervención social institucional escolar, algunos estudios revelan un modelo de intervención básicamente escolarista, que no difiere demasiado del profesorado (Ortega y Mohedano, 2011; Terrón- Caro et.al., 2017) y que, con su función evaluadora y rol docente, puede que no sean adecuados como única figura socioeducativa escolar (Borges y Cid, 2019).

Se observa, pues, una tendencia lenta, aunque progresiva de incorporación de profesionales sociales a los centros educativos a través de la regularización, aunque no está exenta de estancamientos y retrocesos, lo que pone de manifiesto la ausencia de un compromiso firme por parte de los gobiernos de ofrecer una acción socioeducativa escolar profesionalizada estable.

A continuación presentamos algunos datos sobre el total de profesionales trabajando en escuelas en algunas comunidades autónomas:

— En Andalucía en el año 2.007, la Administración contrató a 68 profesionales adscritos a Equipos de Orientación Educativa en Primaria y a Departamentos de Orientación en Secundaria. El compromiso público de la Administración fue que en el año 2.012 sería de una plantilla de 200 educadoras y educadores sociales. Sin embargo, 15 años después no solo no ha aumentado el número de plazas, sino que no se han cubierto aquellas no provistas por razón de jubilación, concursos, etc. En la actualidad hay un total de 43 puestos de toda la plantilla inicial (Ríos-Macías et. al., 2021)

— En Castilla la Mancha hay 40 educadores y educadoras contratados, para un total de 227 centros que existen en toda la región (Puig y Fernández, 2016)

— En Extremadura se incorporaron 140 profesionales de la Educación Social, uno a cada instituto (Galán, 2018).

— En Canarias, a través del proyecto piloto ESEC se incorporaron 36 educadoras y educadores sociales (Cabrera y Rosales, 2018), pero se canceló. Posteriormente fueron contratados por los PROA+ un total de 53 educadoras y educadores sociales[6], desde 2021-2022 y, tras unos meses de incertidumbre, prorrogados hasta 2023[7].

— En Baleares en el curso 2018/19 se aumentó de 10 a 19 TISOC[8].

— En Navarra se han contratado 14 educadoras y educadores sociales para el desarrollo del programa "Unidades de Acompañamiento y Orientación" para

---

6 https://www.eduso.net/el-gobierno-de-canarias-reforzara-la-equidad-educativa-a-traves-del-desarrollo-del-proa-en-171-centros-educativos-contratara-a-53-educadoras-y-educadores-sociales/

7 https://www.gobiernodecanarias.org/educacion/web/programas_cofinanciados/nextgenerationeu/programa-proa/curso23_24/index.html.

8 https://www.caib.es/pidip2front/jsp/es/ficha-convocatoria/strong18-institutos-de-baleares-contaraa-cuten-con-educadores-sociales-el-curso-201819strong.

reducir el absentismo y el abandono escolar temprano hasta el 31 de agosto de 2024[9].

— En Madrid, el Programa de Prevención y control de absentismo Escolar se contrataron 63 educadores/as socias hasta 2023.

— Aleida, en Galicia, cuenta con un equipo de 3-4 educadoras sociales.

Por su parte, la situación laboral de los profesionales de los proyectos *ad hoc*, en los servicios sociales o en la administración municipal, tiene un fuerte carácter localista, porque su gestión y desarrollo varían en función del territorio en el que se encuentren y del nivel de la Administración que las financie, por los diferentes recursos económicos de los que disponen. Todos estos factores tienen una incidencia directa en la estabilidad de los proyectos y de sus profesionales. De este modo, encontramos programas muy volubles, posiblemente debido a una financiación deficiente que dificulta darle continuidad y también a la versatilidad del servicio, que hace que sea posible adaptar recursos y programas a nuevas necesidades.

A tenor de la información obtenida, podemos afirmar que, en general, ha habido una evolución positiva en las condiciones laborales de los profesionales adscritos a los centros escolares de los programas regulados, pasando de ser contratados mediante bolsas de empleo, que sirve para cubrir vacantes temporales, a contratos de duración más estables y a categorías laborales más acordes con el perfil profesional de la Educación Social. Pasamos a señalar algunos ejemplos:

En Extremadura hubo una mejora en la designación de la categoría profesional de los profesionales de la Educación Social, pasando de ser considerados como personal de administración y servicios, que los limitaba conceptual y funcionalmente, a ser personal educativo con la designación de la categoría de "agentes educativos no docentes"(Galán, 2018), que está más en sintonía con sus cometidos a pesar de que esa modificación no acarreó ningún cambio en su participación discrecional en el Claustro del centro y siguen sin ser miembros de pleno derecho de los equipos educativos (Castillo y Bretones, 2014).

En Castilla La-Mancha pasaron de ser contratados por medio de una bolsa de personal interino, a estar contratados en la categoría de Funcionario/a dentro de la Escala Socio-sanitaria, Cuerpo Técnico (A2), Educador Social, a partir del curso 2003/2004. Esto supuso una mejora significativa, pues le otorga estabilidad al profesional y se exige la presencia de un título universitario.

---

9 https://www.navarra.es/es/-/nota-prensa/el-gobierno-autoriza-la-contratacion-de-cuatro-educadores-sociales-para-el-acompanamiento-personal-y-familiar-de-alumnado-vulnerable

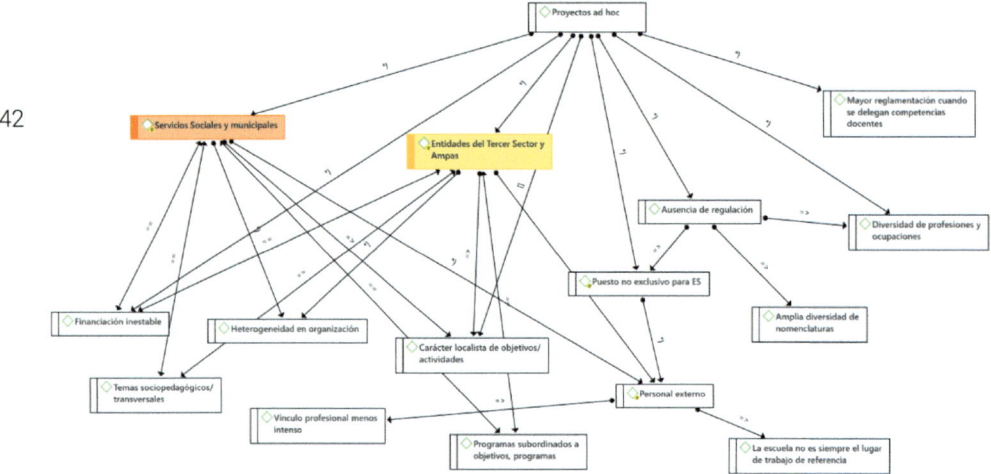

Figura 3 *Red conceptual de la cantidad y calidad del empleo en proyectos ad hoc.*

Por su parte, la viabilidad de los proyectos del tercer sector va a depender princi-palmente de las subvenciones que el Estado, por medio de los diferentes niveles administrativos, le conceda, y también de la voluntad de los equipos directivos de los centros de implantar estas modalidades de acción socioeducativa. En efecto, la viabilidad de este tipo de proyectos se deben a la conjunción de 3 factores: disponibi-lidad de financiación, entidad que lo preste y escuela que lo acepte.

La falta de estabilidad en la financiación de los proyectos es uno de los mayores pro-blemas para alcanzar la supervivencia y efectividad de los mismos por los siguientes motivos:

— Los criterios educativos tienen que adaptarse a las condiciones económi-cas, es decir, la fecha en la que salen las subvenciones y a los tiempos esti-pulados por estas, no a las necesidades derivadas de la intervención y de los objetivos a alcanzar.

— La financiación es intermitente y no permite planificar a largo plazo.

— La falta de estabilidad en la financiación afecta a la estabilidad de los pro-fesionales, mediante continuos cambios de personal y jornadas parciales (Pelegrí et al., 2017). La temporalidad y los cambios de personal no permiten consolidar ni los proyectos ni el rol del profesional en el centro.

Por otra parte, el hecho de que la entrada en los centros educativos de los profesiona-les estén sujetos a la decisión de los equipos directivos y no a imperativos legales, es el sector escolar el que regula la entrada de los profesionales y modula la intensidad de la intervención. Se constata el hecho de que es la institución educativa la que tiene la potestad de introducir este tipo de perspectiva y el vigor con el que se haga. Con lo cual, la existencia del programa y la intensidad de la intervención quedan al arbitrio de la escuela y de su sensibilidad ante la cuestión socioeducativa.

B. *Nexo de unión entre las agencias legislativas y ejecutantes*

Las normativas estipuladas por las respectivas Consejerías de Educación establecen un nexo de unión con la profesión que, como hemos visto, contribuyen significativamente a garantizar un puesto preferente para la Educación Social como profesión, además de contribuir a su estabilidad. Es decir, las normativas tienden a influir en el tipo de vínculo profesional que se establezca con la escuela; esto es, los programas regulados tienden a convertir a la escuela en el lugar de referencia de los educadores, en contraposición a los no regulados, que son personal externo.

En el caso de los programas *ad hoc* pueden existir convenios de colaboración entre entidades. Sin embargo, se observa un mayor nivel de regulación cuando las actividades versan sobre objetivos curriculares como en el caso de las Unidades de Escolarización Compartida y el programa Alter, en el que se delega la ejecución de la docencia desde la escuela a una entidad no gubernamental. En este caso hay un elevado grado de fiscalización de la intervención derivado del hecho de estar ejecutando actividades escolares que tienen que ver con contenidos didácticos, evaluables y acreditables.

Esta regulación, si bien es cierto que crea un marco normativo al que referirse, no siempre resulta lo suficientemente clarificadora que se desearía, y muchos profesionales consideran que una de las principales dificultades para realizar su trabajo es la indefinición de sus tareas profesionales desde la Administración (Ortega e Mohedano, 2011) por la falta de delimitación de las normativas (González et al., 2016). Parecen ser varios los motivos: por una parte está la dispersión de las funciones en diferentes normativas (Galán, 2018, p. 52) que dificulta tener una visión unívoca de los cometidos encomendados y, por otro lado, la falta de delimitación de las funciones profesionales que hace que se le asignen cometidos que no parecen ser de su competencia (Terrón-Caro et. al., 2017; Ortega y Mohedano, 2011) además del consiguiente riesgo de no aclarar el probable solapamiento profesional con otras figuras escolares.

En el caso de Extremadura, para solventar los problemas con respecto a las normativas, se creó el documento "Propuesta de Catálogo de Funciones de la Educadora y el Educador Social en los Institutos de la Junta de Extremadura", que reunió y organizó en un documento las funciones dispersas en varias normativas y en el que se propusieron modificaciones más acordes con la evolución del campo de trabajo (Galán, 2018, 52).

C. *Fragmentación de la profesión*

Como en muchos otros campos de trabajo de la Educación Social, existe una gran flexibilidad para acceder a la profesión y una gran variedad de nomenclaturas y titulaciones para realizar funciones muy similares: cada denominación hace referencia a una parte de lo que la profesión abarca, la cualificación requerida es diferente en función de quien contrata y crean confusión en el mercado laboral dando lugar a una fragmentación innecesaria de la profesión (Sáez 2003a).

	Nomenclatura		Titulación
Programas Institucionalizados	Educador/a	Extremadura, Castilla-La Mancha, Andalucía	Titulación Educación Social pero NO Exclusiva.
			Aceden a la profesión: Psicopedagogía, Magisterio, Psicología, Pedagogía, Trabajo Social y otras sin especificar.
		Canarias ESEC, PROA	*Titulación exclusiva para profesionales de Educación Social colegiados*
	TISE: Técnicos/as de intervención socioeducativa		Titulación Educación Social y Trabajo Social
	TIS: Técnico/a de integración social		Técnicos de Integración social (Diploma en ES puntúa pero no se contrata por esa categoría)
	Educador/a USEE e SIEI		No exclusivo Titulación Educación Social
Programas ad hoc	Educador/a o monitor/a		Educador/a monitor/a Animador/a Sociocultural
	Mediadores socioculturales Promotores escolares Agentes lingüísticos de Interculturalidad y cohesión, Técnicos/técnicas		Educación Social, Trabajo Social, Psicología, Psicopedagogía, Pedagogía, T. Integración Social, Título de Grado, Diplomatura o Técnico Superior sin especificar, etc.

Tabla 2 *Titulaciones y nomenclaturas del puesto de trabajo.*

Se observa que, a pesar de ser un puesto con un evidente matiz socioeducativo denominado "educador/a", es cubierto por profesionales de otras titulaciones y solo en el caso de Canarias, por mediación del colectivo profesional, la Educación Social monopoliza este puesto de trabajo. Existe algo más de homogeneidad dentro de los programas regularizados porque restringen las titulaciones de acceso y estandarizan la nomenclatura. Estos hechos ponen de manifiesto los efectos que tiene en la profesionalización cuando el sector profesional controla las condiciones de trabajo (Sáez y García-Molina, 2006) y la importancia de la regulación de la profesión por parte de la Administración, como intenta conseguir el colegio profesional en la actualidad por medio de la promulgación de una ley de Educación Social que regule la profesión. Sería interesante reflexionar en qué medida se requieren responsabilidades y competencias diferentes que expliquen y justifiquen la contratación de profesionales con niveles formativos tan diferentes, así como la pertinencia de dar acceso a la profesión a otras titulaciones/ocupaciones. Mientras que algunos aluden a deficiencias en el conocimiento de la Administración sobre el perfil de la Educación Social y los Técnicos de Integración Social, por ejemplo (Castillo y Bretones, 2014), por nuestra parte nos inclinamos más bien a pensar que tiene que ver con motivos de tipo económico puesto que no tienen la misma cotización. En este caso se puede observar que la Administración contrata por niveles y no por perfiles profesionales que no responden ni a la capacitación ni a la formación adquirida, sino más bien a intereses administrativos pero que tienen efectos perniciosos para la Educación Social evidenciando que no existe una demanda explícita de la profesión por parte de la Administración (Sáez 2003, p.147).

La diversidad de nomenclaturas que designan puestos de trabajo técnicamente iguales dificulta visibilizar la figura profesional de la Educación Social Escolar, ya que se diluye detrás de coordinadores, técnicos, promotores, monitores, animadores, etc. Esta fragmentación de la profesión deriva en una flexibilidad innecesaria de acceso que perjudica a los profesionales de la Educación Social, que ven restringidas sus opciones laborales y desdibujado su especificidad profesional. De ahí la importancia de reivindicar a los educadores/as totales (Sáez 2003, p.151).

D. *Propiedades de las actividades*

- Organización y orientación de las actividades

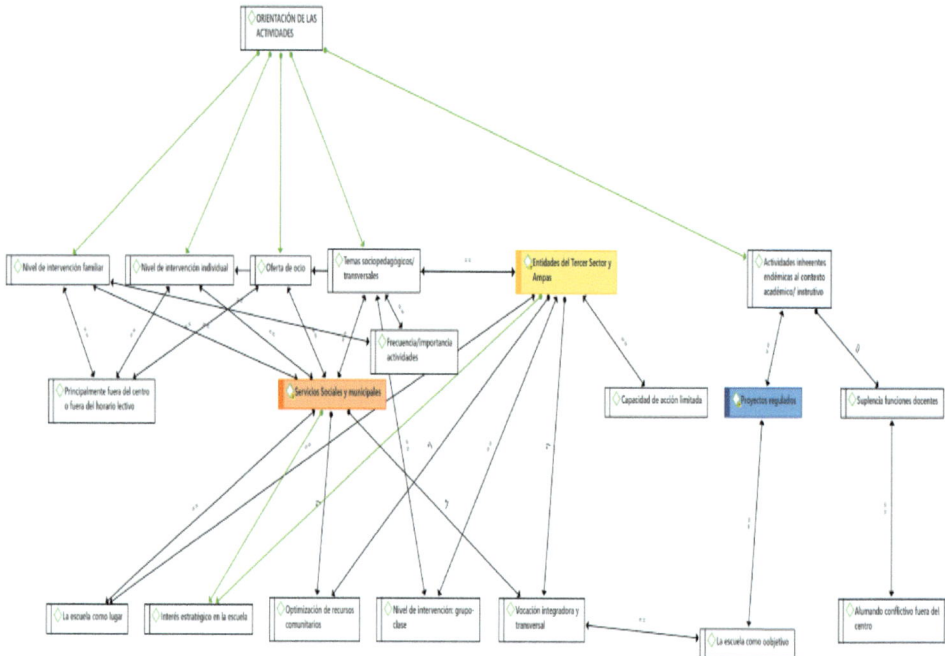

Figura 4 *Red conceptual sobre la orientación de las actividades y sus niveles de acción.*

Se aprecian una serie de regularidades en cuanto a los niveles de intervención y el tiempo/lugar en el que suceden. Las temáticas socioeducativas se dan a nivel de grupo-clase, dentro del centro. Por su parte, el nivel de intervención individual o familiar se da, principalmente, fuera del centro y/o fuera del horario lectivo. Las actividades de ocio-culturales, se dan fuera del horario lectivo.

En los programas regulados, las acciones suelen dirigirse hacia las situaciones endémicas de la vida escolar. Es decir, las actividades tienden a orientarse con más fuerza hacia la escuela y las dinámicas que surgen de la relación instructiva fruto de los modos y objetivos de la educación escolar.

La orientación de las actividades de los programas *ad hoc* es variada. Esta disparidad en las temáticas suele responder a la especialización de la entidad que la realiza.

En el caso de las actividades llevadas a cabo por Servicios Sociales podemos señalar que la tendencia es la de realizar actividades orientadas principalmente a las familias y al alumnado y suelen estar relacionadas con problemáticas de tipo individual, familiar o social. La idea nuclear es que estos problemas no se atribuyen a factores escolares, sino que la escuela se presenta como el escenario en donde se manifiestan estas conductas problemáticas y, por lo tanto, las intervenciones tienen un tratamiento individual o familiar (habilidades sociales, intervención en familiar, apoyo escolar, apoyo con los deberes). En este caso, una gran parte de estas actividades discurre fuera del centro o fuera del horario lectivo.

Los programas del tercer sector, por su parte, tratan temáticas socioeducativas de gran importancia para la infancia y la juventud, en muchos casos con temas y metodologías innovadoras y atractivas. Estos programas se centran en temáticas especializadas: prevención de drogodependencias, educación emocional, educación en igualdad, actividades de ocio, extraescolares, etc. y suelen implementarse en los centros escolares a través de talleres de unas cuantas sesiones por curso académico. En ocasiones puede existir trabajo individual o en pequeño grupo, tanto dentro como fuera del centro.

Esta diferencia en la orientación de las actividades, en función de si están enfocadas a la endemia escolar o asuntos adyacentes, es una de las categorías centrales para articular nuestra propuesta. La diferencia consiste en contemplar la escuela desde uno de estos dos prismas: concebirla como lugar o como marco/objetivo. Por un lado, se le otorga un interés estratégico porque lo que se busca es localizar a la población diana, es decir, la escuela se concibe como un lugar en el que desarrollar la acción. De hecho, dentro de este paradigma, si las actuaciones tuvieran lugar en un centro cívico o en un ayuntamiento, no se modificaría ni el contenido ni la metodología. Por otro lado, la escuela se convierte en el objetivo, en el que la finalidad es la transformación de la institución; y en el marco de trabajo, se actúa desde la escuela para cumplir con sus encargos.

-Tipo de actividades: contenidos, frecuencia e importancia

A través de los resultados de las investigaciones, vamos a analizar qué tipo de actividades están realizando con mayor asiduidad. Para ello, hemos recopilado en la siguiente tabla las actividades y funciones que desempeñan habitualmente o más frecuentemente. Las hemos subsumido en categorías similares para poder hacer un balanza de hacia dónde cae el groso de las acciones de la Educación Social Escolar. Esto permite visualizar qué se está haciendo y cómo se está haciendo.

ACTIVIDADES

FUNCIONES	Canarias	Andalucía	Extremadura, Castilla La-Mancha y Castilla León	Cataluña	Diversas zonas
Convivencia: mediación conflictos, fomento convivencia, integración.	✓	✓	✓	✓	✓
Absentismo escolar		✓	✓	✓	✓
Fracaso escolar		✓			
Diseño y desarrollo atención a la diversidad			✓	✓	✓
Situaciones de exclusión social				✓	✓
Familias: relaciones, tutorías, escuela, mediaciones	✓	✓	✓	✓	
Colaboración con el profesorado	✓	✓			✓
Trabajo individual alumnado: asesoramiento, acompañamiento, etc	✓	✓	✓	✓	✓
Talleres aula/ temáticas socioeducativas	✓	✓			
Colaboración programas del centro	✓	✓			✓
Comunidad	✓	✓			

Tabla 3 *Actividades principales desarrolladas por comunidades autónomas.*

-La convivencia como núcleo de la acción

El educador Rubén Jiménez (2022) apunta a que pensar en la Educación Social en los centros escolares conduce a pensar en la convivencia, y está en lo cierto. Las actuaciones relacionadas con la mejora de la convivencia en los centros escolares tanto desde la perspectiva de la resolución de conflictos, por medio de la mediación, como a través del enfoque socializador del fomento de las relaciones positivas, es la principal tarea encomendada y realizada por los profesionales de la Educación Social, en la que en España tiene un papel destacado la atención del alumnado absentista.

Sin duda, junto al fracaso escolar, el deterioro de la convivencia en los centros escolares es uno de los temas más preocupantes tanto a nivel de la institución como social, en gran parte debido a la polémica que suelen suscitar estos temas desde el tratamiento sensacionalista de algunos de los medios de comunicación (Torrego e Moreno, 2008). La mala convivencia en los centros escolares en un fracaso escolar más, si se contempla a este en un sentido amplio (Fernández-Enguita et. al., 2010), en contraposición a un sentido más restrictivo del concepto, que lo asocia únicamente al número de certificados obtenidos.

En esta línea de comprensión del fenómeno escolar en un sentido amplio se inclui-rían otras situaciones que remiten al malestar institucional docente, a las vivencias negativas del alumnado en la escuela, etc. (Escudero 2005; Tedesco, 2010), todo ello situaciones que afectan al aprendizaje. Por lo tanto, mejorar la convivencia es también reducir el fracaso escolar, puesto que, como señala la OCDE (2019), el rendi-miento académico del alumnado, su bienestar y la aparición de conductas desadap-tativas se ven afectadas por la convivencia del centro escolar.

-El alumnado más vulnerable como la población prioritaria

Las acciones profesionales suelen dirigirse, principalmente, al alumnado que pre-sente algún tipo de problemática, dificultad o que se encuentre en alguna situación conflictiva. La investigación de González et. al. (2016) describe algunas de las dimen-siones del alumnado que los profesionales de la Educación Social más atienden: el absentismo escolar, la marginalidad del contexto, la falta de atención, el acoso entre el alumnado, violencia escolar y la falta de recursos económicos.

Una de las principales novedades que aporta la Educación Social Escolar es el tra-bajo a nivel individual de alumno/a. Se convierte así en un servicio educativo perso-nalizado y con un nivel de intensidad considerable. Galán (2018, p.62-63) describe algunos de los contenidos de este trabajo individual que ilustra muy bien el rango de las acciones; desde la asistencia a menores con medidas de protección y menores infractores, a situaciones de la vida cotidiana escolar y personal; los conflictos con el profesorado, las dificultades en las relaciones de pareja y la familia, los problemas personales, la mediación educativa de recursos de la comunidad, etc.

-Nexo de unión con las familias e introducción al trabajo en red

Probablemente, como consecuencia del trabajo individual con el alumnado, aumenta así la participación e implicación de las familias en el proceso educativo de su prole. Del mismo modo, también se enfoca al trabajo con las familias desde la perspecti-va preventiva, informándolas sobre los aspectos educativos más relevantes para la educación de sus hijas e hijos. Se observa, pues, como la Educación Social Escolar se va configurando en el rol de convertirse en el nexo de unión de las familias con la escuela, en el que puede llegar a ser fundamental a la hora de mediar en situaciones de crisis.

Por su parte, el trabajo en red con la comunidad en la que la escuela está inmersa, aparece entre las principales funciones que realizan los profesionales, aunque se realice en menor cantidad.

-Profesorado como el gran colaborador en el centro

La colaboración con el profesorado tiene lugar en distintos ámbitos; para coordinarse en casos concretos o para desarrollar acciones comunes. En el estudio de Cabrera y Rosales (2018) se indica que los profesionales de la Educación Social Escolar dedicaban a estas reuniones un 16,4 % de la jornada laboral, un tiempo considerable que pone de relieve la importancia de esta función y también del tiempo que conlleva la organización y coordinación de actividades educativas que debe contemplarse en la jornada laboral de los profesionales de la Educación Social.

-Introducción de la perspectiva socioeducativa en la escuela a través de talleres y programas escolares más estructurales

Los profesionales de la Educación Social asumen la competencia en aquellos contenidos que forman parte de su especialidad, en los que son especialmente significativos los temas transversales, los valores y todas aquellas temáticas que afectan al desarrollo de la infancia y la juventud. La principal forma de hacerlo es impartir acciones a nivel grupo clase con el alumnado, pero también colaboran en el diseño y desarrollo de programas del centro (como el Plan de Convivencia, desarrollo de programas de orientación, etc.), con lo cual, existe trabajo también a nivel de centro y departamento que permite, con más garantías, transversalizar la perspectiva socioeducativa en la escuela.

E. *Cantidad de funciones*

Del análisis de las actividades encomendadas, consideramos que los reglamentos y disposiciones que se realizan desde esta modalidad asignan un elevado número de funciones a los profesionales de la Educación Social, si se tiene en cuenta que, en la mayoría de los casos, se trata de uno único profesional de perfil socioeducativo en el centro. Esta es una valoración compartida en estudios de diversas comunidades autónomas (González et. al., 2015; Puig y Fernández, 2016; Vila et. al 2019).

Algunas de las consecuencias de esta amplitud de funciones son la falta de delimitación profesional de las educadoras y educadores sociales, así como la imposibilidad de realizar todas las acciones asignadas. En la praxis diaria, por la falta de tiempo y recursos, los profesionales se ven en el deber de priorizar (González et al., 2016; Vila et al., 2020). Sin duda, un profesional de la Educación Social puede hacer mucho pero no puede hacerlo todo y, probablemente, tampoco pueda cubrir todo el trabajo socioeducativo escolar. Esto es lo que se desprende de un extenso estudio realizado a las directoras y directores de los centros escolares en Alemania, en donde la mitad de las personas encuestadas afirmaban que los profesionales de la Educación Social Escolar no conseguían cubrir todas las necesidades de la escuela y, por lo tanto, hacían falta más recursos profesionales (Bosch, 2023).

Como reza el dicho popular: "el que mucho abarca poco aprieta", por lo que es más efectivo focalizar, trabajar estratégicamente, para evitar que las acciones acaben desembocando en actividades dispersas y con poco impacto. Debe ser factible plasmar las funciones concretas encomendadas a la realidad, sino convierten los encargos en papel mojado.

F. *Dificultades en la realización de las actividades*

Los profesionales también indican que dedican muchas horas a tareas no relacionadas directamente con la función educativa, como la asignación de tareas docentes (González, et.al., 2016; Ortega y Mohedano; 2011) y otras funciones de vigilancia y control como el transporte escolar.

Tanto en Extremadura como en Castilla La-Mancha, así como en otras comunidades autónomas, señalan la indefinición de sus funciones por parte de la Administración (González, et. al., 2016) y la falta de reconocimiento profesional, como los principales obstáculos (Ortega y Mohedano, 2011).

En Extremadura los profesionales consideran que tienen atribuidas funciones que no pertenecen su perfil, como la del control del transporte escolar (Galán, 2008). Sin embargo, también se la contempla como una actividad que permite mantener un contacto frecuente con las familias (Galán, 2018).

En Andalucía destacan la burocracia y la rigidez de la intervención a la que se ven abocados, a veces, con la aplicación estricta de protocolos (Vila et. al., 2019) y también así sucededía en Baleares (Ballester y Ballester; 2014); así como su itinerancia en los centros educativos; la ausencia de un perfil específico de su profesión en el contexto escolar, y el carácter discrecional de su participación en los Claustros.

También se destaca la itinerancia como un problema en diversas comunidades autónomas (Cabrera y Rosales, 2018; González, et. al., 2014). Los equipos directivos, profesorado y profesionales de la Educación Social coinciden en señalar la falta de tiempo en intervención ocasionada por la multitud de centros a los que son asignados, lo que provoca que no puedan asistir a reuniones importantes y a no poder atender a determinadas necesidades de los centros por exceso de trabajo; también destacan la dificultad de integrar temporalmente las actividades de Educación Social en la programación del centro. Señalan, además, una deficiente definición por parte de la Administración de los ámbitos de actuación que provocan confusión entre profesionales y programas con el que las funciones podrían solaparse, resistencias en el centro por parte del profesorado y falta de conocimiento y difusión en la comunidad educativa de su rol. Los profesionales de la Educación Social citan, aunque en poca medida, dificultades derivadas de la burocratización de su trabajo, la falta de recursos espaciales adecuados para desarrollar la intervención individual y grupal, grupos muy grandes, altas y falsas expectativas por parte de los profesionales del centro y también detectan problemas relacionados con sus saberes profesionales (Cabrera y Rosales, 2018).

52 Otras de las dificultades identificadas tienen que ver con la falta de recursos tanto económicos como de infraestructuras (González, et. al., 2016).

1.2.6 Factores (Des) profesionalizantes de la Educación Social Escolar

Podemos concluir que los factores desprofesionalizantes que afectan a la Educación Social Escolar son comunes a los de la profesión en general.

Para ejemplificar el proceso de profesionalización y desprofesionalización, es muy ilustrativa la metáfora del péndulo de Sáez (2003a, p.59) para indicar los movimientos oscilantes que se dan en la profesión y que van marcando el destino de su profesionalización.

Los aspectos que favorecen o perjudican la profesionalización pueden englobarse en concretos y generales. Los hemos ido explicando en el análisis del empleo y algunos se irán explorando a lo largo del monográfico. En el siguiente cuadro recompilamos los principales resultados encontrados:

	PROFESIONALIZANTES	DESPROFESIONALIZANTES
Concretos	Fines legítimos de la profesión (núcleo educativo).	Alienación del discurso pedagógico.
	Reconocimiento del carácter pedagógico de la profesión.	Fragmentación de la profesión.
		Falta de autonomía.
	Activismo de los colegios profesionales.	Falta de estabilidad programas/profesionales.
	Autonomía profesional.	
	Buenos resultados.	Acción dispersa.
	Autosatisfacción ES.	Malos resultados.
		Insatisfacción ES.
	Regularización de la profesión y del campo.	Desregularización.
Estructurales	Políticas públicas equitativas	Precarización del empleo y de las políticas públicas.
	Empleo, en cantidad y calidad.	Ausencia de empleo.

Tabla 4 *Factores (Des) profesionalizantes.*

Sintetizando, en cuanto a la profesionalización, en la medida en que se convierta en una acción profesional específica, no fragmentada, que mantenga la orientación educativa de sus actividades, que disponga de autonomía y se garantice la focalización de su acción; en la medida en que la profesión sea apoyada por el Estado mediante la regulación de su presencia y funciones en la escuela, de forma estable y de pleno derecho, y que, tanto los profesionales, como la comunidad educativa demuestre su satisfacción con respecto a su trabajo, se legitimará y se profesionalizará.

Así mismo, se desprofesionalizará si su desarrollo se ampara al abrigo de políticas públicas insuficientes, si se precarizan mediante programas temporales, medias jornadas, subvenciones intermitentes; si su perfil se fragmenta en diversas nomenclaturas, si acceden a la profesión otros grupos ocupacionales o profesiones, si se dispersa su acción con multitud de tareas o si pierden su especificidad profesional realizando funciones de control y vigilancia, tareas docentes, de control y castigo, etc. renunciando al carácter educativo de la profesión.

Políticas públicas

Una racionalización de los recursos económicos destinados a las políticas sociales, también tiene efectos perjudiciales obvios en las profesiones sociales. Las políticas sociales reflejan la política educativa que guía un Estado. La Educación Social, como profesional relacionado con la aplicación y realización de estas políticas, tendrá la oportunidad de profesionalizarse si se convenirte en un instrumento de mejora al servicio de la comunidad, pero también correrá el riesgo de desprofesionalizarse si se le encomiendan actuaciones que van en contra de su ética profesional, actuando como compensador de sectores menos privilegiados o adoptando posiciones paternalistas o tecnócratas (Sáez y García-Molina, 2006).

En las últimas décadas ha habido un auge de las profesiones sociales; emergencia que va unida a las transformaciones políticas, económicas, sociales y culturales que se están desarrollando en la sociedad y en la que el neoliberalismo económico imperante produce nuevas formas de exclusión. Como señalan los profesores Sáez y García-Molina (2017), este hecho pone en evidencia que las profesiones sociales existen y se legitiman porque, en el discurso que plantean, vienen a solucionar, o por lo menos a atender, las cuestiones relacionadas con la exclusión. En la misma línea, otros autores como Caride et. al. (2013), señalan que "la complejidad de lo social, acentuada por las situaciones de crisis, genera entornos adversos que paradójicamente son propicios para el desarrollo de la Educación Social cómo práctica profesional que se compromete y actúa *en* y *con* ellos" (p.17).

Un ejemplo fue la crisis económica de 2008, que dio lugar a una flexibilidad y precariedad en el mercado laboral exacerbada que provocó la existencia de personas trabajadoras empobrecidas, así como diversas situaciones de exclusión y pobreza que dificultaron o imposibilitaron el acceso de la población a oportunidades económicas y educativas, provocando que las demandas de prestaciones sociales y educativas fuesen cada vez más numerosas.

Sin embargo, como señalan Sáez y García-Molina (2006), los profesionales de la Educación Social también se ven afectados por estas dinámicas en dos sentidos. Por una parte, ellos mismos sufren las consecuencias de la precariedad y de la inestabilidad laboral, a través de los trabajos en malas condiciones de los que a menudo son preceptores y, por otra parte, los dogmas de la sociedad neoliberal en los que se enmarcan las políticas educativas y sociales que son ejecutadas por los profesionales de la Educación Social, afectan a la calidad de la acción educativa. Con lo cual, en muchas ocasiones, los educadores y educadoras están siendo usados por los poderes públicos para parchear situaciones de pauperización, marginación y exclusión social, cuando la intervención se orienta unilateralmente a la exclusión y no incide en los factores multidimensionales que inciden en la exclusión social.

Calidad del empleo

Vinculado a la precariedad en las políticas sociales, está la precarización de los propios profesionales de la Educación Social, como ya se ha mencionado. Un mercado laboral que, o bien potencia el desempleo en la intervención social, o bien precariza las condiciones laborales de los profesionales sociales, los proletariza y, por lo tanto, sufren procesos de desprofesionalización (Hernández- Echegaray, 2017). Es decir, no solo la cantidad de empleo, sino la calidad de este es una variable (des)profesionalizadora.

Tradicionalmente, el Estado ha auspiciado la Educación Social, como al resto de las profesiones sociales, a través de su contratación y fomentando las políticas sociales públicas (Sáez, 2006). Sin embargo, en los últimos años estamos asistiendo a un cambio en los perfiles de contratación, el paso desde el sector público, como principal proveedor de contratos a los educadores sociales, al tercer sector (Úcar, 2001). Esto da lugar, en muchas ocasiones, a un modelo de provisión de servicios sociales indirecto que "*clienteliza*" al tercer sector; que crea un mercado de trabajo dual, uno dependiente de la Administración económica y otro habitualmente más precario dependiente de las entidades externas (Adelantado, 2018) que, al fin y al cabo, también son financiadas por el Estado, pero indirectamente.

Las entidades no gubernamentales, independientemente de que hagan un buen trabajo y de que persigan nobles objetivos, están inmersas en un sistema de competencia en la adquisición de subvenciones y de proyectos concedidos por las diferentes Administraciones. No tienen una financiación estable garantizada, sobre todo las entidades más pequeñas, y buscan su sostenibilidad, con lo cual pueden entrar en procesos de "marketing", o bien realizar actividades con fines únicamente promocionales (Sáez, 2003) entrando en una dinámica de resultados, datos, cifras, eficacia, impacto... que pueden dar lugar a procesos ficticios y a resultados tendenciosos, cuando no, directamente, en dilemas éticos. Por lo tanto, la Educación Social, bajo el Mercado, se encuentra mucho más desprotegida que bajo el estado del bienestar o el estado social de derecho (Sáez y García-Molina 2006).

Concretamente, en el campo escolar, pueden darse pasos hacia la desprofesionalización cuando se dan las siguientes situaciones en el empleo:

— Una reducida posibilidad de acceso al empleo, pues no existe mucho mercado.

— Precariedad en la contratación, por la inestabilidad de los puestos de los profesionales como en la duración de los programas, en los bajos salarios, etc.

— Existencia de errores o injusticias en la contratación: cuando se hace por niveles y no por perfiles, cuando se fragmenta la profesión, cuando se permite el acceso a la profesión a otros grupos ocupacionales o profesionales con una flexibilidad innecesaria.

— Esconder o difuminar la profesión bajo otras denominaciones.

Alienación del discurso pedagógico

Según varias doctas opiniones, (Núñez, 2013; Sáez y Campillo, 2013) la Pedagogía Social sufre procesos de desprofesionalización atendiendo a una serie de factores que afectan a la praxis de la Educación Social, como ciencia de la que se nutre. La Pedagogía Social pierde el monopolio del conocimiento cuando sufre una "sociologización" y una "psicologización" del discurso pedagógico, dando lugar a prácticas que desvirtúan y desprotegen a la profesión.

En caso de que se dé una inusitada influencia de la sociología, conduce a la categorización de la población según determinadas características sociales (población en riesgo, población diana, zonas de actuación preferente,...) que, en el mejor de los casos, dan lugar a una tarea de reivindicación política, pero en la que no se persiguen objetivos educativos relevantes (García-Molina, 2003). En el contexto escolar, la influencia de la sociología se revela cuando a los educadores y educadoras se les encomienda trabajar con personas encuadradas dentro de perfiles poblacionales, a los que se le asignan etiquetas, habitualmente con connotaciones negativas, en las que son desposeídos de su singularidad como personas y homogeneizados en función del trazo que los representa socialmente (Núñez, 2010) y en la que se da una tendencia a poner el énfasis en lo negativo, en trabajar con etiquetas y estigmas (Sánchez-Valverde, 2020; Sáez y García-Molina, 2005).

En caso de que se imponga como modelo hegemónico en la intervención social el arquetipo denominado "psicológico-profesional", que se centra en la comprensión de los procesos personales, emocionales y afectivos que conducen a la inadaptación o la exclusión, la Pedagogía-Educación Social se convierte en una técnica rehabilitadora o terapéutica (García-Molina, 2003), que acaba por generar actuaciones individuales a costa de dejar para un segundo momento el análisis sobre las causas; lo que contribuye, a su vez, a "dejar intactas las estructuras que los generan" (Iglesias y Sánchez, 2008, p.14).

La omnipresencia del discurso psicológico en el contexto escolar es una realidad y está ganando muchos adeptos por el camino. Sin embargo, en ocasiones, se manifiesta negativamente de distintos modos, entre otros, los siguientes:

La Psicología Positiva se está extendiendo rápidamente en el ámbito educativo a través de la Educación Positiva. Bajo los parámetros de esta psicología se sustentan conceptos básicos como los de autogestión emocional, inteligencia emocional, optimismo, el manejo de los estilos atributivos, el manejo eficiente de las emociones positivas, así como el couching (Cabanas e Illiouz, 2018). Sin embargo, habría que cuestionar la aplicación sistemática de este modelo en la escuela y sería conveniente pasarlo previamente por el filtro de la pedagogía (Románs et. al., 2002), puesto que existen limitaciones científicas encontradas en su epistemología y numerosos sesgos ideológicos (Pérez et. al, 2018), sospechas de que los fines que persigue no están en sintonía con los objetivos educativos (Penalva, 2008; Prieto, 2018) además de presentar poca eficacia demostrada (Cabanas y González-Lamas, 2021; Challen et. al., 2014).

Se da una inversión de las ciencias. Es decir, la psicología está pasando de ofrecer teorías del aprendizaje, como ciencia descriptiva que es, a ofrecer teorías educativas (Prieto, 2018), es decir, prescriptivas. Esto sucede en el momento en que se identifican los medios con los fines educativos. Estas "psicologías" en el campo de la educación instituyen y promueven modelos de vida considerados como positivos o saludables, imponiendo modos de ser y actuar, como se está preconizando desde la Psicología Positiva y otros conceptos afines. La educación, por su parte, da cuenta de aspectos sociales e ideológicos sobre las relaciones que deben mantener individuo y la sociedad, así que posee una función axiológica y teleológica intrínseca. Esto es, la educación emocional no debiera de sustituir a la ética ni a la educación moral.

Esta sobredimensión de la psicología se manifiesta a través del protagonismo otorgado a la autoestima en educación a la hora de interpretar los éxitos y los fracasos escolares y en la adaptación a la institución por parte de la comunidad educativa (Ecclestone, 2004). Del mismo modo, Ubieto y Pérez (2018) también cuestionan esta "cultura de la autoestima" en las escuelas, que se fomenta sistemáticamente sin averiguar previamente si existe baja autoestima o si esta es la causa verdadera de los problemas que se pretenden tratar, además de asociar esta cultura de la autoestima al maltrato vertical (de hijos/a padres y madres).

Esta influencia se hace patente en las escuelas en la tendencia a patologizar problemas pedagógicos. Bajo esta lógica, el discurso educativo se desvincula de las teorías pedagógicas para centrarse en los trastornos del comportamiento y las dificultades de aprendizajes del alumnado, y que se está empleando masivamente para explicar las dificultades de la misión de educar que, *mutatis mutandis*, acaban por responsabilizar unidireccionalmente al alumnado de sus fracasos (Solé y Moyano,2017).

Bajo la inflación de discurso psicológico en educación, la pedagogía y las materias, corren el riesgo de vaciarse de contenido (Arendt, 1977, p.43). Todo el lenguaje terapéutico que invade los procesos educativos, como autoestima, autopercepción, autoconfianza, auto aceptación, etc., provoca que la educación camine en aras de un proceso que destaca el "yo emotivo", más centrado en buscar la formación de personalidades, que la formación cultural (Ecclestone, 2004; Varela, 1992). Por lo tanto, el agente de la educación, deviene en un guía o "coach educativo" del alumnado, como mediador de un proceso de revelación de sí mismos. En este contexto las energías se concentran en el cómo vivir, más que en el saber y en el conocimiento (Bauman, 2005).

Ecclestone (2004) apunta a otra dimensión de esta corriente; desde la Administración se les encarga a los profesionales de la acción socioeducativa la mejora de la autoestima en zonas marginales, sin hacer referencia alguna a las condiciones sociales en las que viven esas personas, por medio de un sistema que tiende a la gestión de población vulnerable mediante el tratamiento terapéutico de problemas sociales (Ecclestone y Brunila, 2015).

La inflación de la psicología en el ámbito educativo, a veces, pone en circulación una visión disminuida del ser humano, como si no fuese capaz de lidiar con las dificultades normales que entraña la vida diaria (Prieto, 2018), dando lugar a una población incapaz que consume psicología como la autoayuda o las paraterapias (Castel, 1984; Furedi, 2004), en una población patológica que consume fármacos (Ubieto y Pérez, 2018), o se encierra en sí misma y consume felicidad (Cabanas y Illouz, 2018), o en otra que consume personalidad a través de la personalización de los productos de consumo (Lipovetsky, 2005).

Necesidades educativas de las escuelas

La configuración y emergencia de la Educación Social viene asociada, pues, a su contexto y provoca que sus funciones sean coyunturales, es decir, sometidas a las nuevas necesidades que van surgiendo. La escuela no es inmune a las transformaciones económicas, políticas y culturales que está viviendo nuestra sociedad. Estas dieron lugar a nuevas demandas sociales de los centros educativos que se concretan en realidades escolares específicas como el fracaso, el absentismo, la conflictividad en las aulas, etc. a las que la escuela, por sí sola, no siempre ha sabido atender. La introducción de profesionales de la Educación Social en los centros educativos es una de las medidas que han adoptado las escuelas para dar una respuesta educativa a estos problemas. Esto significa realmente que no existe una idea del profesional de la Educación Social fija o inalterable (Úcar, 2001), sino que debido precisamente a su sentido y función social, como profesión orientada a la ciudadanía, se va adaptando a las necesidades sentidas o detectadas que son las que van delimitando el objeto específico de una profesión y su reconocimiento por parte de la sociedad (Caride, 2002). Como señala Petrus (1995), el "resurgir de la Educación Social es consecuencia de su capacidad para aceptar nuevas re-conceptualizaciones y adaptarse a los cambios de la sociedad"(p.27). Las oportunidades laborales en el pasado de la Educación Social han estado principalmente vinculadas a lo social, pero no se puede considerar este como el núcleo fuerte de la profesión (García-Molina, 2003, p.29). Que su carácter pedagógico sea cada vez más reconocido (Caride, 2002), hace que pueda profesionalizarse en ámbitos diferentes a los de la "marginalización". De hecho, lo que realmente diferencia y distingue a la Educación Social del resto de profesiones del ámbito social, es su carácter educativo.

Del mismo modo, el enfoque que adopten los profesionales de la educación, como el profesorado, y las políticas educativas a la hora de formar al alumnado, favorecerá, o no, su profesionalización, en función de si se orientan hacia una formación academicista, centrada en contenidos y en la empleabilidad, o bien si se decantan por ofrecer una formación integral y reflexiva del alumnado (Giroux, 1990). Un contexto escolar que tiende a supeditarse a las necesidades empresariales, formando a ciudadanos competentes que puedan satisfacer las necesidades del mundo laboral y que contribuyan así a mejorar la riqueza y el bienestar del Estado, da lugar al desempeño de una práctica tecnológica, en la que la educación se plantea como un proceso mecánico, buscando la eficacia pero sin tener en cuenta las bases sociales en las que tiene lugar (Caride et. al., 2017). Bajo este marco, la Educación Social tiene un difícil encaje, o corre el riesgo de convertirse en cómplice de prácticas contrarias a la profesión.

Activismo de los grupos profesionales

Las asociaciones profesionales son fundamentales en el progreso de las profesiones, porque contribuyen a generar un mercado de trabajo, a solicitar apoyo gubernamental, hacerse reconocibles en el medio social y legitimar el conocimiento en el que se apoyan, entre otros muchos objetivos (Sáez y García-Molina, 2006). Pero no se puede confundir la profesionalización de la Educación Social con el devenir de los grupos ocupacionales, ya que la primera es un proceso mucho más amplio en el que, como venimos señalando, otros actores tienen mucho protagonismo.

Son loables las numerosas acciones emprendidas por los colegios profesionales para conseguir la introducción de profesionales de la Educación Social en las instituciones escolares; desde jornadas a acciones políticas, hasta acciones de difusión de información (Puig y Fernández, 2018). Los resultados demuestran que, cuando los colegios profesionales tienen un papel protagonista en el desarrollo de los programas de Educación Social Escolar, tienden a monopolizar el sector y a controlar las condiciones del puesto de trabajo. A los datos nos remitimos; un buen ejemplo de las consecuencias en la profesionalización es lo sucedido en los programas pilotos ESEC1 y ESEC2, en los que la gran implicación del colegio profesional hizo posible que controlasen las condiciones del empleo, obteniendo la jurisdicción de este campo de trabajo, siendo un puesto reservado para profesionales titulados y colegiados de la profesión de Educación Social, además de ser parte importante en la implementación y evaluación del programa y en la elaboración del modelo educativo.

1.2.7 Diferentes propuestas educativas: ESE y ESnE

A través del estudio de la profesionalización de la Educación Social en los contextos escolares (Cid y Borges, 2022), identificamos características divergentes muy notables que corresponden a distintas modalidades de vinculación de la Educación Social con la escuela. Esto es, la Educación Social Escolar y la Educación Social en la Escuela, que definiremos minuciosamente en el apartado 2.1 del capítulo 2º.

Por lo pronto basta decir que, a tenor de los resultados obtenidos, la ESE y ESnE tienen puntos en común, como que confluyen en el lugar de la acción, en el alumnado como principal destinatario y, habitualmente, en el profesional procedente del ámbito disciplinar socioeducativo, pero no son las mismas realidades educativas, en tanto en cuanto difieren, principalmente, en la intensidad de la acción, en su comprensión del rol de la escuela y en la incardinación de sus acciones educativas.

Además, tampoco tienen los mismos efectos (Borges, 2023), como se puede observar en la siguiente tabla, en la que aparecen resumidos las principales diferencias entre ambas modalidades socioeducativas en las categorías investigadas:

	ESE	ESnE
Niveles de acción Para más información, consultar tabla 6.	Más niveles de acción y más intenso. Trabaja con la comunidad buscando socios externos y mediación de recursos. Trabajar con la familia, es un medio para ayudar al alumnado.	Menos niveles de acción y menor intensidad. Trabaja en el entorno comunitario del alumnado. Busca familias usuarias(es un medio pero también un fin). Mayor trabajo en red y más intenso.
Nivel de regularización	Mayor nivel de regularización. Potestad de la escuela de incorporar a un profesional de la ES.	Menor nivel de regularización o sin regular. Potestad de la escuela de incorporar a un profesional de ES.
Condiciones laborales	Estabilidad. Buenas condiciones laborales. Financiación estable.	Itinerancia Financiación inestable y/o deficiente Criterios educativos se someten a los económicos
Condiciones materiales	Despacho propio en la escuela habilitado funcionalmente. Recursos económicos propios para el programa.	Sin lugar propio en la escuela Recurso por excelencia: profesionales ES. Despacho en su sede.
Autonomía profesional	Mayor autonomía profesional (presencia de iure).	Menor autonomía profesional. Sometidos a los profesionales de la escuela.
Cooperación equipos docentes	Alta cooperación con una gran parte de los equipos docentes. Problemas derivados del reparto de tareas.	Poca o nula cooperación. Modelo de trabajo en "paralelo" o "sometimiento".
Impacto	A nivel individual y de centro. Focalizado	A nivel individual, efectos dispersos.
Efecto principal	Referente para el alumnado de su centro escolar. Mejora de la convivencia (valoración subjetiva)	Referente para el alumnado con el que trabaja. Mejora en el comportamiento del alumnado (valoración subjetiva)
Efectos secundarios	Riesgo de estigmatización Apagafuegos –actuaciones improvisadas-	dispersión de sus funciones.
Dificultades	Exceso función bombero/a. Atribución de tareas no propias, de vigilancia y control. Instrumentalización por el profesorado, falta de independencia del sector escolar.	Ausencia de tiempos y espacios para sus actividades. Procesos ficticios de cooperación.
Características profesionales.	Confidencialidad	No se guarda siempre la confidencialidad. Externalidad de los profesionales
Registro documental	Menor registro documental. Uso principalmente personal.	Mayor registro documental. Relacionado con la justificación económica. Uso defensivo.
Líneas estratégicas	Relacionadas únicamente con la escuela.	Relacionadas principalmente con la expansión del programa.

Tabla 5 *Resumen del estudio entre las dos modalidades de la acción socioeducativa escolar*

Niveles-Modalidades		ESE	ESnE
Escuela-Familia	Individual	X Medio	X (fuera del centro) Fin en sí misma
	Grupal	X	
Escuela-Comunidad	Busca socios externos	X	
	Mediación de recursos	X	X
	Trabajo comunitario		X
Alumnado	Individual	X	X
	Grupal	X	X
	Pequeño grupo	X	X (fuera del centro)
Departamento/centro		X	
Mediaciones (acepción RRCC)	Familias-centro/profesorado	X	
	Alumnado-Profesorado	X	
	Alumnado – Alumnado	X	X

Tabla 6 *Comparativa de los niveles de acción de ESE y ESnE.*

Como se puede observar, los efectos de ESE y ESnE, en algunas dimensiones, son similares en su tipología, pero difieren, principalmente, en la intensidad y en el alcance, puesto que en el caso de la ESE se incardina dentro de los procesos escolares y se transversaliza. Por lo tanto, no tienen los mismos efectos, por lo que no se pueden ni homologar ni suplantar porque se tratan de modalidades de acción diferentes, con efectos, intensidades y objetivos diversos. Sería como pretender suplir los educadores/as sociales de menores en centros residenciales, con los educadores/as sociales familiares de los servicios sociales municipales.

La ESnE trabaja con una pequeña parte de la población de la escuela, lo que puede ser un objetivo finalista para sus actividades comunitarias. La ESnE contempla el alumnado como destinatario de sus acciones, pero no a la escuela. En contraposición, en la ESE la acción se orienta al alumnado, pero la intervención se encuadra dentro del lugar institucional con un encargo particular, la escuela como *objeto* de la acción y como *marco* de actuación.

La Educación Social, como objetivos finalistas, no puede reducirse a una mera propuesta de talleres estandarizados "a la carta", en un remiendo de atención educativa "individual" a desfavorecidos ni simplemente a una oferta aditiva de ocio escolar. Esto evoca la intervención clínica o el enfoque tecnológico de la educación, que consideramos que no es la mirada idónea para las situaciones a las que se enfrenta la

Educación Social, porque no es ni justa ni eficaz, además de que resulta desprofesionalizante (Sáez, 1993).

Del mismo modo, consideramos que aquellos programas que se limiten a "recoger" al alumnado que presente dificultades en actividades o itinerarios diferenciados y se circunscriban a un enfoque individual, no son adecuados porque refuerzan el *status quo* escolar. Son soluciones parche que evitan cuestionar el problema central de fondo: el malestar del alumnado y la falta de competencia de la escuela para educar. La Educación Social no puede ser cómplice ni rehén de actuaciones de este tipo en pro de una profesionalización meramente cuantitativa.

Otras ideas convergentes con nuestra propuesta sobre la misión de la Educación Social en la escuela son las de situar la dimensión educativa en todos los momentos y espacios de la escuela (Barranco et. al., 2012), enfocarla desde una perspectiva escolar (Castillo y Bretones, 2014), ser una oferta profesional independiente y ancorada en la vida escolar (Rademacker, 2011), como una agente de transformación de la estructura organizativa escolar (Rodorigo y Aguirre-Martín, 2020), como una forma amplia de cooperación entre los servicios sociales y la escuela (Bolay et. al., 2003), de corresponsabilidad (Spies y Potter, 2011) y con profesionales que trabajen en colaboración con el profesorado en condiciones de igualdad (Speck, 2020), desde un enfoque global y colaborativo, ni clínico ni "de experto" (Parcerisa, 2008), en un modelo integrado, caracterizado por un vínculo profesional intenso con la escuela, en la que su presencia sea de pleno derecho y en la que se dé énfasis a su especificidad profesional, con un encargo diferenciado al del personal docente y orientador (Ortega y Mohedano, 2011).

Creemos que estas ideas tienen en común el hecho de considerar a la Educación Social Escolar como algo más que una simple adición de actividades o un complemento a la programación escolar tradicional, sino que promueven un enfoque más integral, que incida en todos los aspectos de la vida escolar, desde la perspectiva del éxito educativo de todo el alumnado (Gonçalves, 2018).

1.3 Modelos institucionales de acción socioeducativa

A través del análisis de la profesionalización, hemos encontrado regularidades en los distintos formatos de los programas de Educación Social Escolar en función de la entidad responsable, lo que nos lleva a plantear la existencia de tres modelos institucionales de acción socioeducativa escolar en España con unas particularidades propias.

Los hemos catalogado en tres modelos que hemos bautizado, a modo identificativo, de la siguiente forma: Modelo Regulado, Modelo Semiregulado o de Servicios Sociales y Modelo Externalizado o del Tercer Sector.

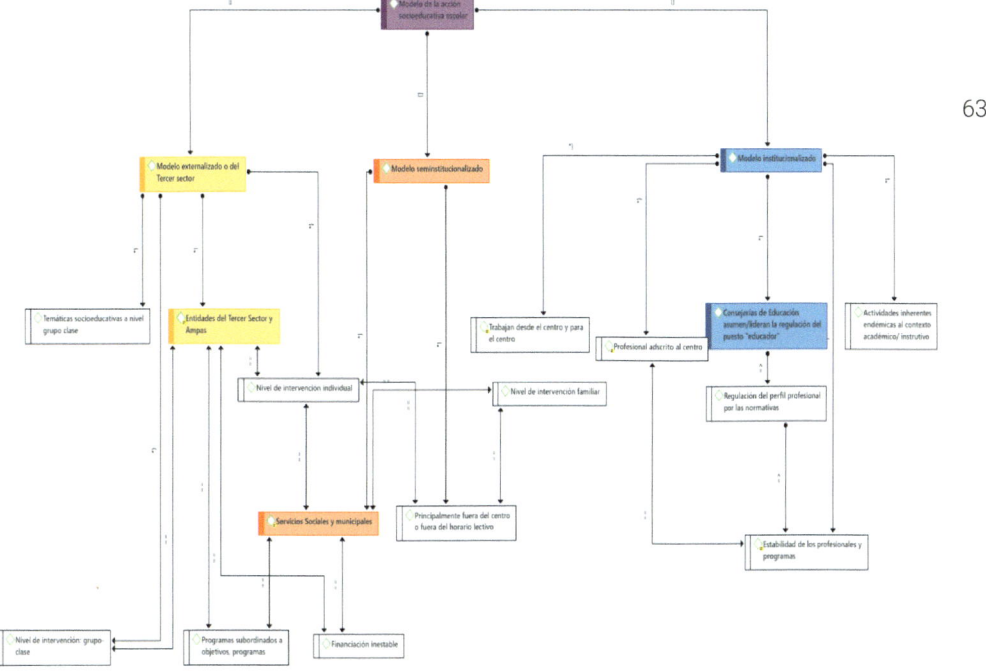

Figura 5 *Red Conceptual: Modelo Regulado, Semiregulado y Externalizado.*

Modelo Regulado. En este grupo estarían los programas y profesionales regulados a través de normativas específicas por la Administración, en este caso, mediatizadas por las respectivas consejerías de educación, que son las que se encargan de financiar los profesionales y establecer las directrices de los programas. En este modelo, los educadores y educadoras sociales se adscriben a los centros escolares, forman parte de los equipos educativos de la institución escolar y trabajan *para* el centro y *desde* el centro. Es decir, la escuela es su lugar de trabajo de referencia, sin exclusión de que puedan realizar acciones fuera del centro o del horario lectivo. Las actividades están orientadas a situaciones endémicas de la dinámica escolar. La regularización ofrece más estabilidad tanto de los proyectos como de los profesionales, garantizando la presencia *de iure* de educadoras y educadores sociales en las escuelas para desempeñar su especificidad profesional: la acción socioeducativa.

Modelo Semiregulado o de Servicios Sociales. En este grupo estarían los proyectos que se realizan desde los servicios sociales y los respectivos servicios municipales. En este modelo la entrada no se regula, pero puede existir algún tipo de convenio con los gobiernos regionales o autonómicos. La forma en la que estos proyectos se materializan es muy variada: desde la coordinación con los equipos educativos, hasta proyectos creados *ad hoc* de intensidad variable, etc. Pero, mayoritariamente, estas experiencias suelen estar relacionadas con el trabajo individual y la atención de determinadas problemáticas socioeducativas del alumnado y sus familias, y otras veces versan sobre actividades lúdico-culturales, habitualmente fuera del centro y/o del horario escolar. El profesional no tiene necesariamente como referencia el centro escolar como lugar de la acción, es decir, trabaja para el centro pero no siempre desde el centro ni necesariamente dentro del horario lectivo. Las actividades suelen estar subordinadas a objetivos, programas o personas.

Modelo Externalizado o del Tercer Sector: En este modelo se englobaría a todos aquellos proyectos realizados por entidades sin ánimo de lucro o del tercer sector, AMPAS, etc. Es principalmente el Estado el que financia indirectamente estos proyectos a través de la convocatoria de subvenciones desde distintas administraciones. Estos programas son gestionados por entidades no gubernamentales y llevados a cabo principalmente por profesionales del sector social (Educación Social, Trabajo Social, Integración Social, Pedagogía, Psicología, promoción escolar, agentes lingüísticos y de interculturalidad...). Desde las diferentes áreas de especialización de las respectivas entidades sociales para las que trabajan, realizan proyectos en colaboración con la escuela, que suponen una optimización de los recursos comunitarios. Son profesionales externos, aunque trabajen *para* y *dentro* del centro educativo. La tipología de estos proyectos es muy variada, desde jornadas o colaboraciones específicas hasta intervenciones más intensas y prolongadas en el tiempo. Su existencia está sujeta a la existencia de tres condiciones: financiación, entidad que lo preste y escuela que lo acepte, que es la que modula la entrada y la intensidad con la que se haga. No existen garantías plenas de estabilidad. Los programas suelen renovarse cada curso y están sometidos a objetivos, proyectos o destinatarios. Se percibe una vocación más integral e integradora de la acción por parte de los profesionales y entidades que lo ejecutan, pero su capacidad es limitada, porque ningún reglamento o normativa garantiza su presencia en los centros.

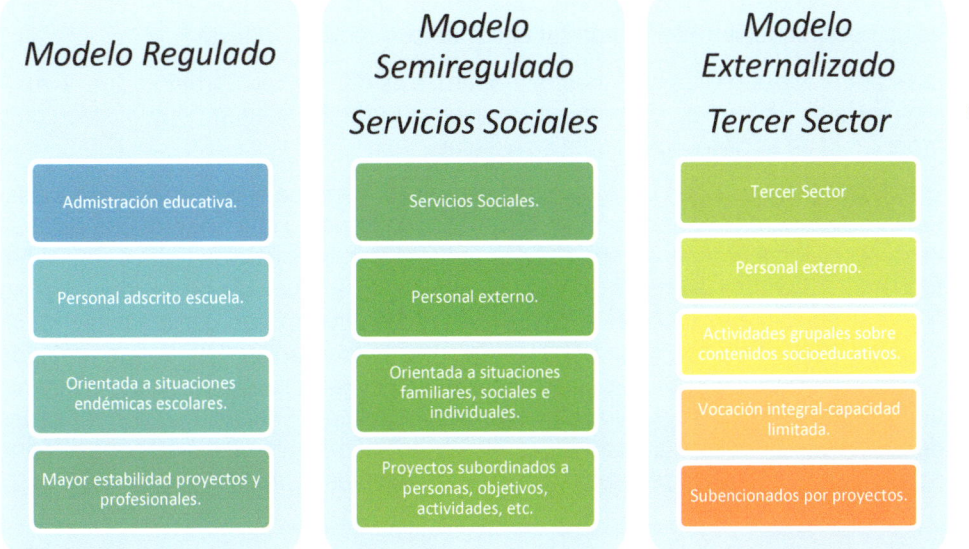

Figura 6. *Resumen de características diferenciales de los modelos institucionales de acción socioeducativa*

1.3.1 Otras clasificaciones

Existen otras clasificaciones que hacen referencia a este mismo tema. Una de las más citadas es la de López (2013) que, en un lúcido ejercicio de sistematización, estipuló la siguiente clasificación:

— educadores/as sociales adscritos a centros escolares,

— integrados en los servicios sociales municipales y

— proyectos concretos liderados por educadores/ as sociales financiados por Ayuntamientos.

Aunque esta sistematización es bastante ilustrativa y certera en su juicio, no es la más idónea para establecer tipologías, porque mezcla unidades de análisis (entidad contratante, vínculo profesional con la institución y tipo de profesional que la lleva a cabo), lo que dificulta establecer correlaciones o modelos.

Otra propuesta interesante es la de Serrate (2014), que realiza una categorización estableciendo tres tipos de líneas de actuación, apelando a los diferentes niveles de la administración: de tipo estatal, autonómico y colaboración administrativa. Esta clasificación permite tener una mirada amplia a la acción socioeducativa que se realiza en las escuelas. En este caso, al utilizar la misma unidad de análisis, el resultado es un patrón que permite interpretar con más corrección la realidad.

Con todo, consideramos que nuestra propuesta es más precisa debido a que no existen modelos uniformes. Esto es, en un mismo territorio pueden convivir diferentes programas de acción socioeducativa escolar.

Estos modelos no se dan por igual en otros países. Sin ir más lejos, en Alemania existen también, pero tienen otros rasgos identificativos, por lo que no se puede establecer una analogía con las características atribuidas a los modelos en España, sobre todo en lo referido a la orientación de las actividades y al vínculo profesional, puesto que hay regulaciones diversas en cada *Länder*. Por ejemplo, en Baviera está regulado, pero se encomienda a los Servizos Sociales la realización de los programas de Educación Social Escolar, en otros Länder se combinan modelos, como en Renania del Norte-Westfalia y Baja Sajonia en donde se regula por Educación o por entidades del tercer sector. Esto significa que cambia la entidad que lo gestiona, pero no tiene por qué afectar al lugar de trabajo ni a la orientación de las actividades.

1.3.2 Ventajas y desventajas de los modelos institucionales de acción socioeducativa

Podemos aseverar que la selección de uno u otro modelo determina, como mínimo, la orientación conceptual de las actividades, la entidad responsable de la financiación y la vinculación y relevancia de los profesionales de la Educación Social en el centro escolar y, por lo tanto, su desarrollo profesionalizador. Para inquirir cuál es el formato más adecuado, es preciso seguir investigando y, de momento, no hay muchos datos al respecto.

No obstante, con los datos acumulados a día de hoy, vamos a realizar un primer esbozo resumiendo las principales ventajas y desventajas de cada modelo.

	Ventajas	Desventajas
Modelo 1	☐ Mejor financiación, estabilidad de los profesionales. ☐ Mejores condiciones laborales. ☐ Regulado. ☐ Aborda temas endémicos de la vida escolar.	☐ Posible falta de competencia en temas socioeducativos desde dirección. ☐ Falta de independencia del profesional ES frente a la escuela.
Modelo 2	☐ Independencia ES en las valoraciones frente a la escuela. ☐ Experiencia en acción socioeducativa. ☐ Mayor cooperación con servicios sociales y la administración local.	☐ Presencia subalterna en la escuela. ☐ Personal externo. ☐ Profesorado puede sentirse fiscalizado. ☐ Problemas en la cooperación. ☐ Posible estigmatización de los clientes. ☐ No se trabaja siempre con la escuela.
Modelo 3	☐ Independencia en las valoraciones frente a la escuela. ☐ Experiencia en acción socioeducativa. ☐ Especializados en áreas. ☐ Aportan recursos/actividades fuera del centro.	☐ Poca estabilidad de los proyectos y de los profesionales. ☐ Externalización y poca autonomía. ☐ Pluralidad estructuras internas ONG.

Tabla 7 *Ventajas y desventajas de los Modelos Institucionales de acción socioeducativa*

Nota: Elaboración propia, basada en el análisis profesionalizador y en las investigaciones de Pelegrí et. al.(2017), Borges (2023) y Speck,(2020,2006).

El *Modelo Regulado* es el que posee las mejores condiciones materiales para desenvolverse tanto a nivel económico como a nivel legal, puesto que institucionaliza y regula la entrada de la figura del educador/a en los centros escolares. Además, orienta sus actividades a situaciones educativas referidas al microcosmos escolar, por lo que tiene más posibilidades de introducir la perspectiva socioeducativa de forma integral en los centros y aumentar así el impacto de sus actuaciones. Es ahí donde reside la novedad: el tratamiento desde la perspectiva socioeducativa de las situaciones educativas escolares.

La principal desventaja de los programas regulados, como apunta Speck (2020), es la falta de experiencia socioeducativa desde dirección de centro que puede, de alguna forma, limitar la intervención de la profesional de la Educación Social y, condicionada por esta, la falta de independencia de su trabajo con respecto a la escuela. Como reflexionamos en otro lugar, tratando el tema de la formulación de equipos de trabajo eficaces entre educadoras sociales y equipos docentes (Borges y Cid, 2019), la voluntad de integrarse dentro de la escuela no puede abocar al profesional de la Educación Social a diluirse en el centro o a mimetizarse con el resto de profesionales. Su función es cuestionar la propia lógica de la institución, las contradicciones que el trabajo educativo comporta y mantener una postura crítica ante los lesivos axiomas que impregnan las prácticas pedagógicas que allí se dan, prácticas cristalizadas y normalizadas. De esta forma, podrá crear nuevas vías y nuevos enfoques de intervención. Sería grotesco que la Educación Social irrumpiese en la escuela con grandes ideales, para acabar apuntalando el *status quo* escolar, haciendo más de lo mismo.

El *Modelo de Servicios Sociales*, tiene como principales ventajas la independencia; garantizar o favorecer la autonomía de los profesionales de la Educación Social en sus valoraciones frente a la escuela, además de su experiencia en el campo socioeducativo y el conocimiento de la población con la que debe trabajar. Otra ventaja evidente es la conexión y cooperación que debería producirse entre escuela y servicios sociales y la administración local, especialmente significativa en los casos de menores tutelados o en guardia, con medidas judiciales y, en general, las familias usuarias de estos servicios o susceptibles de serlo. La autoridad de los servicios sociales es patente, se trata de otra entidad pública, por lo que deberían reducirse notablemente los problemas relacionados con la falta de autonomía de los profesionales de la Educación Social. El reverso de la moneda de esta ventaja es que, con frecuencia, se dan problemas en la cooperación con el profesorado que puede sentirse fiscalizado o interpelado por servicios sociales (Speck, 2020).

En el *Modelo Externalizado,* los proyectos del tercer sector tienen como principales ventajas la independencia de su visión con respecto a la escuela, la experiencia en intervención social, la cercanía con los usuarios y con el territorio, mucha flexibilidad, especialización en importantes áreas socioeducativas y, en muchos casos, diversidad de ofertas, como voluntariado y otra oferta de recursos fuera del centro derivado de su diversificación de actividades. Suelen estar especializadas en algún área y colectivo, lo que supone una auténtica optimización de los recursos comunitarios. Las principales desventajas que observamos son la falta de estabilidad en la financiación, que deriva en inestabilidad laboral de las profesionales y de los programas; son personal externo al centro, dependiente totalmente de las decisiones de los órganos escolares. Otro de los aspectos a tener en cuenta es la pluralidad de sus propias estructuras internas: estas entidades tienen unos valores, una ideología, una filosofía y un marco de trabajo que, o bien, puede encajar perfectamente como un puzle o provocar tensiones y trabajar en paralelo con la escuela, centrándose en la consecución de sus propios objetivos como entidad.

En general, las demandas de los grupos profesionales y del sector académico en España, tienden a reclamar la situación del *Modelo Regulado*, la de los profesionales adscritos a centros educativos, probablemente motivados por las mejores condiciones laborales que oferta la Administración pública y la mayor estabilidad de los proyectos. Esto se debe a que para los propios profesionales, la percepción de la profesión depende de variables directamente relacionadas con las condiciones laborales y con la titularidad de la empresa para la que trabajan (Sáez y García-Molina, 2006).

En el caso alemán, la tendencia es otra. En Alemania las posiciones sobre el tema son variadas, pero las voces más destacas suelen posicionarse de forma mayoritaria a favor de los Servicios Sociales (Eibeck, 2014; Gastier y Lachat 2012; Speck, 2020, etc.), puesto que consideran que es el lugar natural de la Educación Social Escolar. De hecho, la *Schulsozialarbeit* se encuentra en el párrafo 13 del libro 8º de Servicios Sociales de la legislación alemana.

En cuanto a España, es comprensible que se demande al unísono el modelo que reúne las mejores condiciones laborales. Pero esta variable es solo una de las teselas (una muy importante) que conforman el mosaico de la Educación Social Escolar y es necesario analizar también las virtudes que otros modelos ofrecen. Unas buenas condiciones laborales deberían estar garantizadas en todos los proyectos, independientemente de la entidad que lo gestione tanto por motivos éticos como por la propia eficacia de los programas.

En la actualidad, las entidades del tercer sector están en auge y se han convertido en el gran mercado de trabajo para la Educación Social, arrebatándole ese papel al Estado que tiende, cada vez más, a la externalización de las políticas sociales y educativas que en el pasado ampararon y promocionaron a la profesión. Pero la externalización no conlleva una desresponsabilización del Estado. Y es que, como señala Montagut (2008), este sistema público-privado no supone una alteración ni traspaso de derechos entre lo privado y lo público, ya que el Estado sigue siendo el principal responsable de ofertar con calidad las políticas sociales por cuenta a un derecho de ciudadanía (además de subvencionar con dinero público esas políticas), aunque no preste el servicio directamente. Pero, siendo esto perfectamente posible, y deseamos que así sea, lo que se ve habitualmente en la práctica es lo expuesto por Adelantado (2010), en donde la tendencia es la de recortar el gasto social y en la que se otorga la ejecución del servicio a las entidades que hagan la mejor oferta calidad/precio, lo que implica una reducción de costes a nivel de gasto y personal, que afectan directamente a la calidad del servicio. Con lo cual, como señala Adelantado, "el Estado puede entrar en procesos de connivencia con una pérdida de calidad en la prestación del servicio" (p.46). De hecho, esto es lo que hemos visto en los últimos años, en los que tanto a derecha como a izquierda, se han emprendido medidas de corte neoliberal que han debilitado el Estado del Bienestar y han afectado negativamente a las políticas educativas y sociales, bien adelgazando los servicios públicos o, básicamente, eliminándolos (Sáez, 2003), lo que ha dado de lleno a la Educación Social y a la Educación Social Escolar. Lo vimos con la crisis económica del 2008 y de nuevo tras la pandemia de Covid 19.

Pero el impulso del trabajo socioeducativo en los centros escolares requiere del apoyo del Estado. El orden de las profesiones en el Mercado deja a la Educación Social en una posición de indefensión con respecto a otras profesiones técnicas o sanitarias, más reconocidas y valoradas socialmente. En el Mercado, la Educación Social, también en el contexto escolar, tiene dificultades para desarrollarse porque tiene poca capacidad para organizarse en el sistema privado (Sáez et. al., 2004). De hecho, la figura del "cliente individual" es casi inexistente para la Educación Social.

70 La comunidad receptora directa de la Educación Social suelen ser las clases más desfavorecidas (y con menos capacidad económica para invertir en asuntos que no sean de primera necesidad), o colectivos caracterizados como en riesgo, sectores sociales que, a pesar de ser los que más precisan a las instituciones, son los que menos participan habitualmente en la vida pública y/o en los procesos de elección de representantes políticos; o bien la infancia y la juventud en edad escolar, que no puede participar en las elecciones y tienen poca influencia en la vida pública como protagonistas. Es decir, que sus principales destinatarios, o no disponen de autonomía o de los recursos económicos necesarios para hacer frente a los pagos por tales servicios. Por lo tanto, le corresponde al Estado ofertar esta prestación, porque esas personas tienen *derecho* de recibirla y el Estado *deber* de suministrarla con criterios de calidad (Sáez y García-Molina, 2006).

La externalización de políticas públicas no tiene visos de reducirse, pero la subcontratación no exime de responsabilidad al Estado para que los servicios prestados se realicen con calidad, porque son derechos de ciudadanía. Además, no regular este tipo de acciones socioeducativas con menores de edad, es una dejadez de sus funciones públicas, especialmente en situaciones de vulnerabilidad. Por otro lado, los profesionales de la Educación Social, *de facto*, ya están realizando funciones escolares que los profesionales tradiciones de los centros educativos no dan abarcado y que están contempladas en las leyes educativas. Por lo que es exigible al Estado que ordene el campo profesional a través de una buena regulación, como demanda el colectivo profesional de educadoras y educadores sociales.

1.4 La educación social escolar desde la universidad

La Universidad otorga legitimación y prestigio social a las profesiones a través de los tres grandes recursos de los que dispone: investigación, formación y acreditación (Sáez y García-Molina, 2006). Esto es así porque su labor radica en formar a profesionales mediante la producción de conocimiento obtenido a través de la investigación y tiene la potestad de ofrecer credenciales que favorecen la institucionalización de las profesiones, dispensándoles estatus y poder.

El papel de la Universidad en la profesionalización debe valorarse mucho más allá de una visión credencialita de la institución, como una entidad únicamente gestora y expedidora de certificaciones. Esta es una visión simplista que no sirve para explicar el fenómeno de la profesionalización, porque una profesión puede gozar del reconocimiento formal, pero no del reconocimiento social necesario para disfrutar de un mejor status. Esto es lo que le sucede a la Educación Social en concreto y a las profesiones sociales en general; forman parte de las profesiones escasamente reconocidas (especialmente en contraposición a las profesiones técnicas), puesto que a pesar de que cuente con el reconocimiento académico y formal, tenemos que seguir trabajando para obtener también la legitimidad social, económica y cultural (Sáez y García-Molina, 2003) de la que aún carecemos.

Vamos a analizar en qué medida la Universidad, desde sus competencias, está contribuyendo a configurar su perfil profesional en este nuevo escenario laboral a través de los recursos de acreditación, formativos e investigadores, de los que es preceptiva.

1.4.1 El rol de la escuela en la Educación Social como titulación universitaria

En comparación con otras profesiones, la Educación Social ha realizado un proceso de profesionalización rápido e inductivo (Riberas y Vilar, 2014). Rápido porque en escasos 25 años, desde el final del franquismo hasta 1991, ha pasado de ser un trabajo no cualificado y desconocido, a una profesión reconocida con estudios reglados. E inductivo porque, a diferencia de la mayoría de profesiones que evolucionaron de prácticas genéricas a diversas especializaciones, la Educación Social ha hecho el proceso inverso, puesto que diversas ocupaciones especializadas se agregaron para conformar una profesión común más amplia: la Educación Social.

La titulación universitaria recogió en una única figura profesional las prácticas que conformaron los 3 hitos ocupacionales bien conocidos: la educación especializada, la educación de personas adultas y la animación sociocultural. Trilla (Románs et. al., 2000) recuerda que las tres ocupaciones surgen de una agregación de elementos previamente auto delimitados a partir de criterios dispares. Es decir, existían por separado antes de añadirse a la titulación de Educación Social y, por lo tanto, cada una disfrutaba de sus tradiciones y definiciones. Los motivos de realizar esta agregación fueron estratégicos: incrementar las posibles salidas laborales y fomentar la movilidad laboral. De todos modos, esta unión no fue forzada porque existían evidentes coincidencias entre ellas que, aun divergiendo en las personas destinatarias, interseccionaban entre sí, tanto en las funciones como en los contenidos y la metodología.

En el Real Decreto 1420/1991 de 30 de agosto (BOE, 10 de octubre de 1991), por el que se creaba el título universitario de Diplomado en Educación Social, se establecía el plan de estudios de la titulación y se decretaba como debería orientarse la formación: "en los campos de la educación no formal, educación de adultos (incluidos tercera edad), inserción social de personas desadaptadas y minusválidos, así como en la acción socio-educativa". Es decir, no se contemplaba la escuela como ámbito directo de intervención de la Educación Social. Esta definición, que en aquella época

72

fue muy útil y apropiada, sirvió para acotar y caracterizar un espacio laboral nuevo y describir la realidad de las acciones que sus profesionales desempeñaban (Parcerisa, 2008), así como para dar valor a los ámbitos profesionales que en aquel momento no disfrutaban de suficiente reconocimiento como quehacer pedagógico de rango universitario (Candedo et. al., 2007), pero no contemplaba la escuela como ámbito directo de intervención de la Educación Social.

Este no es un hecho banal puesto que, como afirman Sáez y Molina (2006) "las universidades legitiman los saberes y conocimientos que se aplican en las profesiones y, por ende, sus profesionales: los expertos. En ella se formulan áreas de discursos que generan y promueven ideas sobre la realidad médica, docente, económica, política..." (p.123). Es decir, si desde la academia se promueve un tipo de definición de la Educación Social que excluye al contexto escolar de su ámbito de intervención o si no se contempla el contexto escolar como un perfil profesional que forme parte de su identidad, no se legitima conceptual ni teóricamente su pertinencia a la escuela.

Pero la formación inicial universitaria, especialmente fruto de su tarea investigadora, no puede permanecer estática e inmutable, asumiendo dogmas sobre los diferentes campos de trabajo y los marcos institucionales de forma perenne, sino que debe favorecer la reflexión y abrir nuevos debates acordes a las nuevas realidades. En las propuestas de formación inicial para los profesionales de la Educación Social que recomendaba la profesora Violeta Núñez (2002), indicaba que "una formación inicial no solo ha de cumplir la función de poner en contacto al estudiante con lo dado, sino abrir nuevos campos en las miras profesionales de los estudiantes", de esta forma puede "contribuir a la expansión de la profesión" (p.54).

En un contexto en el que las posibilidades laborales tienden a complejizarse, se hace imprescindible que la formación inicial trate las áreas emergentes de la Educación Social. Por eso, partimos de la convicción de que han sido muchas las profesoras y profesores universitarios, fruto de su reflexión en torno de los quehaceres educativos, los que, desde las aulas, han fomentado un concepto educativo amplio en el que la Educación Social tenía cabida en los centros escolares en aras a conseguir mayores cuotas de justicia social. Esta semilla ideológica y conceptual de la Educación Social desde las universidades ha contribuido a desfragmentar el fenómeno educativo en formal/no formal (Caride, 2020).

Pero decisiva, sin lugar a dudas, ha sido la intervención de los profesionales que se fueron abriendo paso en los centros escolares a lo largo de los años, ofreciendo respuestas educativas a las nuevas demandas sociales. Una vez que esta práctica se ha ido difundiendo e institucionalizando, las universidades han ido incorporando formalmente a sus planes de estudios formación específica sobre el papel de la Educación Social en los centros escolares. Con lo cual, podemos considerar que la Educación Social Escolar, como sucede con la Educación Social, es el resultado de la confluencia entre la realidad profesional y la académica (Caride et. al., 2013).

Por ello se pueden señalar dos perspectivas de trabajo convergentes que han contribuido decididamente al desarrollo teórico y práctico de la Educación Social Escolar: por un lado la experiencia de las profesionales de la Educación Social y el empuje de los profesionales que, fruto de su rápida capacidad de atención a las necesidades emergentes, han ido adaptándose y actuando ante las nuevas problemáticas y, por otro lado, la Universidad ha ido aportando reflexión y conocimientos teóricos que han contribuido a interpretar e intervenir en la realidad socioeducativa de los centros escolares, e incorporar esas reflexiones y propuestas de actuación a los futuros/as profesionales que se forman en los nuevos grados de Educación Social y masters relacionados.

La entrada de la Universidad en la ecuación supone la oportunidad de legitimar socialmente la presencia de la Educación Social en los centros escolares y, sobre todo, mejorar la formación y competencia de sus profesionales en este nuevo campo. Y, muy especialmente, con la Universidad, se abre la posibilidad de crear un modelo para la intervención socioeducativa en el contexto escolar adecuado, que se imponga frente a otros paradigmas de intervención que promulgan programas socioeducativos que segregan, controlan, estigmatizan o sirven para cronificar los problemas escolares.

Por otra parte, desde la mirada profesional, una de las funciones del catálogo de los documentos profesionalizadores de la Educación Social indica lo siguiente: "Conocimiento, análisis e investigación de los contextos sociales y educativos". Esta función pone de relieve la importancia del conocimiento del profesional sobre el entorno como condición *sine qua non* para diseñar y ejecutar proyectos educativos estratégicos y con garantías. Por ello, se puede colegir la importancia de que los profesionales de la Educación Social que se incorporen a los centros escolares conozcan con rigor la institución a la que acceden. Por ello, se hace necesario reflexionar sobre la formación que los futuros profesionales están recibiendo al respecto y esto interpela directamente a la Universidad.

1.4.2 La Educación Social Escolar desde la Universidad

En primer lugar, vamos a señalar cómo se está afrontando la Educación Social en la escuela desde la Universidad. Un análisis en profundidad de este tema sería muy interesante, pero sobrepasa nuestro ámbito de estudio y no existen extensas investigaciones al respecto sobre las que apoyarnos. Por ello vamos a retomar un análisis cuantitativo de la presencia de este contenido en la formación y a recopilar lo que otras profesionales han investigado y reflexionado al respecto.

En primer lugar, vamos a realizar un análisis cuantitativo de la situación en el Estado español, acotando el análisis a comprobar si existe la presencia o no de materias relacionadas con esta temática en las titulaciones de grado, para conocer el grado de interés y expansión del tema desde la comunidad universitaria. Posteriormente pasaremos al análisis cualitativo de la formación con los datos existentes y, por último, trataremos el tema del prácticum y los trabajos de fin de grado con respecto a la temática de la Educación Social Escolar.

74

a. Análisis cuantitativo: la Educación Social Escolar como materia

Hasta hace relativamente poco en España no existía formación de máster o postgrado relativa a este ámbito. Desde el curso 2019/2020 la UNED diseñó un contenido formativo sobre este ámbito en colaboración con el CGCEES, y comenzó a impartir un postgrado en "Intervención desde la educación social en el ámbito educativo" con un elevado grado de satisfacción del alumnado (Jiménez et. al., 2024), aunque este programa está declarado a extinguir en el curso 2024/2025. Las perspectivas de futuro de esta formación se centran en establecer el título oficial de máster en Educación Social en el Sistema Educativo (Jiménez et. al., 2024).

Sin embargo, salvo esta excepción, las universidades han adoptado mayoritariamente el formato de materia dentro de las titulaciones de Grado en Educación Social para tratar esta área de trabajo.

Las universidades suizas, austríacas y alemanas también se han decantado por el formato materia. En la titulación de *Sozial Arbeit* en Alemania, se incluyen materias referidas a la educación social en la escuela (*Schulsozialarbeit*). Existen, además, algunos masters sobre Educación Social Escolar y algunos cursos de posgrado realizados por centros de formación superior privados. Sin embargo, esto es una excepción y el formato más habitual es el de la asignatura.

La presencia en la formación sobre la Educación Social Escolar ha ido ganando terreno en los últimos años en la formación del profesorado en las *Universitäts* (o universidades) y la de los educadores o educadoras sociales por las *Hochschule/ Fachhoschule* (o Universidad de Ciencias Aplicadas), a la par que ha ido aumentando el empleo. Pero, a pesar de que su situación ha mejorado notablemente en Alemania, Speck (2020) señala que no se puede hablar de una expansión uniforme a nivel estatal, sino que más bien la formación en el ámbito de la *Schulsozialarbeit* tiene un grado de compromiso, continuidad y prioridad bastante bajo y desigual, así como que la orientación de la materia y los contenidos de la formación son muy diferentes desde las distintas instituciones académicas desde las que se imparte.

El formato de la materia presenta diversas ventajas, entre ellas la de constituir la forma más viable de formar a los futuros profesionales en este campo profesional, frente a la especialización por medio de máster o posgrado. Eibeck (2014) considera que, a pesar de que una formación de máster tiene la evidente ventaja de ofrecer un conocimiento especializado de este perfil profesional, adolece, sin embargo, de varias desventajas entre las que destaca las limitadas posibilidades de inserción laboral ante lo específico de la formación, una inflación de los títulos de máster y la posibilidad de que, ante tanta especialización, se corra el riesgo de que la formación se reduzca a una serie de prácticas tecnocráticas, además de que se centre demasiado en la aplicación de técnicas.

Para conocer la forma en la que se está abordando la formación en el ámbito escolar desde la Universidad, analizamos los planes de estudio del Grado de Educación Social de 30 universidades españolas de 13 comunidades autónomas, con el objetivo de conocer si en las materias se incluyen o se han incluido contenidos específicos sobre las actuaciones de la educadora social en el contexto escolar. Centramos nuestro análisis en la formación específica para este ámbito y sus características (tipo de formación, tipo de asignatura, créditos, etc.) y los resultados fueron los siguientes:

CC.AA.	Universidades Grado ES	Materias específicas sobre ESE	ETCS	Curso	Tipo
Andalucía					
	U. Pablo Olavide	Educación Social en Contextos Reglados	6	3º	Obligatoria
	Universidad de Málaga	Intervención del educador en el contexto escolar	6	2º S	Optativa
	Universidad de Jaén	El educador social en el contexto escolar	6	3º	Optativa
	Universidad de Granada	Educación social en contextos y centros educativos	6	2º	Obligatoria
	U. de Córdoba	En los contenidos incluye: Programas socioeducativos en la infancia y la juventud en contextos formales e informales: educación para la paz y la convivencia en contextos educativos.	-		
	Universidad de Almería		6	2º	Obligatoria
Asturias					
	Universidad de Oviedo				-
Castilla La-Mancha					
	UCLM				-
Castilla León					
	Universidad de León	Educación Social en el contexto escolar	6	3º	Obligatoria
	U. de Salamanca	-			-
	Universidad de Burgos	El educador social en el sistema educativo	6	4º	Optativa
Catalunya					
	Universidad de Barcelona	Acción socioeducativa en el mundo escolar.	6	2º S	Optativa
	Universidad Autónoma de Barcelona	Educación y contextos educativos (aborda el sistema escolar)	12		F.básica
		Educación de niños y juventud: incluye como contenido "La educación social en el ámbito escolar. Redes, servicios y programas".			Obligatoria
	Universidad de Girona	El educador social en el sistema educativo formal: justificación, programas y experiencias.	3	2º S	Optativa
	Universidad de Lleida				
	U. de Rovira i Virgili				

U. Oberta de Catalunya	Acción socioeducativa en la escuela	6		Obligatoria
C. Valenciana				
Universidad de Valencia	-			
U.Católica de Valencia, San Vicente Mártir	-			
Extremadura				
Universidad de Extremadura	-			
Galicia				
Universidad de Vigo	Educación Social en el sistema educativo	6	2º	Obligatoria
Universidad de Santiago de Compostela	Familia, Escuela y Comunidad en la Educación Social	6		Obligatoria
U. de A Coruña	-			
Canarias				
Universidad de las Palmas de Gran Canarias	Educación Social en contextos escolares	6	4º	Optativa
I. Baleares				
Universidad de las Illes Balears	Programas de intervención socioeducativa en la escuela	6		Obligatoria
Madrid				
U. Complutense	-			
Murcia				
Universidad de Murcia	Educación Social en contextos escolares	6	4º	Optativa
País Vasco				
Universidad del País Vasco	-			
Universidad de Deusto	-			

Tabla 8

Las principales conclusiones que obtenemos de este pequeño análisis son las siguientes:

— A través de los resultados se observa que los títulos de Grado en Educación Social han ido incorporado materias específicas sobre el papel de la Educación Social en el contexto escolar, puesto que existe formación específica en 14 universidades y en 2 de ellas la incluye como contenido dentro de otras materias. Varela y Serrate (2021) realizaron el mismo análisis pero de 35 universidades y el resultado fue que 15 universidades tienen materias directas.

— El formato escogido principalmente por las distintas universidades es convertirla en una materia obligatoria (9 casos) y algo menos en materia optativa (6 casos), por lo que es posible que una parte importante del alumnado termine la materia sin información específica al respecto. Este proceder es, sin embargo, comprensible, puesto que acceder a un empleo de educador/a social escolar es bastante complicado en España, de momento.

— No hay una correlación automática entre la institucionalización de la figura profesional de los y de las educadores sociales en los centros escolares y la existencia de formación específica universitaria. De hecho, en las titulaciones de Grado de Educación Social analizadas en Extremadura y Castilla La-Mancha, comunidades pioneras en la introducción de profesionales de la Educación Social en los centros educativos, no hay materia específica relacionada. Sí la hay, sin embargo, en la mayor parte de las universidades andaluzas que se incorporaron con posterioridad, y también en Canarias y Baleares, en los que se desarrollaron programas de Educación Social Escolar en el pasado reciente.

— En la mayor parte de los casos se ha optado por crear materias de 6 créditos y la formación se realiza a partir del segundo curso, hecho comprensible puesto que este tema requiere de conocimientos previos.

— La denominación escogida es muy similar en todos los casos: aparecen los términos de educación social e intervención socioeducativa y escuela frecuentemente. Solamente en el caso de la Universidad de Santiago de Compostela se alude a la familia y a la comunidad.

Aunque su presencia no es extensiva, se podría decir que la mitad de las universidades españolas están abordando formalmente la formación de los futuros profesionales de la Educación Social Escolar, como muestra del interés paulatino que este ámbito suscita y la presencia constante de estas profesionales en el escenario escolar.

1.4.3 Análisis cualitativo de la formación: recopilación de estudios

Siguiendo a Sáez y Campillo (2013), más trascendente que el simple análisis cuantitativo, sería averiguar qué tipo de formación se está desarrollando en las aulas para capacitar a los futuros profesionales.

Las universidades gallegas, resultado del congreso "Educación Social y Escuela" celebrado en el 2016, acometieron un exhaustivo análisis de la formación que su alumnado recibe en este ámbito, realizado además por el propio profesorado universitario.

Cid y Díaz (2018) explican que el devenir del proceso de integración de los contenidos relacionados con la Educación Social Escolar en la formación de los y de las educadoras no estuvo exento de dificultades, puesto que "la escuela estaba presente en la formación de educadores y educador sociales, pero no como algo fundamentado y deseado, sino como una especie de intrusismo de contenidos ajenos a la titulación" (p.257), porque no se consideraba a la escuela como un contexto de intervención social y, por lo tanto, no se valoraba la idoneidad de esas materias.

Por otra parte, desde distintas universidades, inciden en que el campo se aborda directamente a través de la materia específica como a través de otras que lo tocan tangencialmente, así como por medio de otras materias que son contenidos afines a las funciones profesionales de la Educación Social Escolar (Fernández y Ceinos, 2018; Méndez et. al., 2018).

A este respecto, el estudio realizado por Varela y Serrate (2021) de los contenidos de las guías docentes de las asignaturas que abordan la temática de la escuela como eje central, apunta en sus conclusiones que es necesario fortalecer la formación inicial del educador/a social en el conocimiento de los centros escolares como espacio de inserción laboral y como espacio de relación y coordinación con otros escenarios profesionales (servicios sociales y recursos sociocomunitarios), así como que la formación no es suficiente para cumplir con las funciones requeridas del profesional de la Educación Social en trabajo con la familia y el alumnado en la etapa de secundaria. Estas profesoras recomiendan la necesidad de aumentar la formación de competencias que sirvan para detectar y prevenir factores de riesgo que puedan derivar en situaciones socioeducativas desfavorables y prevenir el absentismo escolar.

Según Dapía y Fernández (2018), tras realizar un estudio comparativo entre los planes formativos de Galicia y Extremadura, señalan que la formación que las y los educadores sociales reciben en estas universidades es adecuada para trabajar en el campo socioeducativo en muchas de las áreas que demanda la escuela, pero faltaría averiguar si esta se ajusta a las peculiaridades de la intervención del marco escolar. También llevaron a cabo una revisión de las competencias relacionadas con la escuela en el Libro Blanco «Título de Grado en Pedagogía y Educación Social» para el Grado de Educación Social de ANECA, del 2005. En los dos casos, las conclusiones que obtuvieron fueron que, en cuanto a las competencias señaladas en los títulos de Grado de Educación Social como en las 26 competencias específicas del Libro Blanco, no aparece ninguna competencia explícitamente relacionada con el contexto escolar, ni la educación formal ni al sistema educativo, sino que se enfocan más bien a los ámbitos tradicionales de la Educación Social.

80

Sin embargo, todo lo anterior supone un gran avance, puesto que si reparamos en el análisis de la formación realizado por March y Orte en 2003, estas profesoras constataban la total ausencia de contenidos escolares en la formación de los educadores y educadoras sociales en aquellos años.

Por lo pronto, lo que sí se puede constatar es que en los planes de estudio no parece existir formación propia en cuanto al funcionamiento e idiosincrasia de los centros escolares, áreas que aborden el sentido y proceso de elaboración de los documentos educativos más importantes del centro como los PEC, PAT, o la información sobre la estructura organizativa de las escuelas, etc., y que podrían suponer dificultades añadidas a la hora de trabajar en los centros escolares, porque las educadoras desconocerían su medio de intervención. También faltarían conocimientos relativos a prácticas concretas en la escuela, como la intervención con familias y otras situaciones típicamente escolares. Las consecuencias más inmediatas podrían ser la realización de proyectos o actividades descontextualizados, que podrían dificultar considerablemente su integración en el centro y la idoneidad de sus intervenciones.

a. La escuela en los trabajos de fin de grado y el prácticum

A través de los Trabajos de Fin de Grado, las diferentes universidades gallegas constatan como el interés del alumnado va aumentando por la materia, puesto que las temáticas relacionadas con la Educación Social Escolar se mantienen e incluso aumentan (Dapía y Braña, 2018; Méndez et. al., 2018), aunque, si bien es cierto, siguen siendo bastante minoritarios en comparación con otros ámbitos. Lo mismo sucede en el caso del Prácticum; hay alumnado constante, pero minoritario, que realiza las prácticas en centros escolares y que, incluso, en algunos casos, los propios departamentos de orientación son los que demandan alumnado de Educación Social en prácticas para incorporar a sus centros (Cid y Díaz, 2018).

Este hecho pone de manifiesto la utilidad estratégica de fomentar el Prácticum de la Educación Social en la institución escolar, puesto que, además del uso formativo, es una manera de visibilizar y dar a conocer a la comunidad educativa el rol de esta profesión en los centros escolares. Como recomendaba el profesor Úcar (2001) es necesario diversificar al máximo la oferta de instituciones en las que desarrollar el Prácticum, "ya que puede ser el germen de futuros nuevos espacios de intervención socioeducativa y, por lo tanto, de nuevos yacimientos de empleo".

Si los centros educativos que cuentan con profesionales de la Educación Social los consideran necesarios, sería lógico pensar que los centros que no cuentan con educadores y educadoras también los precisarían pero no lo saben, porque no se puede pedir lo que no se conoce. La Universidad puede realizar una labor muy importante de difusión de este campo a profesional través del Prácticum.

1.4.4 La Educación Social en el contexto escolar desde la investigación

Como es normal, las investigaciones y estudios han ido aumentando con el paso de los años, coadyuvadas por la lenta expansión de los profesionales de la Educación Social en los centros escolares.

En este apartado vamos a abordar las publicaciones que se han hecho al respecto a lo largo de su corta historia, para observar los hitos que favorecieron su profesionalización. También nos centraremos en las investigaciones y estudios propiamente dichos, analizando qué existe y qué hace falta indagar.

A modo de conclusión, podemos adelantar que las publicaciones e investigaciones no son muy numerosas, sobre todo si las comparamos con la que existen de otros campos o con lo que sucede en otros países en las que este puesto está más extendido, como en Alemania. Sospechamos que uno de los motivos es que, al no ser un espacio laboral consolidado, sino bastante minoritario en comparación con otros sectores en los que los profesionales de la Educación Social habitualmente ejercen, recibe menos atención. Es cierto que tuvo su época de apogeo con la introducción de los primeros profesionales regulados, pero la sensación es que, al ver que no se expandían por el resto de territorios como se esperaba, se fue apagando el interés.

a. Cronología de la Educación Social Escolar en la literatura especializada

Como se ha mencionado, la educación social como práctica educativa y social, se desarrolló mayoritariamente fuera de la institución escolar; como profesión se canalizó prioritariamente hacia exclusión social y, como titulación universitaria, se orientó hacia la educación no formal, donde no se incluía al contexto escolar como lugar de trabajo. Pero ¿cuándo y cómo comenzó a cambiar esta percepción? ¿Cuándo comenzaron a cuestionarse los límites tradicionales de estos ámbitos de acción?

Sin pretensión de ser exhaustivas, queremos realizar una pequeña cronología de la presencia de este tema en la literatura pedagógica en España desde la academia, con el fin de seguir el rastro de la conceptualización, desarrollo e hitos teóricos de la Educación Social Escolar.

Curiosamente, la primera referencia explícita que encontramos es de 1935, un libro de Dumonchel, Belot, Badley y Scott. La reseña que hace al respecto Sánchez-Valverde (2018), señala que el contenido versa sobre aspectos tan interesantes como la dimensión ciudadana, cívica y social de la educación escolar.

Título: La educación social y la escuela

Autores: P. Dumonchel, Abelot, Badley y Scott.

Año: 1935

Editorial: Espasa-Calpe, S.A.

82

Figura 7 *Portada del libro La Educación Social y la Escuela de 1935.*

Las referencias posteriores directas sobre la entrada de la Educación Social en la escuela, la encontramos de la mano del profesor Colom en 1983 y más tarde en 1987. En este último texto, delimita la Pedagogía Social sustentada sobre dos enfoques: el papel educador de la sociedad y el papel socializador de la educación. Desde esta perspectiva, considera la escuela como un contexto de la intervención socioeducativa y, por lo tanto, ámbito de trabajo de la Educación Social.

Cronológicamente, la siguiente referencia es del año 1989 con un artículo de Antoni Petrus en el que contemplaba la "Educación Social Escolar" como una de las áreas de intervención de la Educación Social. El objeto de esta publicación era fomentar la "apertura" de la Pedagogía y la Educación Social a otros sectores no contemplados hasta ese momento, mirando más allá de la marginación y de la vulnerabilidad social. Así y todo, Petrus (1997) años más tarde, afirmará que la Educación Social no debía de asumir entre sus competencias la responsabilidad de la actividad escolar; para posteriormente volver a retractarse con un artículo muy interesante en el 2004, en el que defiende que la Educación Social y la educación escolar no son realidades extrañas, sino convergentes, que se precisan mutuamente para mejorar la acción educativa de las escuelas.

La siguiente referencia sobre el tema aparece en una publicación de 1996 en la que se describe una experiencia de 1992 de Educación Social en las escuelas en Gandía (Calabuig y Luque, 1996). Después habrá que esperar hasta el año 2000 a que Jordi Llongás describa también la escuela como nuevo ámbito de intervención.

La mayor cantidad de publicaciones las encontramos a partir de 2002-2003, años en los que se producen las primeras incorporaciones de profesionales de Educación Social en las escuelas en Extremadura y Castilla La-Mancha. A partir de esta fecha aumentan también los congresos y los monográficos que abordan esta temática específicamente.

Galicia ha sido especialmente prolífica en la organización de eventos que propiciaron el encuentro entre la Universidad y diferentes sectores profesionales por medio de la realización de congresos organizados por Nova Escola Galega y el CEESG, con sus consiguientes publicaciones. Estas jornadas pretendían ser un punto de encuentro y reflexión común entre el profesorado y los profesionales de la Educación Social, en la que se coincidía en la necesidad de introducir a estos nuevos profesionales en la enseñanza y todo lo que podrían aportar para mejorar la calidad del trabajo en las escuelas. Estos congresos fueron los siguientes:

— En el año 2005 se celebran en Santiago de Compostela las "*I Jornadas: La Escuela: Punto de encuentro entre el profesorado y los/as educadores/de las sociales*?"

— En el año 2006 se celebran las "*II Jornadas: Educación social y escuela*".

— En el año 2016 se celebrara en Ourense el "*I Congreso Internacional y las III Jornadas De Educación Social y Escuela: Un Análisis De la Última Década*".

En cuanto a las publicaciones, en el 2006 la Revista de Educación Social fue pionera publicando el primer monográfico al respecto (nº32), titulado "Enseñanza obligatoria y Educación Social", que se centraba en analizar las experiencias de Educación Social en la escuela desde distintos programas y lugares, y con distintos tipos de vínculo.

El siguiente monográfico fue el de la Revista Interuniversitaria de Pedagogía Social del año 2008, nº15, titulado "Educación Social en la escuela", especialmente centrado en los programas de Educación Social institucionalizados.

En el año 2012, la Revista Eduso del Colegio General de Educadoras y Educadores Sociales publica su monográfico nº16 titulado "La Educación Social y la Escuela". En este último se contemplaban tanto las experiencias dentro de la escuela como de las actividades complementarias.

Ya más recientemente, en el año 2019, la Revista de Educación Social publica de nuevo otro monográfico, el nº Nº78, titulado "Educación Social y Escuela", en el que aparece un estudio sobre los profesionales de la Educación Social y los Técnicos de Integración Social en las escuelas.

En cuanto a las agrupaciones profesionales, destaca un documento creado por ASE-DES en el año 2004 enviado al Ministerio de Educación y Ciencia para informar de la figura de los educadores y educadoras sociales en España. En este documento, por una parte, se concretaban las posibles funciones en el marco escolar y, por la otra, describían las distintas experiencias y programas en activo en un ejercicio de visibilizarían y reivindicación de sus posibilidades en las escuelas.

b. Fases de las publicaciones

Hemos organizado en fases temáticas y cronológicas las publicaciones sobre la Educación Social Escolar en España. Evidentemente no son agrupaciones puras, sino que, por ejemplo, las reflexiones teóricas se encuentran tanto en el primer periodo como en el último. La agrupación en distintas fases pretende destacar los elementos más importantes que caracterizan la evolución de las publicaciones.

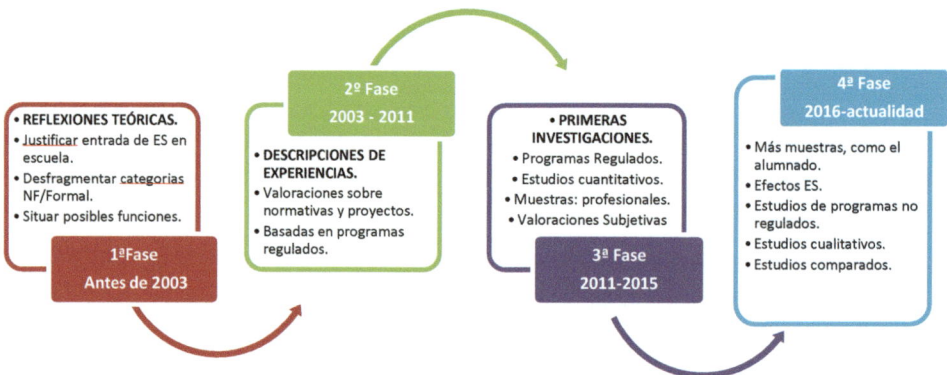

Figura 8 *Fases de las publicaciones sobre Educación Social en la escuela en España.*

La *primera fase* se caracteriza por aparecer publicadas las primeras reflexiones teóricas que pretendían justificar, en un plano teórico, la pertinencia de incluir tanto la profesión de Educación Social en los centros escolares como la capacidad de la Pedagogía Social de teorizar en torno al contexto escolar. Buscan desfragmentar el fenómeno educativo de las categorías formal, no formal y, a un nivel más práctico, ofrecen las primeras exploraciones de las posibles funciones o los ámbitos de la Educación Social en las escuelas, pero son prospecciones teóricas (Caballo y Gradaílle, 2008; Cabrera, 2004; Caride, 2006; Chozas, 2003; Fermoso, 1998; Lirio, 2005; Llongás, 2000; March y Orte, 2003).

La *segunda fase* la situamos a partir de 2002, a raíz de la introducción de los primeros profesionales en los programas regulados, con la publicación de descripciones de estas experiencias pioneras, así como reflexiones sobre las normativas creadas a tal efecto. Se basan básicamente en los programas regulados. No son estudios sistemáticos, sino valoraciones (ASEDES, 2007; Ballester y Ballester, 2014; Castro et. al., 2006; Galán, 2008; Gasch, 2005; Hoyos, et. al., 2003; Laorden et. al., 2006; Parcerisa, 2008; etc.).

La *tercera fase* se inicia con la primera investigación de la que tenemos constancia, en el 2011 con el estudio de Ortega y Mohedano. Estos estudios exploratorios permiten inferir las primeras pistas sobre en qué consiste el trabajo educativo de estos profesionales en el contexto escolar, cómo están siendo acogidos o cuáles son sus funciones en ámbitos concretos (González et.al., 2016; Serrate et. at., 2017; Terrón-Caro et. al., 2017). En 2014 aparece la primera (o una de las primeras) tesis sobre el campo, la de Sara Serrate.

Las principales características de las investigaciones encontradas en esta fase son las siguientes:

— Suelen centrarse en programas regulados.

— Suelen ser estudios cuantitativos de tipo descriptivo o descriptivo correlacional.

— Indagan sobre la acción socioeducativa escolar y sobre cuáles son los profesionales que las realizan, entre ellos, los educadores y educadoras sociales cuando están presentes en las plantillas.

— La muestra consiste, casi exclusivamente, en recoger las apreciaciones subjetivas de los profesionales de la Educación Social sobre su trabajo o del resto de profesionales escolares sobre este tema.

En esta 3º fase también se publican las primeras monografías sobre el tema en las que se combina la teoría con la descripción práctica de experiencias reales (Barranco et. al., 2012; Castillo y Bretones, 2014; Castillo et. al., 2016).

En la *cuarta fase*, hemos querido englobar las investigaciones posteriores que se centran en concreto en la praxis profesional de los educadores y educadoras en las escuelas, que incluyen en sus muestras al alumnado (Borges, 2023; Ruedas-Cletrio y Serrate, 2021; Sierra et.al., 2016; Vila et. al., 2019) y amplían los diseños metodológicos realizando estudios de tipo cualitativo o mixtos (Bretones et. al. ,2019; Cabrera y Rosales, 2018; Sierra et. al. , 2016), además de que abarcan otros temas como la formación de los profesionales de la Educación Social para trabajar en la escuela (Morán et. al., 2017), así como que también estudian a los profesionales externos (Borges, 2023; Pelegrí, et. al., 2017).

c. Posibles líneas de investigación futuras

Quizás lo más destacable en cuanto al estado de la investigación en el campo son sus déficits. Hay una falta de datos notable que vuelve el tema opaco al análisis.

Lo primero que se echa en falta son datos oficiales sobre la expansión de los profesionales de la Educación Social en los centros escolares. Gran parte de los datos han sido compilados gracias a los colegios profesionales, que están realizando una importante labor de difusión al respecto, así como de las publicaciones existentes en diferentes congresos que versan sobre esta temática y en el que se dan a conocer experiencias concretas. Aun así es difícil acceder a datos oficiales de los proyectos existentes en aspectos tales como número de profesionales contratados, salarios, tipos de contratos, entidades que lo gestionan, aspectos relativos a la financiación, recursos, etc. Creemos que, debido a la falta de institucionalización en la mayor parte de las comunidades autónomas, faltan especialmente muchos datos sobre todos esos proyectos realizados desde las entidades sin ánimo de lucro, ayuntamientos, AMPAS, etc., en la que colaboran profesionales sociales con las escuelas en forma de agentes externos. Del mismo modo, no existen, o no son de fácil acceso, información sobre proyectos concretos en centros; investigaciones que evalúen la eficacia de la intervención de los profesionales de Educación Social en cada instituto.

A medida que aumentan los estudios, se abren nuevos interrogantes que deben ser respondidos por medio de otras investigaciones que contribuirán a madurar este campo de trabajo y ahondarán en la profesionalización de la Educación Social:

— Investigaciones descriptivas que enumeren el número de profesionales, programas, proyectos, actividades en cifras que informen sobre la expansión de los profesionales de la Educación Social en los centros escolares y las condiciones; que indaguen sobre qué están haciendo, qué profesionales u ocupaciones lo desempeñan, el tipo de financiación y bajo qué condiciones laborales y materiales lo desempeñan.

— Realizar evaluaciones objetivas de los efectos de la acción profesional, en la que se midan variables concretas como número de absentismos, partes, suspensos, etc.

— Estudios cualitativos sobre la acción profesional. En general faltan estudios de tipo cualitativo que analicen en profundidad la actuación concreta de los y de las educadoras sociales en los centros escolares más allá de la descripción de sus funciones. Nos referimos a investigaciones que analicen las metodologías que emplean, sus patrones de comportamiento, los dilemas a los que se enfrentan, los modelos de trabajo, el estilo comunicativo, etc. Sería interesante realizar una revisión específica del logro de objetivos educativos y los efectos concretos de cada actividad y proyectos de Educación Social ejecutados (Speck, 2020).

— Tampoco existen muchos estudios longitudinales que puedan ofrecer más información sobre un proceso de cambio y cómo se van modificando las variables en un período de tiempo determinado, para que evalúen a largo plazo los efectos de la intervención social en el alumnado.

— Tampoco existen estudios cualitativos sobre los destinatarios de la intervención socioeducativa, investigaciones tipo estudios de caso, etnográficas,...que analicen las expectativas de los participantes, motivos por los que acuden, interpretaciones de los mensajes, uso personal de los recursos, los efectos que tienen en ellos las intervenciones los profesionales de la Educa-ción Social (Speck, 2020).

— Es necesario analizar la formación que se está ofreciendo desde las universi-dades sobre este campo profesional y su adecuación con la realidad laboral.

— También sería de interés aplicar los conceptos y modelos que se vayan elaborando al respecto, como los modelos de acción socioeducativa o las definiciones propuestas en esta monografía. Sería interesante profundizar en los modelos de acción socioeducativa escolar, investigar alrededor de sus potencialidades y hándicaps desde los efectos de la praxis y cómo se pueden compatibilizar para ofrecer una educación holística y optimizar re-cursos. Sería de interés observar los efectos de cada modelo en el estado español. También sería interesante profundizar en las definiciones propues-tas, en las dimensiones que empleamos para construirlas, basándose en la realidad de la profesión y comprobar su adecuación y pertinencia.

1.5 Estado de la cuestión teórica: ejes del debate

En este epígrafe vamos a centrar nuestra atención sobre la producción teórica alrede-dor del campo temático, sobre cómo debe ser articulada su actuación en los centros escolares, formulada por medio de los debates teóricos y los efectos consiguientes en la praxis, que sintetizamos en tres categorías: las que hacen referencia a la finalidad, a las personas destinatarias de la acción y al vínculo del profesional con la escuela.

Existen muchos temas más, como el tipo de profesional, entidad que realiza el pro-grama, nivel administrativo que financia, etc. pero en un ejercicio de focalización, hemos centrado el debate alrededor de estas cuestiones que nos parecen centrales, ya que apelan directamente a los aspectos educativos y profesionales.

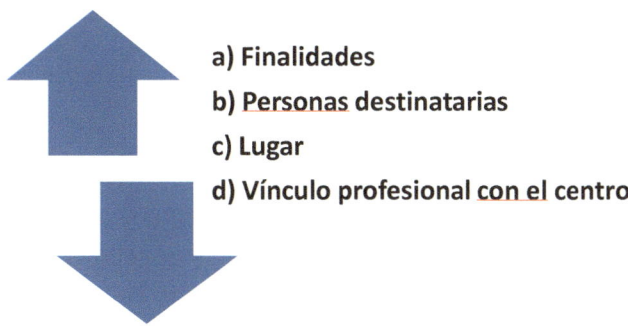

a) **Finalidades**

b) **Personas destinatarias**

c) **Lugar**

d) **Vínculo profesional con el centro**

Figura 9 *Ejes teóricos del debate más importantes*

Eje 1° Finalidades de la Educación Social en el contexto escolar

Basándonos en las investigaciones y programas analizados, en un ejercicio de abstracción, hemos subsumido las finalidades detectadas en dos sentidos: como *socialización* y como *apoyo a la instrucción*. No son siempre modelos puros, hay conexiones y elementos de uno u otro modelo en varias experiencias. Sin embargo, esta polarización nos sirve para señalar las tendencias, las ideas que las sostienen y, sobre todo, los riesgos que conllevan.

Educación Social Escolar como socialización. Las posturas tendentes a asignar la socialización como finalidad de la Educación Social en la escuela, consisten en dar prioridad a lo que se conceptualiza, habitualmente, con la *función social* o las *competencias sociales* (Gastier y Lachat, 2012; Speck, 2020), y se convierte también en la razón principal por la que se justifica la necesidad de la acción socioeducativa escolar y la incorporación de los profesionales de la Educación Social.

Estas posturas enfocan las prioridades de la acción en los déficits o problemas de socialización, los conflictos y las problemáticas socioeducativas. Se trataría de un modelo de trabajo *específico* y *especializado* (Ortega y Mohedano, 2011), centrado en trabajar temas que en la escuela habitualmente están desatendidos o "mal atendidos" por falta de tiempo, conocimientos o prioridades. Se centra, principalmente, en atender lo que Bolay et. al., (2003) y Speck (2006) subsumen en la categoría de ayuda individual, centrado en temas como el bullying, la inadaptación, la delincuencia, las drogas, el absentismo, el fracaso escolar, la resolución de problemas relacionales o personales, la violencia de todo tipo o los problemas familiares (Galán 2018; Gastier y Lachat, 2012; Melendro, 2008; Rademacker, 2011; Speck, 2020; Spies y Pötter, 2011).

En la praxis, esta finalidad, suele decantarse por actuaciones en la que se tiende a implementar un tipo de intervención preferentemente reactiva, en situaciones problemáticas o conflictivas y de las que se derivan grandes porcentajes de intervención individualizada. Dentro de esta concepción se incluyen acciones realizadas mediante agentes externos o equipos itinerantes de trabajo tanto profesionales de la Educación Social como otras profesiones u ocupaciones, que son recursos profesionales que se destinan a casos particulares o a situaciones muy puntuales.

Otra medida derivada de este tipo de concepto es que la incorporación de los profesionales de la Educación Social se restringe a centros seleccionados en base a situaciones sociodemográficas deficitarias (como fue el caso de Castilla La-Mancha). Por lo tanto, el pensamiento que sostiene esta medida es que "quizás la figura del educador social no tenga sentido en todos los centros" (Castillo et. al. 2016, p. 29), solamente en aquellos más "problemáticos".

Presenta aspectos muy positivos, puesto que atiende a una esfera habitualmente olvidada dentro de los centros escolares, a los que el personal docente en muchas ocasiones no sabe cómo actuar, adoptando un enfoque profesional y especializado, con un marco metodológico diferente a los métodos tradicionales empleados por la escuela. Contribuye a reducir la carga de trabajo del profesorado e, incluso, en los mejores casos, a dotarlo de nuevas herramientas para actuar (Oelerich, 2013). Especialmente para el alumnado y sus familias, se convierte en un apoyo específico en situaciones difíciles que requieren de un tratamiento especializado y pasa a ser el principal impulsor de la creación del vínculo entre las familias y la escuela (Galán, 2018; Orte, 2008). Asimismo, es destacable el trabajo que desempeñan con la juventud en dificultad social, menores en protección, guardia o con medidas judiciales (Fernández-Simo y Cid, 2020), puesto que colaboran activamente con los servicios sociales o los servicios de atención al menor (Galán, 2018,), así como todas las labores que realizan para afrontar y reducir los conflictos en la escuela.

Los riesgos de la filiación a la función socializadora son que la acción acabe siendo marginal, que se actúe bajo el modelo clínico y que el trabajo devenga en acciones educativamente depauperadas.

Sin un modelo educativo claro, puede acabar convirtiéndose en una acción marginal, cuando el profesorado se centra únicamente en el alumnado normalizado y el educador/a en el conflictivo, situación en la que es muy fácil perder de vista la perspectiva de la integración. La oferta pasa a convertirse en algo marginal, no integrado en el centro, creando un circuito paralelo para el alumnado que no se adapta. Se crean dispositivos *ex profeso* para separar a este alumnado del resto, incluso fuera del centro, con el consiguiente riesgo de crear guetos educativos como sucede con las *Unidades de Escolarización Compartida* o algunas *aulas de convivencia,* etc.

Por otro lado, si la actuación de la profesional de la Educación Social se reduce únicamente al nivel individual, puede caer fácilmente en la perspectiva *clínica de la intervención*, adoptando una mirada patológica del problema pedagógico y acabar por responsabilizar únicamente al alumnado y a sus familias de la situación educativa, sin observar la interacción entre contextos y la probable parte de responsabilidad educativa que le compete a la institución escolar en la etiología del problema.

Esta deriva puede dar lugar a actividades depauperadas educativamente (Barranco et. al., 2012; Escudero y Martínez, 2012; Parcerisa, 2008), dejando en un segundo plano la especificidad del contrato entre la escuela y la sociedad: la socialización y la instrucción de la infancia y adolescencia escolarizada. En estos casos, ir a la escuela se considera un "mérito en sí misma" y la instrucción "un privilegio", siempre y cuando se trate de infancia y juventud en situaciones sociales carencias (Castillo et. al., 2016). Es decir, se claudica de la idea freiriana del conocimiento como medio emancipador del oprimido (Freire; 2006).

El acceso a la Cultura es un derecho de la ciudadanía, de toda. Si la Cultura no se distribuye equitativamente entre la población escolar, las desigualdades sociales de origen se transformarán en desigualdades educativas de salida por obra y gracia de la escuela, y esta cumpliría la función de certificar las carencias y las desigualdades, no de erradicarlas, que es su función inherente. Por otro lado, aceptar con resignación que el alumnado con problemas graves o que proviene de entornos marginales no pueden conseguir los objetivos educativos e instructivos que se esperan de la población normalizada, supone condenar a la precariedad a la población escolar más vulnerable, porque precisamente el alumnado con problemas de maltrato y abandono familiar, son los que imperiosamente necesitan de la formación cultural y de los títulos que emite a la escuela para poder acceder a una vida digna.

Esta perspectiva renuncia a la parte escolar de la educación y se centra en el apoyo del proceso madurativo (Drilling, 2008) en un ejercicio de abstracción que, desde el contexto escolar, es difícil compartir.

Educación Social Escolar como apoyo a la instrucción. Este modelo puede tener dos vertientes: darle prioridad a aquellas actividades que refuercen aprendizajes, o bien, realizar actividades de apoyo al profesorado para que puedan concentrarse en la docencia-evaluación.

En el primer caso, se trataría de no desligar la figura profesional de la Educación Social del currículum (Rodorigo y Aguirre-Martin, 2020), realizando actividades más relacionadas con la búsqueda de la comprensión de los contenidos escolares, buscando hacer más significativo el currículum, la permanencia en el centro, la finalización de los estudios y la adquisición de títulos y a situar la dimensión educativa en todos los momentos y espacios en la escuela (Barranco, et. al., 2012). Se concretaría en acciones de apoyo al funcionamiento general del centro en la mejora de los procesos de enseñanza-aprendizaje, diseñando proyectos de intervención relacionados con los temas/ejes transversales, colaborando con el profesorado en las capacidades establecidas en los objetivos de etapa, participar en la elaboración y en la revisión y desenvolvimiento del PAT (Cabrera, 2004), actuaciones de apoyo a tutoría o desenvolver los contenidos del plan de acción tutorial incardinados dentro de las funciones del PEC (Chozas, 2003).

En cuanto a la segunda vertiente, los profesionales de la Educación Social se encargarían de realizar todas aquellas tareas que, en muchos casos, son competencia del profesorado pero que no gozan de prioridad en su desempeño diario como, por ejemplo, el diseño y coordinación de actividades culturales o extraescolares (Laorden et. al., 2006; Rademacker, 2011), u otras funciones que son de interés o necesidad para la escuela como realizar acciones educativas con madres y padres, la vigilancia, dirección o supervisión de las actividades o tiempos no docentes como patios, comedores, transporte, etc., o todas las funciones referidas al trabajo comunitario y labores de mediación entre la escuela y la comunidad (Caballo y Gradaille, 2008; García-Molina y Blázquez, 2006; Gastier y Lachat, 2014).

Esta propuesta tiene aspectos muy positivos; puede ser una oportunidad para realizar actividades de innovación educativa, revitalizar espacios y tiempos escolares desatendidos, crear una oferta de actividades para toda la población escolar, integrarse dentro de las estructuras escolares y darles un nuevo enfoque, ofreciendo una atención educativa extra a las familias creando nuevos espacios de comunicación y encuentro. Un ejemplo de ello sería la introducción de los profesionales de la Educación Social en los *Gymnasium* alemanes, donde fundamentalmente trabajan aspectos relativos al estrés del alumnado con los estudios u ofrecen oferta cultural y de ocio.

Pero está vertiente tampoco está exenta de riesgos. Uno de ellos es que la Educación Social se acabe asimilando con la escuela y sus tradicionales métodos; que se "escolarice" o que se "asignaturice" (Rodorigo y Aguirre-Martín, 2020, p.194) sin introducir su punto de vista nuevo (Speck, 2020). También corre el riesgo de convertirse en un profesional accesorio (Ortega e Mohedano, 2011), en un ayudante del profesorado, disponible para todas aquellas tareas que los equipos docentes no puedan atender, convirtiendo cualquier situación imprevista que altere la rutina diaria del centro, en susceptible de ser su tarea (Borges y Cid, 2019), lo que puede acabar desvirtuando su perfil profesional. También puede convertirse en una oferta meramente "aditiva" de actividades, con poco impacto en el centro, además de dejar en un segundo plano la población escolar con más necesidades.

En definitiva, la introducción de un nuevo profesional en la escuela sería irrelevante si se dedicase a realizar las mismas funciones y a emplear los mismos métodos que el resto de profesiones. Esto es lo que puede suceder con la Educación Social si se la desliga del currículum o cuando no se vinculan al éxito educativo (Gonçalves, 2018), porque no se modifica el concepto de educación en la escuela (Rodorigo y Aguirre-Martin, 2020).

Eje 2º-3º. Personas destinatarias – Lugar de la acción

Otro de los temas más frecuentes es el debate en torno a las personas destinatarias de la acción socioeducativa, concretamente en el alumnado, y que también se puede extrapolar al debate sobre el lugar en el que debe introducirse esta figura profesional, porque se sustentan prácticamente en las mismas lógicas.

Personas destinatarias: Habitualmente se contemplarían como personas destinatarias únicamente al alumnado que presente algún tipo de problemática o situación conflictiva, con lo cual, la programación de actividades se restringirá a esa población escolar por medio de acciones individualizadas o, a veces, en pequeño grupo. Este es el caso de lo que promulga la ley alemana, § 13 SGB VIII, de la legislación de servicios de apoyo al menor y al adolescente, la normativa que fundamentaría legalmente la entrada de profesionales de la Educación Social en las escuelas, porque acota el servicio al alumnado con *"desventajas sociales"*, limitando el campo de acción de la Educación Social Escolar (Speck, 2020; Spies y Potter, 2011).

92 Por otro lado, está la postura que defiende que todo el alumnado debe ser destinatario de los servicios de la Educación Social Escolar, que se suele materializar en acciones de trabajo en el aula o en grupo, en la propuesta de actividades de participación o contenidos sociales, actividades de ocio, etc.

Lugar: En un extremo estarían las posturas que consideran que los profesionales de la Educación Social deben estar presentes en una selección de centros (Castillo et. al., 2016), basándose en criterios relativos a la problemática existente en esa escuela o bien en el contexto sociodemográfico en el que está situadas. Esta línea de actuación parece ser la adoptada por la Administración en España. Este es el caso, por ejemplo, de la Instrucción de Castilla La-Mancha, en la que se destina este recurso profesional solo a centros en los que exista una alto porcentaje de población inmigrante, minorías étnicas o ubicadas en zonas conflictivas; de los TIS de Catalunya, que están destinados a centros de especial dificultad social o el caso de las aulas externas para alumnado con gran inadaptación escolar como las *Unidades de Escolarización Compartida*.

En el otro extremo estarían las posiciones que defienden la presencia de la Educación Social profesional en todo los tipos de centros escolares (Laorden et. al., 2006). Dentro de esta postura puede haber matices; desde los que defienden su presencia en todos los centros pero de un determinado nivel o tipo de estudios; principalmente en secundaria y no en primaria, por ejemplo (Hoyos, et. al., 2003). Otro camino es el que están tomando en Renania del Norte Westaflia, donde se están introduciendo, a modo de proyecto experimental, profesionales de la Educación Social en los *Gimnasyum*, y a aumentar significativamente la introducción de estos profesionales en los centros educativos de primaria, donde la intervención se caracteriza por trabajar intensamente con las familias.

Eje 4º. Vínculo profesional

Este eje hace referencia al tipo de condiciones contractuales de los profesionales. Las opciones son preferentemente dos: personal adscrito o externo-itinerante.

El personal adscrito a un centro escolar (o más de uno) hace referencia a que es un profesional que pertenece a la plantilla de la escuela; trabaja *por* y *para* la escuela, *dentro* de la escuela, *dentro* del horario escolar, sin exclusión de que pueda desempeñar actuaciones fuera del centro o del horario lectivo.

Por otra parte, el personal externo son profesionales itinerantes que trabajan en equipos de intervención que actúan en los centros escolares que lo demanden o tras ofrecer una especie de catálogo de servicios. No se vinculan a ningún centro, sino que trabajan en zonas geográficamente delimitadas en base a las demandas realizadas desde las propias escuelas.

Las bases conceptuales que sustentan ambas modalidades son distintas. En el caso del personal itinerante, las "fórmulas móviles de trabajo" plantean la acción socioeducativa profesional como una medida excepcional, diferente del trabajo diario del centro, como refuerzo de un determinado objetivo, situación o persona; como algo puntual que precisan determinadas personas o situaciones, porque se considera que son suficientes intervenciones puntuales, con inicio y fin, en contraposición a una acción anclada en la escuela. Por lo tanto, también se tiende a realizar acciones enfocadas a grupos, a través de proyectos o temáticas, o a individuos en casos problemáticos. Esta postura se explica muy bien por medio de las palabras de Vilar (Hoyos et. al., 2003) cuando dice que "Lo importante no es desde dónde si no cómo" actuar.

En el caso del personal adscrito, se concibe como una acción incardinada y continuada dentro del centro; una actividad normalizada dentro de los procesos escolares.

Pero cabe señalar que la externalidad tiene sus riesgos: instaurar procesos ficticios de cooperación (Castillo y Bretones, 2014), en los que se trabaje exclusivamente "a demanda" del profesorado, cuando la problemática está muy asentada y desde el centro se busca principalmente desentenderse de un problema (Pelegrí et. al., 2017), afectando negativamente a la autonomía y capacidad de acción-decisión del profesional de la Educación Social.

1.6 Efectos de la acción profesional

Es una ardua tarea realizar una clasificación de los efectos de la Educación Social Escolar. Los motivos son varios; para empezar porque, al tratarse de una realidad conceptual (Olk y Speck, 2009), es necesario filtrar qué experiencias se quedan dentro y cuáles se excluyen del análisis. Otra razón, es la dificultad de unificar criterios ante la disparidad de variables medidas, los diversos diseños metodológicos, la heterogeneidad de las muestras y las actividades evaluadas, por ejemplo. Por último, otro de los motivos que complican este objetivo se refiere a los propios déficits de los estudios disponibles así como la falta de algunos datos que pueden conducir a realizar afirmaciones sesgadas. En este último punto, referido a los déficits, uno de los mayores retos es el de referenciar investigaciones que sean algo más que meras encuestas de satisfacción y que se reduzcan a evaluaciones indirectas del éxito de las acciones (Olk y Speck, 2009), pero ha sido bastante complicado porque otros diseños metodológicos aún no son abundantes.

Pero, a pesar de todas las complicaciones, vamos a intentarlo porque los beneficios de abordar el campo disciplinar de la Educación Social Escolar desde los resultados

94

que están obteniendo sus profesionales, según las investigaciones disponibles, son superiores al riesgo de generalizar en exceso u omitir algún dato. Supone un medio muy valioso para revisar la idoneidad de sus contenidos teóricos, metodológicos y las actividades que implementan, además de ser un argumento de peso para reivindicar su presencia en las escuelas. El objetivo es, pues, otear el impacto global de sus acciones profesionales.

Para facilitar la comprensión de este tema, ordenando una realidad muy heterogénea, vamos a presentarlo en formato de bloques temáticos. Cada bloque será desglosado en aquellos datos encontrados en diferentes estudios, por diferentes muestras, en diversas dimensiones de un mismo fenómeno, que refuercen la misma idea.

Para este cometido se ha hecho una recopilación de diversos estudios de producción nacional con otros estudios de ámbito europeo e internacional. Esta perspectiva internacional resulta de gran interés tanto para reforzar prácticas con resultados positivos que se realizan en España como para cubrir vacíos en el conocimiento del ámbito disciplinar.

Para emprender esta tarea, seleccionamos nueve estudios realizados en España, publicados desde el 2011 hasta el 2023. En cuanto a los estudios internacionales, se seleccionaron tanto investigaciones como artículos que a su vez recompilan resultados de investigaciones sobre el campo y que hacen referencia a países como Portugal, Suiza y diferentes *Lander* de Alemania. De esta forma se aumenta exponencialmente la información disponible.

Los criterios que hemos empleado para crear los 3 bloques de contenido se han basado en la clasificación realizada por Speck (2020) y por Olk y Speck (2009). Algunos datos cuantitativos no se han podido contrastar con la realidad española por ausencia de información al respecto.

1.6.1 Uso del servicio

En España no hay cifras exactas, así que solo podemos dar estimaciones que se deducen de los informes existentes. Sin embargo, podemos afirmar sin miedo a equivocarnos que todos los estudios apuntan a que la mayor parte de las personas que usan el servicio de Educación Social Escolar son el grupo del alumnado adolescente y, dentro de estos, el que presenta alguna problemática, como resultado del tipo de acción conceptual que se está implantando, en la que estos profesionales se destinan a los institutos de secundaria (Terrón-Caro et. al., 2017) con mayor conflictividad o a situaciones problemáticas. Le seguirían los equipos docentes y las familias, pero estas últimas, en cuotas más bajas (Ballester y Ballester, 2014), aunque este dato no es concluyente ni se puede extrapolar.

En cuanto a la intensidad, el contacto intenso se da con una población muy baja del alumnado y aun menor en el caso de las familias. Todo esto se relaciona con el tipo de acción que se implemente; más enfocado al apoyo individual o a la acción grupal. Esto es, cuanta más población se abarque, menor será la intensidad.

En Alemania, los cifras muestran que entre una quinta parte y tres cuartas partes de los alumnos y alumnas tienen contacto con la Educación Social Escolar (Speck, 2020). Otra estudio amplio realizando en Wuppertal, más de 4/5 (82,9 %) de los alumnos encuestados (n=591, de 17 escuelas diferentes) afirmaron conocer personalmente al educador/a social escolar de su centro, por lo que se puede especular que, sobre la base de este resultado, la Educación Social Escolar es bien conocida y tiene contacto con una gran parte de la población estudiante (Oelerich, 2013). Pero, igual que sucede en España, solo una parte menor del alumnado, profesores y padres tienen un contacto estrecho con el servicio, siendo en el caso de las familias bastante minoritario.

El contacto varía, no solo en función del concepto, sino también del tipo de centro. En el siguiente gráfico se presentan los resultados de un extenso estudio realizado en Bad-Kreuznach (n=575), en el que se puede observar la cantidad de alumnado que tiene contacto con el servicio de Educación Social Escolar clasificado en función del tipo de centro escolar.

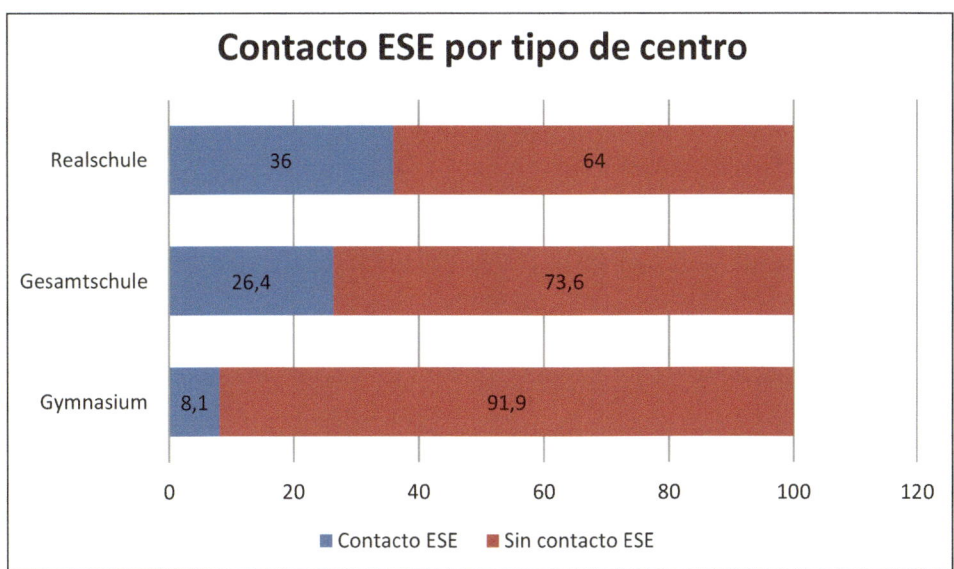

Figura 10 *Gráfico de barras sobre el contacto del alumnado con la profesional de la Educación Social por tipo de centro.*
Nota: Estudio de la Educación Social Escolar de Frey (2014).

Como se puede observar en el gráfico, los resultados varían bastante de un tipo de centro a otro, siendo más elevado en los centros asociados a una mayor conflictividad como las *Realschule*[10] (36%) y *Gesamtschule*[11] (26,4) y bastante minoritario en los centros de secundaria de buen rendimiento (8,1%), los *Gymnasium*[12], aunque hay que tener en cuenta que en estos centros, habitualmente, los profesionales de la Educación Social trabajan a jornada parcial.

En el uso del servicio de la Educación Social Escolar, Olk y Speck (2009) apuntan al *nivel de difusión* como uno de los factores que influye en gran medida en el acceso. Según los estudios compilados por estos autores, los profesionales de la Educación Social Escolar sobreestiman el nivel de información que tiene la comunidad escolar sobre sus funciones, en especial los servicios sociales y las familias, y esta es una de las causas por las que estos grupos tienen una cuota tan baja de participación.

España y Alemania comparten la disparidad en las valoraciones en función de si las haga el profesional de la Educación Social o los equipos docentes, por las diferentes expectativas de las que parte cada grupo profesional.

En Alemania las autoevaluaciones del profesorado tienden a señalar que, en general, todos mantienen un buen contacto y colaboración con el servicio de Educación Social Escolar, percepción que contrasta con la del profesional de la Educación Social, que la valora más negativamente. En España, también las percepciones de los profesionales de la Educación Social en cuanto a difusión, contacto e importancia, son menos positivas que las realizadas por el resto del personal escolar (Borges, 2023; Vila et. al. 2019).

1.6.2 Satisfacción propia y ajena

Es España todas las investigaciones coinciden en señalar el elevado grado de satisfacción de la comunidad educativa con las actividades de la profesional de la Educación Social Escolar (González, et. al, 2016), valoración compartida con las experiencias alemanas (Olk y Speck, 2009; Speck, 2020).

En el caso del **alumnado,** a través de sus propias valoraciones, el grado de satisfacción es muy elevado tanto en el trabajo grupal como en el individual (Borges, 2023;

---

10 Las *Realschule* son centros educativos donde se cursa durante 5 años una formación de nivel profesional medio y positivamente valorado por las empresas. En las *Hauptschule* se realiza durante 5 años una formación profesional de nivel básico. Estos dos centros son el destino educativo del alumnado que no obtiene los mejores resultados académicos en la *Grundschule* (centros educativos de primaria de los 6 a los 10 años).

11 *Gesamtschulen*, o escuelas integradas, unen en un único centro escolar al alumnado sin distinción por rendimiento académico.

12 Los *Gymnasium* son los centros educativos de mayor rendimiento, donde se realiza el *Abitur*, examen que da acceso a la educación superior y universitaria.

Cabrera y Rosales, 2018). Los dos estudios citados tienen muchos puntos en común sobre los motivos que alegan los estudiantes para manifestar ese elevado grado de satisfacción, relacionados con la confianza en la profesional, los resultados de aprendizaje que los hace sentirse más capaces, que las profesionales son agradables y los tratan bien y que tratan temas interesantes para ellos.

Como sentimos predilección por los resultados cualitativos, vamos a reflejar algunas de las manifestaciones del alumnado sobre su experiencia con esta profesional en el caso del trabajo individual intenso, que reflejan muy bien los efectos que produce (Borges, 2023, p.476):

> Sí, mucho, muy satisfecho. No cambiaría nada, ha sido una buena experiencia. Aunque los problemas estuvieran solucionados, seguiría viniendo por si acaso pasa algo, poder hablar con ella. A mí me funcionó muy bien.

> (Chico adolescente)

> Yo lo veo bastante bien. No sé qué le cambiaría. Yo siempre era la que decía que no quería ir, pero siempre iba de forma voluntaria. Fue una buena experiencia.

> (Chica adolescente)

> *Entrevistadora: ¿Qué te gustaría hacer con la educadora?* En mi caso, simplemente, hablar más sobre las cosas que necesito y eso.

> (Chico Adolescente)

De forma indirecta, es decir, por medio de las valoraciones del propio profesorado, dirección/orientación y de los profesionales de la Educación social, también se señala la buena acogida y satisfacción por parte del alumnado de las actividades (Ortega y Mohedano, 2011; Vila et. al., 2019).

Lo anterior pone de manifiesto otro hecho; el elevado grado de satisfacción de los **profesionales tradicionales escolares** tanto equipos docentes como dirección y orientación de centro, con el trabajo de los profesionales de la educación social. En Alemania, es el profesorado el que mejor valora a los educadores y educadoras sociales, incluso por encima del alumnado y las familias (Speck, 2020). Los porcentajes de aceptación y satisfacción de los equipos docentes en este país son muy elevados. Por poner dos ejemplos: en Baden-Kreuznach el 85,4% de los docentes están muy satisfechos con el trabajo de la educadora social y cuentan también con una aceptación "muy buena" (82%) por parte de dirección del centro (Frey, 2014, p.27); en Wuppertal otro estudio arroja valoraciones muy positivas de los equipos docentes hacia los profesionales de la Educación Social (Oelerich, 2013). También en España, desde el sector docente, se reconoce su labor positiva en la escuela (Borges, 2023; Bretones, et. al. 2019; Vila et. al., 2019).

En el caso de las familias, no hay estudios directos en España que midan su valoración de la Educación Social Escolar. Únicamente encontramos el estudio de Travería et. al. (2017), en el que se afirma que las familias valoran positivamente las acciones de apoyo y mediación con el centro escolar que realizan profesionales sociales externos.

En Alemania, el estudio de Oelerich, (2013), señala que las familias consideran que, a través de la orientación, el profesional de la Educación Social Escolar los ha ayudado mucho en la resolución de los problemas con sus hijos e hijas (87,3%) y que se sienten muy apoyados por esta profesional (90,4%). Además, un 40% de las madres y padres ven a este profesional como su persona de contacto en la escuela.

En cuanto a la **autosatisfacción profesional**, también es positiva. Un estudio en Andalucía (Vila et. al. 2019) señala que un 44% de educadores y educadoras indica sentir un alto grado satisfacción laboral y un 36% un nivel medio de satisfacción, frente a un 12% que está poco satisfecho y un 8% que apunta a que está "nada satisfecho". Algunos de los principales motivos que les provoca esta satisfacción con el trabajo son, básicamente, variables relacionadas con el buen recibimiento e incorporación en los equipos educativos y el apoyo de los otros profesionales en las tareas diarias, seguidas de variables relacionadas con la eficacia de las acciones (Cabrera y Rosales, 2018). Estos resultados son muy similares a los obtenidos por el estudio anterior de Ortega y Mohedano (2011), donde se acentúa como aspecto positivo del trabajo el reconocimiento de la comunidad escolar de sus acciones y contribuir a la solución de problemas.

Como se puede apreciar en estos resultados, el trabajo en equipo y el reconocimiento por parte de la comunidad escolar, es fundamental para los profesionales de la Educación Social.

1.6.3 Resultados de la acción.
Un extenso estudio realizado en Sachen (Morgenstern et. al., 2014) resume muy bien los efectos que hemos identificado de la Educación Social Escolar: la reducción de problemas entre alumnos individuales, la reducción de problemas en clases y grupos, la mejora de los métodos de enseñanza, la mejora del clima escolar y la mejora de la imagen de la escuela.

1.6.3.1 Mejora de la convivencia
En coherencia con una de sus principales funciones asignadas, mejorar la convivencia en el centro escolar es uno de sus principales acciones y efectos (International Network for School Social Work, 2016).

En el caso español también sus actuaciones se destinan principalmente a mejorar la convivencia y la atención a la diversidad (Serrate et. al., 2017), la diversidad cultural

(Terrón-Caro et. al, 2017) y el seguimiento del alumnado con dificultades (Bretones, et. al., 2019).

El programa ESEC (Cabrera y Rosales, 2018), desde las muestras de las directoras y directores de los centros, valoraban que el trabajo de los educadores y educadoras mejoró la convivencia e integración del alumnado en la escuela, solucionando los conflictos de forma más conciliadora, apoyando al alumnado que se incorpora al centro y reduciendo los expedientes disciplinarios; así como que también percibieron mejoras en la reducción del alumnado absentista. En el mismo programa, el 48% del profesorado tutor indicaba que percibieron cambios en el comportamiento del alumnado y que esto se reflejó en su rendimiento (p.42). Por su parte, el alumnado del mismo estudio, señalaba que, tras su trabajo con los profesionales de la Educación Social, aprendieron a relajarse, a auto controlarse en casos de conflicto y consiguieron autorregularse de forma más óptima, favoreciendo la convivencia con el resto del alumnado (p.45).

En cuanto a la opinión del alumnado, en Galicia (Borges, 2023) este también valora positivamente el trabajo desempeñado por las profesionales de la Educación Social en este ámbito.

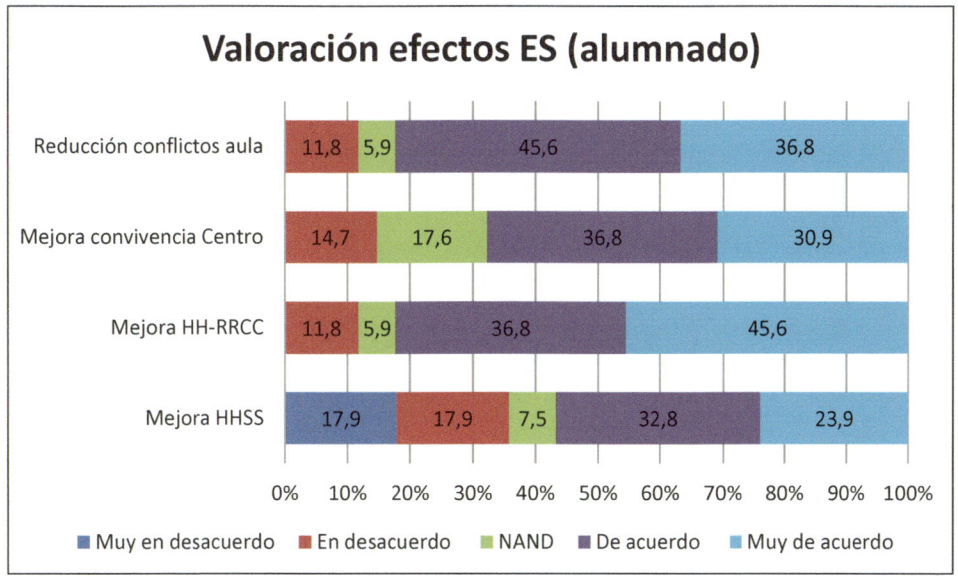

Figura 11 *Gráfico de barras sobre la valoración del alumnado de los efectos de la educadora social.*
Nota: Investigación Borges (2023).

La mayor parte del alumnado se muestra de acuerdo (45,6%) o muy de acuerdo (36,8%) en que esta profesional ayuda a reducir los conflictos en el aula y en la mejora de la convivencia en la escuela (las zonas comunes, los recreos, etc.). Del mismo modo, consideran que, en un gran porcentaje, las actividades que realizan con la educadora les ayuda a mejorar tanto sus habilidades en la resolución de conflictos (45% señala estar muy de acuerdo) como en sus habilidades sociales en general.

Otro estudio con muestras del alumnado, señala en un 40,7% que está "muy de acuerdo" en que el profesional de la Educación Social Escolar soluciona conflictos entre el alumnado. Por su parte, el profesorado y las familias valoran en un 33,3% "muy de acuerdo" y en un 16,7% "bastante de acuerdo", que ayuda a superar situaciones de estrés o conflicto (Frey, 2014). Esta idea de mejorar el clima en la escuela también aparece en Wuppertal; donde el alumnado considera en un 77,2%, que ha mejorado la relación entre los estudiantes y el profesorado (Oerlerich, 2013).

Un estudio en Jena (Morgenstern y Volkmar, 2007), según las valoraciones subjetivas realizadas por los profesionales de la Educación Social, docentes, equipos de orientación y dirección y la entidad que gestiona el programa (no se utilizó al alumnado como informante), señala con bastante consenso que algunos de los éxitos más importantes del servicio de Educación Social Escolar son que el alumnado con problemas recibe ayuda de forma rápida y accesible (1,9) y que por ello se ha mejorado el clima de convivencia del centro (2,2), puesto que se han reducido el número de conflictos en la escuela (2,5) y la cantidad de alumnado absentista (2,9). Esta reducción del alumnado absentista aparece también en otros estudios (Morgen y Volkmar, 2007; Elsner y Rademacker, 1997; Wollter, 2023). Algunas de las estrategias utilizadas son el incremento de la motivación escolar, el incremento de la participación del alumnado en el centro, mejorando el estado psicosocioemocional del alumnado y aumentando la colaboración entre la escuela y la familia (Davidsson, 2022).

En otro estudio en Dortmund (Kastirke y Holtbrink, 2013) las muestras de profesionales de la Educación Social, profesorado y dirección de centro (n=248), valoran en un 85% que hay menos alumnado excluido en la escuela, un 83% considera que la convivencia en el aula se ha mejorado y que, en general, hay menos conflictos entre el alumnado en el centro (75%), gracias al servicio de Educación Social Escolar.

Otro estudio realizado durante 3 años en Thüringen (2017), basado en la opinión de los profesionales de la Educación Social (n=257), indica que sus actividades contribuyen a mejorar la comunicación, el comportamiento positivo en situaciones de conflicto y mejora el comportamiento del alumnado. Del mismo modo, otros estudios (Balluseck, citado en Olk y Speck, 2009, p.916) con muestra de los equipos docentes, resaltan el alivio que supone para ellos el hecho de tener a alguien que solucione los conflictos con el alumnado y que medie con las familias. Este resultado también aparece en España (Serrate et. al., 2016) cuando se indica que el personal docente se encuentra más sobrecargado cuando no cuenta con el apoyo de profesionales de la acción socioeducativa en las escuelas, bien sean internos o externos.

En otros estudios cuantitativos de tipo longitudinal, se demostraron los siguientes efectos: el clima escolar mejoró a lo largo del proyecto, disminuyó el absentismo de los alumnos y alumnas así como que redujo los costes del ámbito de la asistencia educativa (Olk y Speck, 2009). Relacionado con la *disminución de costes*, los mismos autores citan al estudio de Niederbrühl (2001, citado en Olk y Speck, 2009), que pudo demostrar, mediante un estudio longitudinal, que la Educación Social Escolar conseguía reducir la asistencia educativa de coste intensivo (por ejemplo, trabajo educativo en grupo, apoyo educativo, grupos de día, etc.), disminuyendo en una quinta parte ese tipo de gastos.

1.6.3.2 *Mejora del aprendizaje*

Otro de los efectos principales identificados es que las profesionales de la Educación Social, por medio de sus actividades, consiguen resultados relacionados con el aprendizaje del alumnado, lo que pone de relieve la función pedagógica de la profesión de educador/a social. Por un lado, los estudios señalan que los discentes adquieren un tipo de saberes que se relacionan con la adquisición de una mayor autonomía y que les sirve para afrontar los retos de la vida diaria. Por otro lado, sus acciones tienen efectos indirectos en el clima de aprendizaje del alumnado en el aula, la percepción de la escuela, en la motivación y en el rendimiento escolar.

Mejora de las competencias del alumnado. Coinciden las valoraciones de los docentes, los profesionales de la Educación Social y de dirección de centro (Kastirke y Holtbrink, 2013, p.11) en señalar que el alumnado mejora tanto sus competencias sociales y emocionales (89%) como en su autoconfianza (76%). Las mismas muestras, en otro estudio (Morgenstern y Volkmar, 2007) señalan que el alumnado ha mejorado sus habilidades en la gestión de su tiempo de ocio personal, en la correcta valoración de sus habilidades laborales y, en general, están mejor preparados para la vida profesional. El alumnado manifiesta que, gracias a la educadora, también en un alto grado (81,3%), adquieren nuevos aprendizajes (Oelerich, 2013).

La opinión del alumnado de otros estudios es muy interesante en este sentido, porque manifiesta que la profesional de la Educación Social Escolar los apoya a la hora de emprender sus propios proyectos o ideas, con un 11,9% muy de acuerdo y 27,4% de acuerdo (Frey, 2014, p.42). Las valoraciones de nuestro estudio que cuenta con el alumnado como informante, arroja datos similares (Borges, 2023).

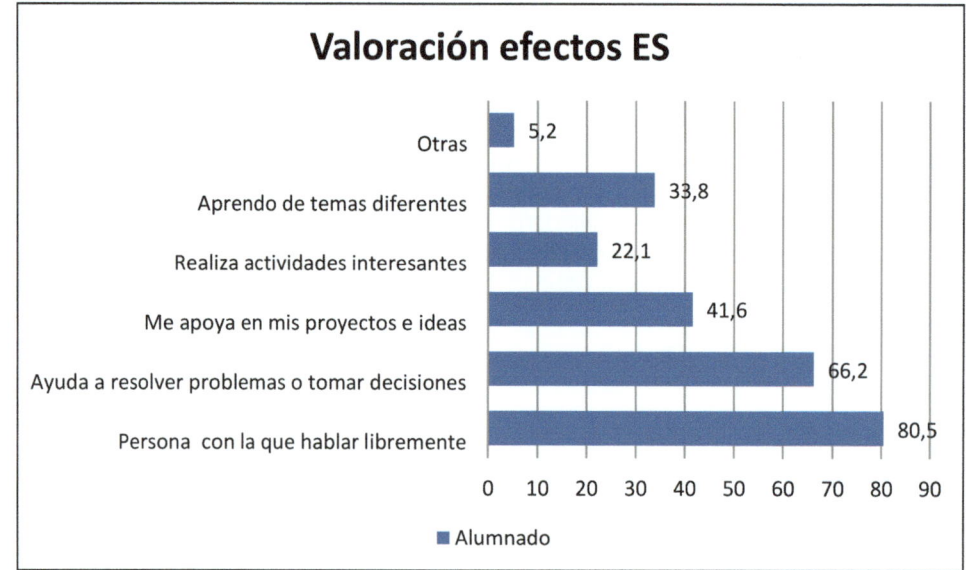

Figura 12 *Gráfico de barras sobre las valoraciones del alumnado sobre los efectos de la profesional de la Educación Social.*
Nota: Investigación Borges (2023)

El alumnado destaca el hecho de poder hablar libremente con la profesional (80,5%) que los ayuda a resolver problemas y a tomar decisiones (66,2%), que los apoya en sus proyectos e ideas (41,6%), así como que aprenden temas diferentes (33,8%).

En cuanto a los resultados educativos con el alumnado, según sus propias percepciones sobre las actividades grupales realizadas mediante los talleres socioeducativos, estas son sus respuestas (Borges, 2023):

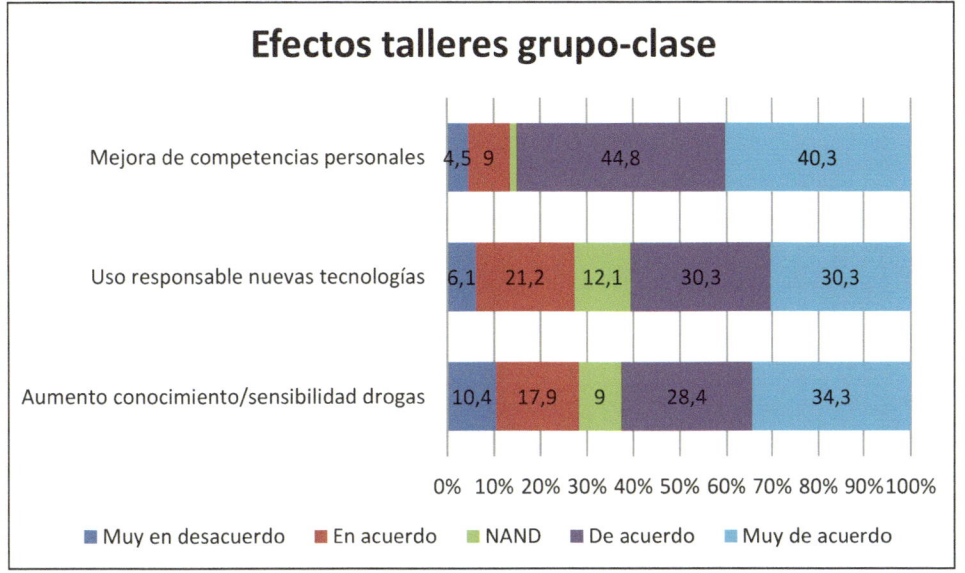

Figura 13 *Gráfico de barras sobre las valoraciones del alumnado sobre los efectos de las actividades de la educadora social*
Nota: Investigación Borges (2023)

El alumnado manifiesta su acuerdo en porcentajes bastante altos que ha aumentado su conocimiento y sensibilidad en temas muy concretos y de interés en su etapa de desarrollo, así como que han mejorado sus competencias personales.

Mejora de la escuela. La escuela se convierte en un lugar más agradable al que asistir, más atractivo, puesto que se inician proyectos interesantes, se mejora la oferta de ocio y cultural en la escuela e incluso el edificio escolar se hace más habitable, en opinión de los profesionales docentes y de dirección (Morgenstern y Volkmar, 2007).

El alumnado también considera que la Educación Social Escolar realiza actividades interesantes (Borges, 2023; Frey, 2024), y que las educadoras consiguen, en un alto grado (83,9%), que experimenten buenos momentos con el resto del alumnado, además de que crea una oferta atractiva en el centro (78,2%) e incluso se señala que las aulas son mucho más bonitas (53,8%) (Oelerich, 2013).

Apoyo de la instrucción. Según las apreciaciones del profesorado, dirección de centro y el propio profesional de Educación Social Escolar (63%), el rendimiento escolar del alumnado mejora, la implicación del alumnado en la docencia se incrementa (55%) y el alumnado disfruta más del aprendizaje (85%) (Kastirke y Holtbrink, 2013).

104

Otro estudio con las mismas muestras señala que, en algunos casos, el fracaso escolar se previno, el interés del profesorado por metodologías activas como en el trabajo por proyectos y en grupos se despertó, la disposición del alumnado para el aprendizaje mejoró así como la motivación, además se redujo el abandono escolar y la docencia se acercó algo más a la vida diaria del alumnado (Morgenstern y Volkmar, 2007).

Otro estudio en Portugal constata que el trabajo de los profesionales de la Educación Social contribuye a mejorar las tasas de éxito escolar (Gonçalves, 2018). El alumnado también indica que la educadora les ayuda mucho en sus problemas para aprender (63,4%) y que mejora el clima de aprendizaje (77,7%) (Oelerich, 2013).

A través de los resultados de tipo cualitativo también se observa que el alumnado aprende (Borges, 2023).

El trabajo que hacen las educadoras es impresionante. De hecho el año pasado mismo, cuando empezaron con el taller de educación sexual en 3º de la ESO, cuando la profesora de biología impartió los contenidos con el alumnado, observó que el alumnado tenía muchísima información. Sí que había conocimientos. El trabajo sirvió, el taller sirvió y lo percibió cuando trabajó con el alumnado. El profesorado pudo constatarlo con la información que tenían los niños.

Orientadora Instituto.

Por lo tanto, no solo los métodos empleados, también los contenidos, el enfoque que se le da a los temas, son un factor de éxito de los talleres. Esto pone de relevancia la importancia de los saberes profesionales y la idoneidad de que el nivel de acción sea profesionalizado.

1.6.3.3 Profesional de la educación social como referente adulto para el alumnado

Sin duda, desde nuestra perspectiva, uno de los efectos más relevantes identificados es el siguiente: el profesional de la Educación Social se convierte en una persona de referencia para hablar con el alumnado tanto para solicitar información como para pedir ayuda (Borges, 2023, p.356). El valor de este resultado es inmenso, puesto que la tendencia de los adolescentes es buscar referentes dentro de sus iguales por el momento evolutivo en el que se encuentran (Papalia et. al., 2009) además de que tienen muy poca predisposición a buscar ayuda, ni siquiera cuando tienen problemas (Pfiffner et. al., 2023).

En otras investigaciones alemanas también se constata este efecto, configurándose como otra figura adulta de contacto, un profesional de referencia con el que poder hablar para el alumnado y sus familias (Bolay et. al., 2003; Frey, 2014; Zipperle et. al., 2023). Este efecto aparece también señalado en la experiencia de Canarias (Cabrera y Rosales, 2018), donde se afirma que, tan solo en un curso académico, "el alumnado busca a los profesionales de la Educación Social en situaciones de conflicto, incertidumbre y soledad" (p.90). Este efecto también se intuye en el estudio de Vila et. al. (2019), cuando se afirma que el educador/a tiende a ir más allá de los aspectos académicos y cuando es definida por una alumna como "un profesional para hablar" con el alumnado. Todos los estudios señalados tienen en común el hecho de tener entre sus muestras al alumnado, que se consolida como uno de los informantes más importantes sobre los efectos de la acción profesional de la Educación Social Escolar.

Vamos a profundizar un poco más en este tema, utilizando para ello los resultados de nuestro estudio comparativo entre las dos modalidades de acción socioeducativa escolar ESE y ESnE (Borges, 2023), que permiten entender cómo se produce y qué implicaciones tiene.

Se preguntó al alumnado de las dos modalidades a quién se dirige cuando quiere *pedir información*, que se correlaciona con un uso "normalizado" y un uso autónomo de la profesional, y a quien le *piden ayuda*, que se correlaciona con un uso problemático y habitualmente derivado, basado en la escala del estudio de Frey (2014), a su vez fundamentado en los parámetros de calidad de Speck (2006).

Los resultados se muestran en el siguiente gráfico:

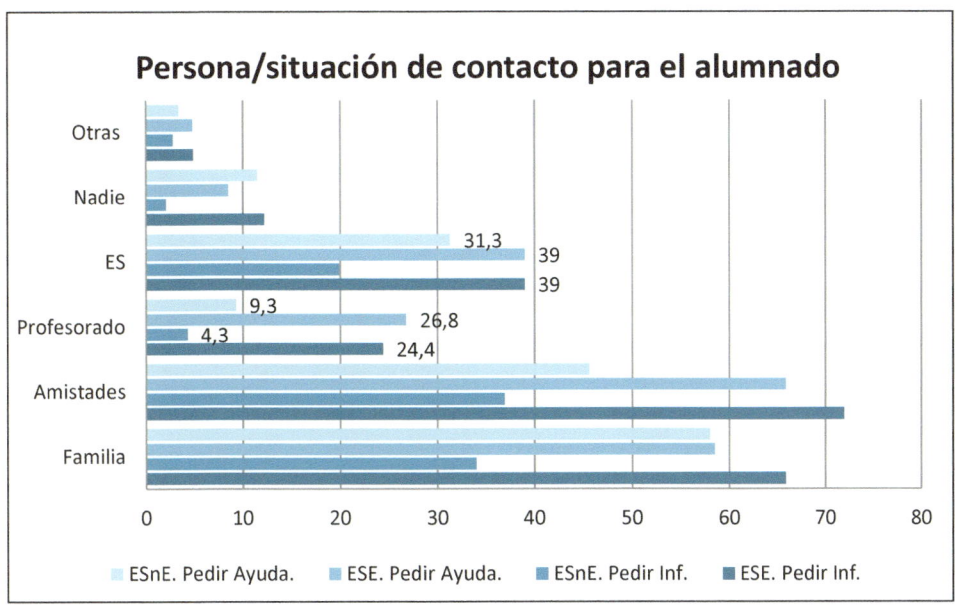

Figura 14 *Valoraciones del alumnado sobre su persona de contacto en distintas situaciones en las dos modalidades de acción socioeducativa en la escuela.*
Nota: Investigación Borges (2023)

Los estadísticos de frecuencia indican que tanto a la hora de pedir información como pedir ayuda, en ambas modalidades, las respectivas profesionales de la Educación Social se sitúan en segundo lugar como persona a la que dirigirse, por debajo de la familia y por encima del profesorado, y siempre por debajo de sus amistades. Teniendo en cuenta el tramo de edad, es normal que el grupo de iguales sea su principal referencia (Jensen, 2022). Sin embargo, al estar en un momento evolutivo similar, es imprescindible que tengan una figura adulta a la recurrir que, en primera instancia, deberían ser las familias si estas son funcionales.

Por consiguiente, las profesionales de la Educación Social se convierten en la **primera persona de referencia de contacto para el alumnado en el contexto del centro escolar**[13] en la modalidad ESE, y en la primera persona adulta de referencia con un rol profesional.

Otro estudio reciente en Alemania (Zipperle et.al., 2023), indica que los profesionales de la Educación Social se configuran como una de las principales figuras adultas de referencia en la escuela para hablar con el alumnado, que afirman sentirse escuchados y tomado en serio por este profesional.

1.6.3.3.1 *Persona de contacto para alumnado sin referente familiar*
Una parte del alumnado indica no acudir a la familia ni para pedir ayuda ni para pedir consejo. A este grupo lo hemos denominado *"alumnado sin referente familiar"*.

---

13 Las diferencias entre ambas modalidades aparecen en la tabla 4. En el caso de la ESE es la persona de referencia para el alumnado del centro escolar para el que trabaja. Por su parte, en la ESnE su impacto es más limitado y su acción más dispersa, por lo que es referente para el alumnado con el que trabaja de forma intensa, pero no a nivel de centro escolar.

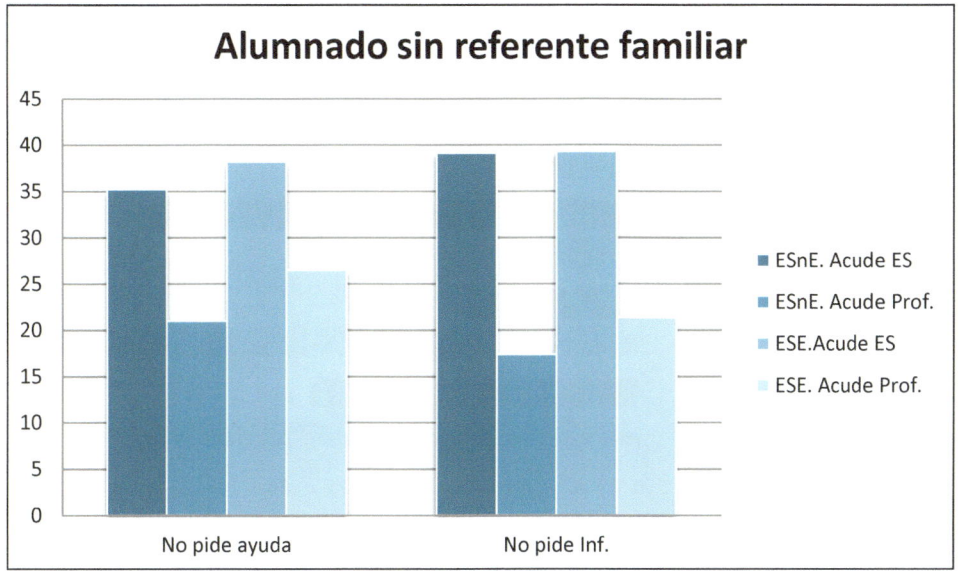

Figura 15 *Persona de contacto para el alumnado sin referente familiar en ambas modalidades de acción socioeducativa en la escuela.*
Nota: Investigación Borges (2023)

Los datos indican que, en ausencia de la familia, una parte de esta población acude principalmente a la educadora social en mayor proporción que al profesorado. Este es un dato alentador, porque esta juventud está recibiendo un apoyo profesional apropiado en situaciones delicadas a las que, de otro modo, afrontaría en solitario.

Estos resultados son similares a investigaciones como la de Oelerich (2013), en la que el alumnado encuestado (n=591) apunta a lo siguiente:

108

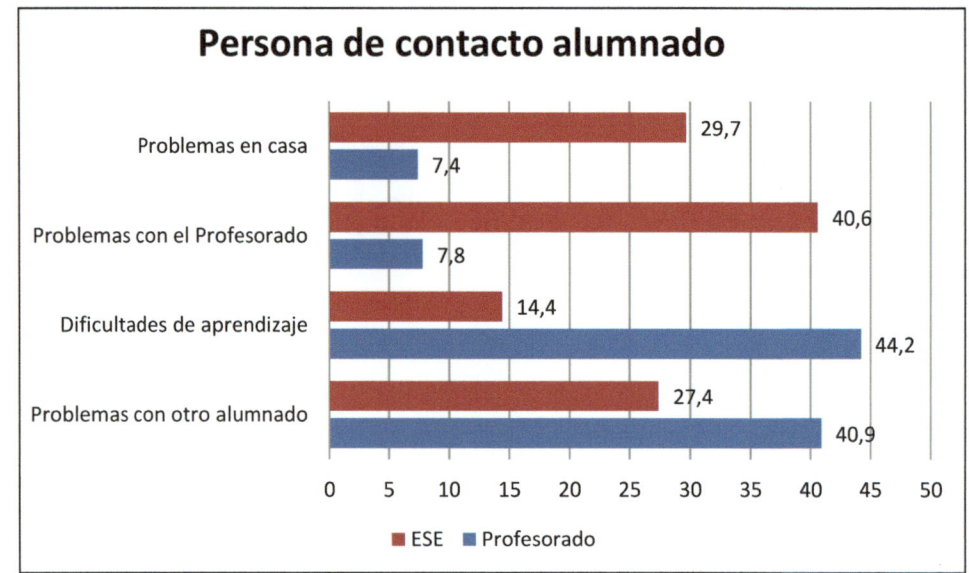

Figura 16 *Gráfico de barras sobre la comparativa de contacto entre profesional de la Educación Social y el profesorado.*
Nota: Investigación Oelerich (2013, p. 16)

Como se puede observar, en el caso de tener dificultades de aprendizaje, contactan preferentemente con el profesorado, lo que es lógico teniendo en cuenta la distribución de funciones, y también cuando tienen problemas con el resto de alumnado, lo que puede ser normal teniendo en cuenta que pasan más horas con el profesorado y que los roces que surjan durante el tiempo de clase serán atendidos por el docente. Suponemos que los conflictos más graves o duraderos con el grupo de iguales, son los que lleguen a la educadora. Sin embargo, cuando el problema tiene que ver con las familias o con el propio profesorado, contactan en mayor medida con la educador/a.

En el estudio de Frey (2014), según las valoraciones del alumnado (n=559) de diferentes centros, la profesional de la Educación Social Escolar se configura como la segunda persona de referencia en el centro para hablar con el alumnado, después del equipo de orientación del profesorado, formado por docentes con una formación específica para realizar funciones de orientación y con una tradición y presencia más larga en las escuelas. Hay que señalar que en muchos centros existen los *Beratungsteam*, equipos de orientación, formados por un docente de sexo femenino y otro masculino y la educadora social escolar.

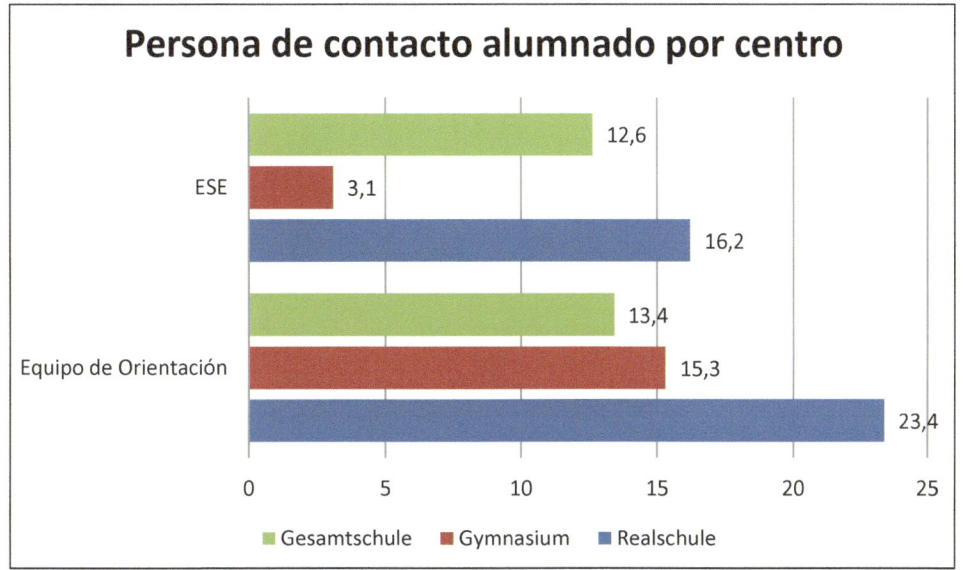

Figura 17 Persona de contacto alumnado entre el servicio de ESE y el de orientación del profesorado por tipo de centro.

Nota: Investigación de Frey (2014 p.36).

Como se puede observar, el papel del profesional de la Educación Social Escolar es mucho más relevante en el caso de las *Gesamtschule* y las *Realschule* y mucho menos significativo en el caso de los *Gymnasium* aunque, de nuevo, hay que recordar que en estos centros de secundaria suelen estar contratados a media jornada. Una de las conclusiones que podemos obtener de este último estudio es que, cuando el profesorado tiene una función orientadora, aumenta el alumnado que acude a él para hablar. Del mismo modo, los porcentajes son muy similares, teniendo en cuenta que el servicio de Educación Social Escolar está compuesto por una profesional y el servicio de orientación de docentes, por un mínimo de dos docentes.

1.6.3.3.2 *Temas tratados con la profesional de la Educación Social*

Los motivos por los que acuden a esta profesional son varios y se entremezclan unos temas con otros. Lo que empieza como un problema concreto, acaba desembocando en otros, como resultado de la exploración y la reflexión; eso se desprende de los resultados cualitativos (Borges, 2023).

Pero a veces no sabes cuánto tiempo te va a llevar una tutoría, porque tú empiezas, pero es como un iceberg. Tú ves una puntita, y lo que parecía que no era nada…y ves que te va a llevar mucho tiempo. Nunca sabes exactamente.

(Educadora Social)

Ese tema se arregló y bien… pero hablando con ella, llegamos a otros temas y seguí.

(Chico Adolescente)

En las encuestas, el alumnado apunta a los temas siguientes como los principales para acudir a estas profesionales: hablar libremente, los problemas con las amistades o grupo de iguales y los problemas familiares (Borges, 2023).

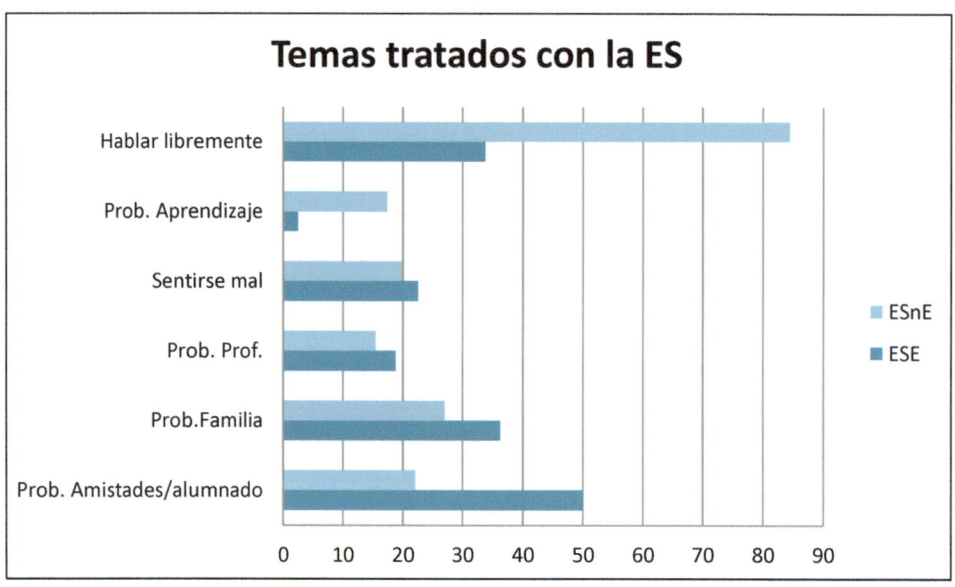

Figura 18 *Valoración alumnado sobre temas que tratan con las educadoras sociales en las dos modalidades de acción socioeducativa en las escuelas.*
Nota: Investigación Borges (2023)

En la ESnE destaca el ítem "hablar libremente" (84,5%) que se debe principalmente a su experiencia a través de los talleres sobre contenidos socioeducativos, de los que se deprende que se expresan en libertad. Esto significa que el alumnado, en general, confía en las educadoras y comparte sus inquietudes con ellas. Esto pone de manifiesto que los profesionales de la Educación Social disponen de un gran conocimiento de la juventud, que debería ser utilizado para adaptar el centro a las necesidades educativas del alumnado.

Los problemas relacionados con el grupo de iguales en el centro escolar son muy frecuentes y coinciden con las principales tareas asignadas a las educadoras sociales de ambas modalidades.

Los problemas familiares (36,3% ESE y 27% ESnE) son otro de los temas más habituales. Esto es especialmente relevante en las situaciones más graves, puesto que permitiría detectar casos de abandono o maltrato de forma temprana. Resulta interesante la existencia de una figura profesional en el centro que trata problemas que, sin darse en el recinto escolar, afectan inexorablemente a la escuela, como son los problemas familiares y sociales.

Las mayores diferencias aparecen en el ítem referido a los problemas con el profesorado. La modalidad ESE puntúa de forma mayor, puesto que es una de las funciones atribuidas a esta profesional; mediar en los conflictos alumnado/familia-profesorado.

En cuanto a tratar problemas de aprendizaje, es mayor el porcentaje de alumnado que acude a ESnE. Esto puede deberse al distinto nivel de regulación, puesto que en la modalidad ESE, todo lo relacionado con el aprendizaje, motivación y rendimiento, es competencia del profesorado debido a una mayor formalización en la distribución de las tareas, en contraposición a la ESnE, que pude estar funcionando como "un cajón de sastre" de alumnado que no se integra en la escuela y se deriva a estos recursos como última oportunidad.

En el siguiente gráfico se pueden observar los datos totales de contacto por situación y modalidad.

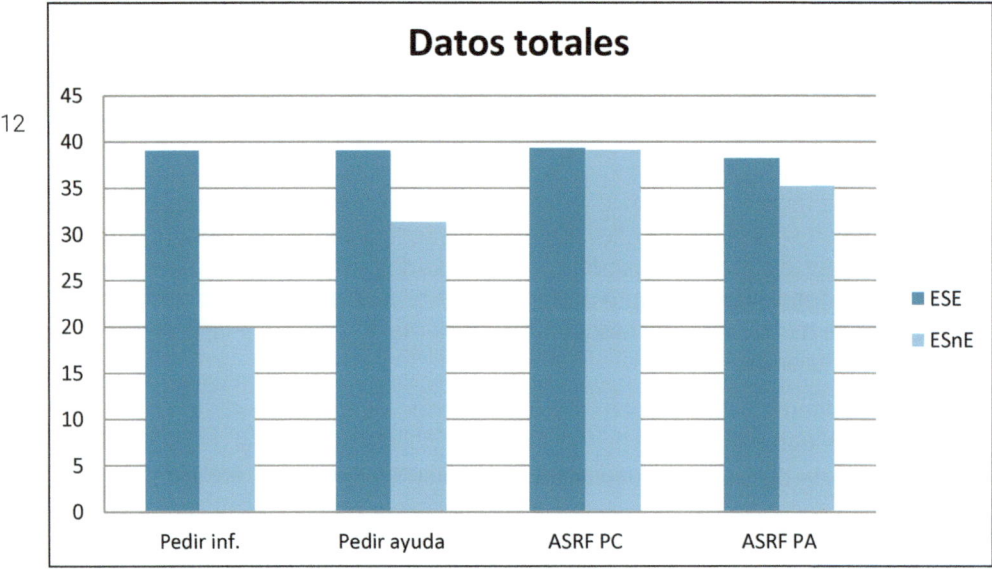

Figura 19 *Comparativa de datos totales de contacto del alumnado en distintas situaciones.*
Nota: Investigación Borges (2023)

La comparativa de los datos totales pone de manifiesto unos resultados bastante similares, pero donde los porcentajes de la ESE son siempre mayores, es decir, atiende a más población. Esto se debe a que su presencia es continuada en la escuela, es más accesible, y a que sus funciones están integradas dentro de los procesos normalizados de trabajo del centro y sujetos en menor medida a la discrecionalidad docente para colaborar con esta profesional.

Las diferencias más destacables con respecto a la ESnE aparecen en el ítem *"pedir ayuda"*, puesto que el trabajo individual está subordinado a la decisión de los departamentos de orientación o equipos docentes que suelen derivar casos en momentos puntuales. También hay diferencias destacables en el ítem *"pedir información"* puesto que no es un uso contemplado en la ESnE que el alumnado acuda por iniciativa propia a la educadora.

Una explicación muy plausible de estas diferencias es la itinerancia inherente a la ESnE y su presencia intermitente en el centro, sujeta a talleres anuales puntuales planificados y a citas individuales previamente concertadas, mediadas y derivadas exclusivamente desde dirección/orientación. Su menor presencia en la escuela y las dificultades de acceso al contacto individual, dificulta su accesibilidad por parte del alumnado y ralentiza su normalización en el centro.

1.6.3.3.3 Comparación del rol referente de la Educación Social y docentes

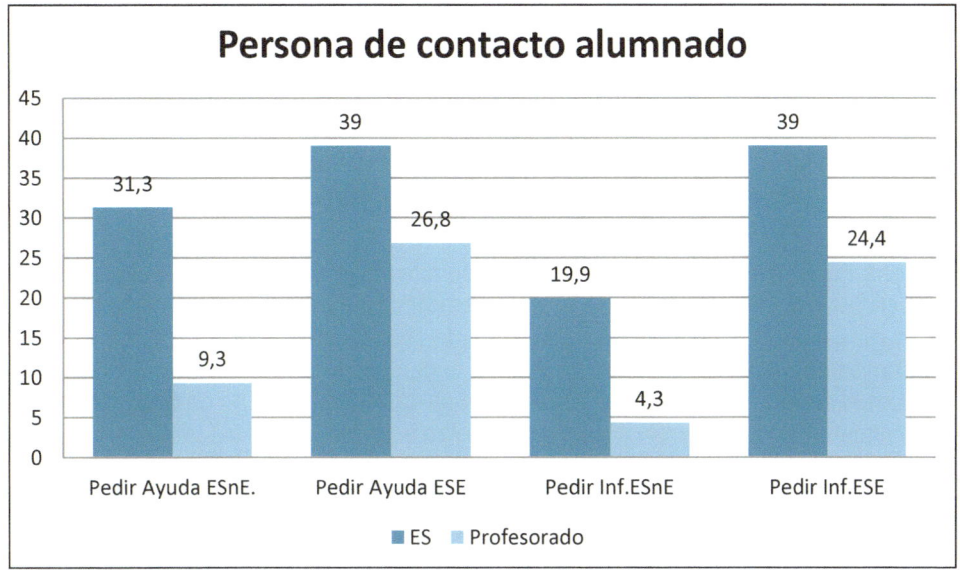

Figura 20 *Comparativa contacto alumnado entre educadoras/es y profesorado en distintas modalidades de acción socioeducativa.*
Nota: Investigación Borges (2023)

Un tema recurrente en la incorporación de los profesionales de la Educación Social a las escuelas es el temor del profesorado a que se dé un solapamiento e intromisión en sus funciones. Pensamos que los resultados aquí presentados desechan esas alarmas. Entre todas las personas a las que puede acudir el alumnado, se le indició la figura del profesorado sin acotar, que es mucho y variado, desde el tutor a un profesor/a específico de una materia, con los que tienen contacto semanal, cuando no diario. Y, sin embargo, se mencionan con muy poca frecuencia.

Estos datos pueden explicarse por dos factores. Por un lado, por el modelo de acción socioeducativa que se está aplicando en España, en donde se están introduciendo principalmente profesionales de la Educación Social en centros de secundaria y, dentro de estos (a excepción de Extremadura), solo en aquellos centros en los que la conflictividad es mayor, como es el caso de Castilla La-Mancha o los TIS de Catalunya, por poner un ejemplo. Por otro lado, la edad de la población a la que se ha preguntado; trabajar con adolescentes (Jensen, 2022), hace que las dinámicas de la relación estén muy condicionadas por las características de esta etapa como la rebeldía, la impulsividad, la búsqueda de autonomía, etc. Por lo tanto, un lugar donde se concentran problemas unido a población adolescente, puede dar lugar a relaciones en las que aparezcan tensiones.

Pensamos que estos datos ponen de manifiesto que el profesional de la Educación Social no está en las escuelas sustituyendo a ningún otro profesional, sino que están cubriendo un **hueco profesional que estaba vacío**. Esta idea se refuerza con otros estudios, en donde docentes y personal de dirección valoran muy positivamente el papel de los profesionales de la Educación Social en la atención de necesidades educativas del alumnado que quedan desatendidas (Bosch, 2023; Bretones, et.al., 2019; Serrate et.al., 2017).

Por otra parte, otro dato llamativo que arrojan las gráficas, es que, en el caso de la modalidad ESE, el alumnado acude al profesorado para hablar en mayor medida que en la modalidad ESnE. Una hipótesis de este resultado es que, el servicio de ESE, que se caracteriza por ser estable y estar incardinado en la escuela, consiga con mayores garantías mejoras en la convivencia que dan lugar a mejores relaciones comunicativas en la escuela y, además, gracias a su trabajo a nivel de departamento, sus acciones se hayan transversalizado en la escuela, que desemboca en el refuerzo de las competencias socioeducativas del profesorado.

1.6.3.3.4 *Proceso de configuración del rol de referente*

Para profundizar en el efecto referente, realizamos la *Prueba t para muestras independientes*, para comparar las respuestas de dos grupos diferentes de alumnado en función del tipo de intervención que realizan con la profesional de la Educación Social; por un lado, las del alumnado con el que realiza acciones individuales y en pequeño grupo, más largas e intensas (Grupo Trabajo Intenso) en contraposición al alumnado que solo acude a los talleres (Grupo Talleres), y analizar así las diferencias en el uso que hacen de las educadoras. Se realizó esta prueba en sendas modalidades y en ambas resultó significativa. Sólo vamos a presentar los resultados de la modalidad ESnE, porque las diferencias son más radicales y permiten visualizar con mayor facilidad los factores de éxito:

Las **hipótesis de trabajo** formuladas son las siguientes:

— **H0**: Hipótesis nula, no existen diferencias entre los grupos.

— **H1**: Hipótesis alterna, existen diferencias entre los grupos.

— Prueba estadística: *Prueba t student* para muestras independientes.

— **Nivel de significancia**: 5%=.05.

— **Toma de decisión P-valor**: < .05

	G. Talleres		G. Trabajo Intenso		Prueba t student para muestras independientes	
	M	DT	M	DT	t	P
Uso autónomo ES alumnado	15	,362	71	461	,560	,000

Tabla 9 *Datos de uso autónomo del alumnado de la ES.*

La significancia bilateral entre las distintas variables es inferior en todos los casos a nuestro *p-valor <.05*. Por lo tanto, se acepta la H1. Los datos ponen de manifiesto que hay diferencias significativas entre los grupos. Podemos concluir que el alumnado que realiza un tipo de trabajo más intenso con las educadoras sociales, y en sus inicios derivado, *tiende a acudir de forma voluntaria a ella como figura de apoyo y orientación en mayor proporción*, en comparación con el grupo del alumnado que solamente realiza los talleres.

Acude a la ESnE	G. Talleres		G. Trabajo Intenso		Prueba t student para muestras independientes	
	M	DT	M	DT	t	P
Problemas con prof.	08	, 267	35	486	,280	,006
Problemas con familia	13	,335	71	461	,585	,000
Problemas amistades	10	,304	74	445	,642	,000
Dificultades de aprendizaje	13	,335	45	506	,327	,003
No sentirse bien, física o psicológicamente	10	,304	65	486	,545	,000

Tabla 10 *Temas tratados entre ES y alumnado*

Los datos de esta segunda prueba ponen de manifiesto que los grupos son heterogéneos; el *alumnado que realiza un trabajo más intenso* con las educadoras sociales, *acude en mayor medida* para hablar con estas profesionales como figuras de ayuda y apoyo, en *todos los temas investigados*.

Es decir, una vez iniciado el contacto, el alumnado está dispuesto a establecer más contacto y sobre más ámbitos, abarcando más temas, esto es, profundizando en la relación, resultados que están en sintonía con otros hallazgos muy similares de otros estudios (Frey, 2014), donde se pone de manifiesto que el contacto con la educadora social favorece que la comunicación se intensifique y aumente su frecuencia.

Pese a que estos resultados puedan parecer lógicos, no son evidentes, porque podría suceder todo lo contrario, como tantas veces acontece; que el alumnado que entra en contacto con estas profesionales hasta cierto punto "presionado" por la escuela, ya que mayoritariamente es un uso derivado, no quisiera volver, ni muchos menos que acudiese por iniciativa propia.

116

> Yo tuve un problema con un compañero del centro que fue a peor y la relación se complicó….Ese tema se arregló y bien… pero hablando con ella, llegamos a otros temas y seguí. (…)Otros temas…sobre mí, como me siento, algunos problemas o complejos que tengo, porque reacciono según de qué manera… por qué me enfado. Cosas que tenía dentro fueron saliendo con el tiempo.

(Chico adolescente)

> Sí, me siento escuchado porque es como si antes nadie me hubiera escuchado. En casa nadie…, entonces para mí fue algo positivo. (…) me ayuda a sacar todo lo que tengo en el interior.

(Chico adolescentes)

	Grupo Talleres		Grupo Intenso		Prueba t student para muestras independientes	
	M	DT	M	DT	t	P
Confianza	4,08	(,888)	4,52	(,890)	-,441	,042
Agradable-divertida	4,45	(,876)	4,71	(,461)	-,260	,113
Accesible	4,15	(,975)	4,35	(,915)	-,205	,370
Forma Trabajar (métodos)	3,83	(1,130)	4,00	(1,125)	-,175	,519
Apoyo y Eficacia en RC	3,75	(1,214)	3,97	(1,251)	-,218	,462
Conocimientos habilidades	4,50	(,847)	4,68	(,475)	-,177	,268
Me tranquiliza-ayuda a pensar.	4,08	(1,163)	4,23	(,920)	-,151	-,556

Tabla 11 *Prueba t student para muestras independientes del grupo talleres y grupo intenso de las características profesionales de las educadoras en ESnE.*

En esta prueba no se observan diferencias numéricas considerables entre los dos grupos. La más elevada es la que hace referencia a la "confianza", en la que existe una diferencia de media entre los grupos de -441.

En este caso solo en el ítem "confianza" aparece un nivel de significancia bilateral de 0,042, inferior a nuestro p-valor (0,05). Con lo cual, existen diferencias significativas entre los grupos. El alumnado que acude a las actividades que implican un trabajo más intenso e individual con las educadoras sociales, tienen unos niveles de confianza mayores que el alumnado que solo asiste a las actividades grupales o de baja intensidad.

Aunque en el resto de características profesionales no existe la correlación a través de este procedimiento estadístico, las tendencias en todos los ítems son las mismas; el alumnado que asiste a un tipo de intervención más intensa con las educadoras y educadores, tiende a valorar más positivamente sus competencias profesionales; forma de trabajar (-,519), ayuda en la resolución de problemas (-,462), relax (-,556), agradable y divertida (-,113), por lo que se puede deducir que, si la muestra fuese más amplia, también sería significativa.

Esto es lo que sucede en los resultados de la *prueba t student para muestras independentes* en la modalidad de la Educación Social Escolar:

	Trabajo Grupal		Trabajo Individual		Prueba t student muestras indep.	
	M	DT	M	DT	t	P
I. Confianza	,59	(,507)	,91	(,292)	-,319	,022
II. Conocimientos/HH	06	(,243)	,25	(,434)	-,187	,023
III. Apoyo RRPP-eficacia	06	(,243)	,34	(,477)	-,280	,002
IV. Forma de trabajar	06	(,243)	,57	(,499)	-,510	,000
V. Agradable/divertida	06	(,243)	,29	(,458)	-,233	,006
VI, Me tranquiliza y me ayuda a pensar.	12	(,332)	,15	(,364)	-,036	,711
VII. Accesible	12	(,332)	,12	(,331)	-,005	,952

Tabla 12 *Comparación entre grupos en función del tipo de actuación de la ESE de sus características profesionales.*

La significancia calculada de los ítems I, II, III, IV, V es menor a nuestro P Valor (P<0,05), por lo tanto, rechazamos la hipótesis nula y aceptamos la alterna; que hay diferencias significativas entre los grupos. Esto significa que el grupo de alumnado que realiza trabajo individual e intenso y asiste de forma autónoma a la educadora social escolar, tiende a valorar más positivamente las características profesionales que hacen referencia a la confianza, los conocimientos profesionales, el apoyo y eficacia de las acciones, su forma de trabajar y su buen carácter, que el grupo que solo realiza trabajo grupal derivado y no voluntario.

Por medio de todo lo observado podemos obtener las siguientes conclusiones con respecto al rol de la Educación Social Escolar como referente adulto profesional para el alumnado:

— La Educación Social se configura como una de las **principales profesionales de referencia** en el centro escolar para hablar con el alumnado.

— El **contacto predispone a tener más contacto**, autónomo, más intenso, más frecuente y a profundizar y a abarcar más temas.

— El profesional de la Educación Social no está sustituyendo en esta función a ninguna otra figura, ni familiar ni profesional, ni a los docentes ni al profesorado tutor. Esto nos lleva a concluir que el profesional de la Educación Social está **cubriendo un hueco profesional** que estaba vacío en las escuelas; dando respuesta a una necesidad del alumnado que no estaba siendo atendida.

— La **confianza** en la profesional es el elemento clave de la relación educativa para convertirse en persona de referencia para hablar con el alumnado.

— Elementos que favorecen este efecto son la **estabilidad** en los centros, su presencia **continuada** en la escuela y la habilitación de un **lugar específico** y privado destinado al servicio de Educación Social Escolar.

1.6.4 Efectos indeseados

Pero no siempre todos los resultados son positivos. De algunos hablaremos en el apartado 2.8 sobre las dificultades y los efectos secundarios no deseados.

Otros resultados indeseados detectados son que una parte del alumnado estresado que accedió a las profesionales de la Educación Social, el estrés y los problemas aumentaron más entre los usuarios que entre los no usuarios, a pesar de la intervención de la Educación Social Escolar. Este incremento del malestar se expresaba en el aumento del consumo de alcohol (Fabian et. al., 2008, citado en Olk y Speck, 2009). En este caso, pensamos que una posible explicación de estos resultados sea que pueden forman parte del proceso educativo y terapéutico. Cuando se ponen límites a determinadas conductas y cuando se aborda una situación delicada, mirando al interior, encarando un problema que se ha evitado largo tiempo, reflexionando sobre las consecuencias y las causas de los hechos, es frecuente que genere malestar e incluso un incremento de la conducta negativa. Pero, si bien lo anterior es cierto, si en un determinado tiempo no se obtienen mejoras, puede que no esté funcionando la acción y habrá que hacer cambios.

También en nuestro estudio (Borges, 2023), a través de la *prueba t student para muestras independientes*, indicaba que el alumnado que acudía a la acción intensa con la profesional de la Educación Social tenía menor confianza en sus capacidades y, aunque la prueba no resultó significativa, las tendencias indicaban que veía su futuro con menos optimismo y se sentía peor valorado por el profesorado.

	G. Taller		G. Intenso	Trabajo	Prueba t student para MI	
	M	DT	M	DT	t	P
Tengo confianza en mis capacidades	4,10	1,008	3,45	1,362	,648	,031
Veo mi futuro con optimismo	3,75	1,354	3,42	1,336	,331	,308
Me siento escuchada/valorada por el profesorado	3,18	1,534	2,84	1,098	,336	,286

Tabla 13 *Valoraciones del alumnado*
Nota: Borges (2023, p.453).

Una interpretación de estos resultados puede ser que estén indicando las fuentes de los problemas del alumnado y no que sean necesariamente ni resultado ni consecuencia del trabajo de los profesionales de la Educación Social.

1.6.5 Resultados interconectados de la Educación Social Escolar

La presentación de resultados que hemos realizado, deja entrever que están interconectados y todos confluyen en la influencia positiva que tiene el trabajo de las profesionales de la Educación Social en la vida diaria de la escuela.

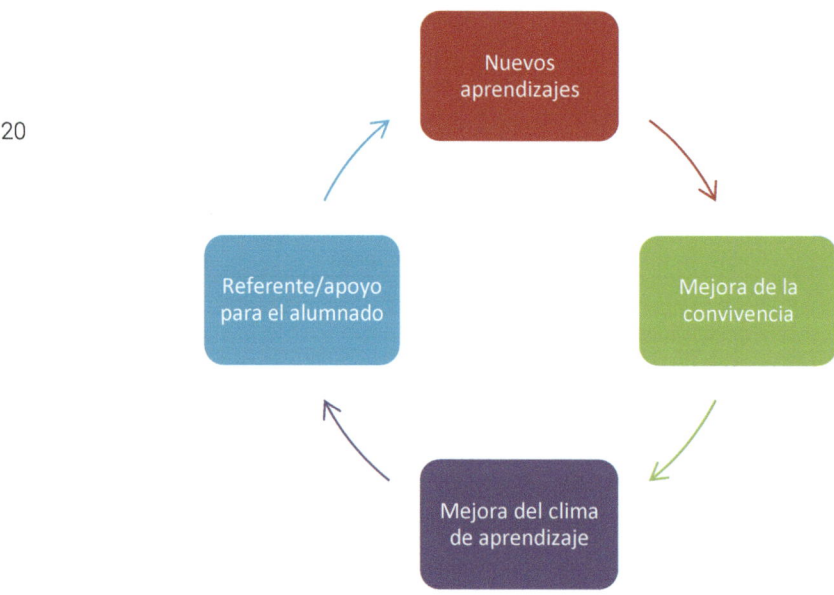

Figura 22 *Resultados interconectados de la Educación Social Escolar*

Por un lado, el trabajo intenso que la educadora o educador social realiza con el alumnado que se encuentra en una situación conflictiva, permite actuar y llegar más allá de los límites del contexto escolar, especialmente en los sistemas familiares y sociales que, siendo situaciones que no se dan en la institución, afectan inexorablemente al proceso educativo escolar. Así como que trabajar con las familias y la comunidad permite controlar más variables que inciden en el comportamiento de un chico o chica. Del mismo modo, ofrecen un trabajo y un apoyo a nivel individual del alumnado importante, colocándolo en una situación psicosocioeducativa más favorable, de bienestar y, por lo tanto, más receptivo al aprendizaje. Asimismo, el apoyo que brinda al alumnado que precise de ayuda en las dinámicas diarias de la vida escolar, le permite superar los obstáculos cotidianos, como resolver problemas con el resto de alumnado o con el profesorado, adquiriendo nuevos aprendizajes y habilidades y mejorando sus vivencias en la escuela.

Por otro lado, la comunidad educativa se beneficia de tener a un profesional especializado en una serie de contenidos también incluidos en los objetivos escolares, y los implanta con adecuación y satisfacción tanto para el alumnado como para el profesorado, gracias a la didáctica específica de la Educación Social.

El profesorado gana un compañero de trabajo que le apoya en las prácticas instructivas. Colaborando ambos profesionales, consiguen que el alumnado se encuentre en la mejor disposición para aprender y a las familias en la óptima disposición de colaborar.

Se mejora la convivencia porque se reducen los conflictos al incrementar el bienestar del alumnado y de sus capacidades para gestionar estos problemas de la vida diaria escolar; por lo tanto, se mejoran las relaciones entre toda la comunidad educativa. También incrementa el bienestar de los equipos docentes al descargarlos de trabajo y al dotarlos de nuevas herramientas socioeducativas.

Al aumentar la oferta de ocio, educativa y cultural de la escuela, y reducirse los conflictos, se incrementan así las buenas vivencias en el centro. Si, además, se convierte en un lugar en el que el alumnado puede ser parte activa, donde se le apoye para que pueda desarrollar sus proyectos, habilidades o ideas, la escuela se vuelve un lugar más agradable al que asistir y se convierte en un espacio "propio" del alumnado.

Más alumnado en mejores condiciones psicosociofamiliares, está en una situación más favorable para aprender. La atención especial de aquel alumnado que se encuentra en una situación de debilidad, hace que se incrementan sus posibilidades de tener éxito educativo.

Más equipos docentes con mejores competencias socioeducativas y menos sobrecargados de funciones, atienden mejor al alumnado.

Es una vía de trabajo por la que se puede lograr democratizar el conocimiento entre todo el alumnado e incrementar la justicia educativa en la escuela.

Capítulo 02
Marco teórico de la educación social escolar

Introducción

En la presentación de la estructura del monográfico hemos argumentado sobre la necesidad de que la Educación Social Escolar tenga un cuerpo teórico propio. En las páginas siguientes se presenta una propuesta epistemológica con la que se busca nutrir el ejercicio profesional de conceptos, ideas y herramientas que permitan obtener unos buenos resultados.

En primer lugar, se formula un concepto que ayuda a delimitar el campo frente a otros ámbitos de la Educación Social, así como una propuesta de denominación frente a otras nomenclaturas que también son de uso frecuente en España.

En segundo lugar, se presentan las distintas fundamentaciones teóricas del campo, con sus respectivos patrones de respuesta educativa. Es relevante por el hecho de que revelar las motivaciones que justifican la incorporación de la acción socioeducativa profesionalizada en las escuelas, sirve para interpretar el formato de la oferta educativa que se plantea e identificar los principios ideológicos en los que se sustenta.

En tercer lugar, se aborda la finalidad de la Educación Social Escolar, retomando uno de los ejes más importante del debate teórico presentado en el apartado 5º. Aquí se aducen los argumentos más relevantes para amparar un determinado "lugar" teórico-funcional de la Educación Social en los centros escolares que va a tener su proyección en el reparto de tareas entre los profesionales de la escuela y el tipo de acción educativa que se vaya a realizar.

En cuarto lugar, se describen las personas destinatarias de la Educación Social Escolar, con la presentación de los debates sobre qué sujetos se incluyen y cuáles no en su ámbito de acción en la escuela, casando la perspectiva teórica con la pragmática. Del mismo modo, se soslaya la importancia de que la orientación de las actividades de la Educación Social se dirija al alumnado, desechando otras opciones.

En quinto lugar, se estudia en profundidad la cooperación con los equipos docentes por su relevancia en los buenos resultados de la Educación Social Escolar, describiendo los tipos de cooperación que existen, analizando las dificultades que surgen y su etiología, describiendo medidas que facilitan el trabajo conjunto, estableciendo los límites en las funciones profesionales para que no exista solapamiento de funciones ni intrusismo profesional y proponiendo un modelo de corresponsabilidad socioeducativa que ayude a formular equipos de trabajo eficaz.

En sexto lugar, se abordan las actividades y los métodos más habituales de la Educación Social Escolar, señalando además los límites de las actuaciones. También se describen factores fácilmente aplicables en las actividades que coadyuvan a obtener intervenciones eficaces.

En séptimo lugar, se acomete la tarea de hacer una propuesta de regularización del campo, por sus efectos positivos en los resultados de la Educación Social Escolar. Es una vindicación de índole política, pero sirve a los distintos profesionales para identificar aquellos factores estructurales, fuera de su control, que inciden directamente en la praxis. Se hace una propuesta de básicos que garantice unas buenas condiciones para desenvolver la acción.

En octavo lugar, se describen aquellos recursos materiales y documentales que constituyen procesos de trabajo de gran ayuda para la Educación Social Escolar, sin soslayar los riesgos de cada uno. También se trata, por su relevancia en la creación del vínculo educativo con el alumnado, el delicado tema de la confidencialidad.

En noveno lugar, se delibera sobre las dificultades que los profesionales de la Educación Social se encuentran en su praxis en los centros escolares, así como los efectos secundarios más frecuentes con los que tienen que lidiar.

En último lugar, se recogen los "principios de la acción", en donde se compilan los factores de éxito identificados, aspectos imprescindibles a desarrollar en la acción socioeducativa escolar profesionalizada.

En el epílogo "Futuro de la Educación Social Escolar", se apunta sucintamente algunas medidas de que pueden favorecer su profesionalización.

En el apéndice se incluyen casos prácticos de situaciones reales a las que tienen que enfrentarse los profesionales de la Educación Social Escolar que pueden favorecer la reflexión y el conocimiento aplicado.

2.1 Concepto

Aquí presentamos una propuesta conceptual de una particular representación del ámbito que permite identificar sus elementos más notables. La definición surge, por un lado, de la vía analítica de las prácticas y, por el otro, de la teoría, a través de la prescripción de modelos educativos para la Educación Social que se consideran más apropiados.

Las dimensiones seleccionadas para construir las definiciones han sido las siguientes:

- — Tipo de profesional que desarrolla la acción.
- — Vínculo profesional con el centro escolar.
- — Intensidad y continuidad de la acción.
- — Tiempo y lugar de la acción.
- — Orientación de las actividades.
- — Finalidad de las actividades.

Sirviéndonos de estas categorías, elaboramos una definición de Educación Social Escolar algo extensa, pero que en este momento profesionalizador puede ser más apropiada como medio para diferenciarla de otras actuaciones similares, tales como la ESnE (tema abordado en el apartado 1.2.7).

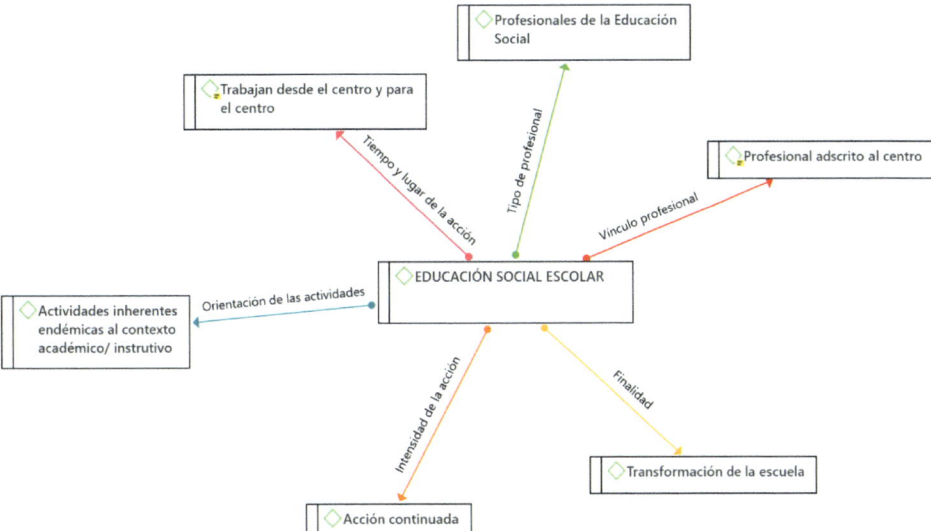

Figura 23 *Red conceptual Educación Social Escolar*

126

Educación Social Escolar: es una acción profesional socioeducativa *continuada*, con *personal adscrito* al centro, que trabaja *dentro* y *para* el centro escolar, sin excepción de que realice intervenciones fuera del centro o fuera del horario escolar, o con otros agentes de la comunidad educativa, pero son siempre acciones incardinadas dentro de la escuela. La institución escolar es su marco de acción: trabaja en igualdad con el resto de profesionales, desde su área de competencia, para alcanzar los objetivos escolares; el doble mandato de instruir y socializar. Una parte importante de sus actividades están orientadas a *procesos educativos que son inherentes a la escuela*, que surgen y pertenecen a las dinámicas surgidas de la organización escolar, sin excluir otro tipo de actividades. La escuela se concibe como *objetivo* y, en la medida de sus posibilidades, se busca la transformación de la misma: conseguir una escuela más justa que permite democratizar el conocimiento entre todo el alumnado. Traba-ja, no solo directamente con el alumnado, sino a nivel de centro o *departamento*, para transversalizar la perspectiva socioeducativa e implementarla dentro del concepto de escuela y dentro de los procedimientos normalizados del centro. De hecho, uno de los aspectos fundamentales de la Educación Social Escolar es su intervención en el contexto del alumnado nivel pedagógico; en el aula, en el centro, con el grupo de iguales. Del mismo modo, actúa con las familias y la comunidad, como recursos educativos de apoyo en el desarrollo de la infancia y adolescencia escolarizada. Está desarrollada por *profesionales de la Educación Social*.

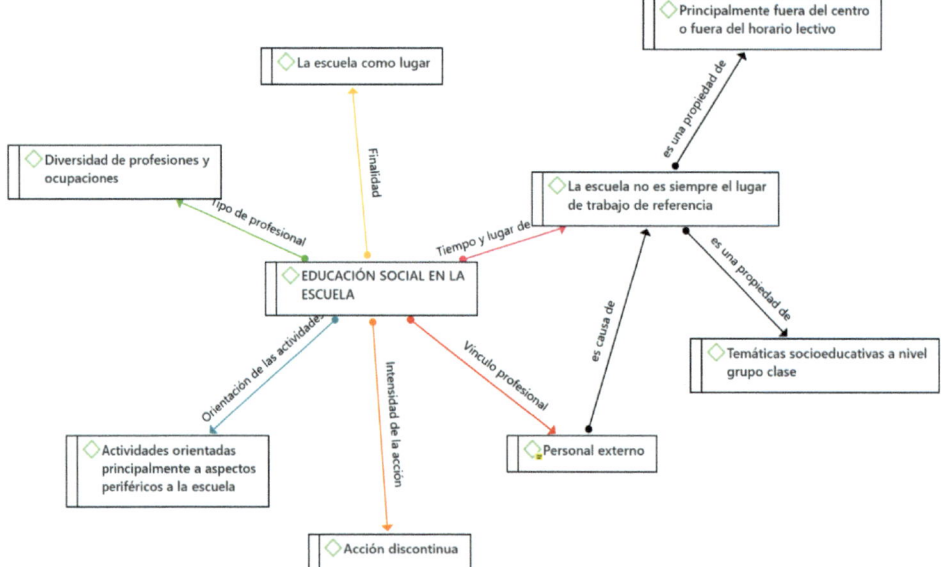

Figura 24 *Red Conceptual Educación Social En La Escuela*

Educación Social en la Escuela: son acciones socioeducativas realizadas por *perso-nal externo* al centro, habitualmente en formato de *equipos de acción socioeducati-va, itinerantes*, que trabajan en una zona demográfica determinada y que ofrecen su catálogo de actividades y servicios a la escuela. Tienen lugar de forma *discontinua* o de *frecuencia intermitente* en la escuela, generalmente a *demanda* de la institución escolar. Las actividades tiene un espectro amplio de acción y se realizan tanto dentro como fuera del centro, como dentro y fuera del horario lectivo: van desde actividades puntuales, a jornadas o días conmemorativos, pasando por actividades de ocio o extraescolares, o bien en talleres con el grupo-clase sobre temáticas socioeducati-vas relevantes para la adolescencia, implementadas en varias sesiones de forma anual, hasta acciones individuales o en pequeño grupo, pero siempre con una peque-ña muestra de la población escolar. También pueden ser acciones que se realizan *para* o *en colaboración* con los centros escolares, pero que no tienen lugar dentro de la institución, como pueden ser labores de asesoramiento o acompañamiento de determinados alumnos o familias. La escuela se concibe como un *lugar* en el que desarrollar la acción por su situación estratégica; reunir a la población destinataria en un aula. Esta modalidad comparte estas acciones con otras propias de la institución para la que trabajan. Está desarrollada por múltiples profesiones sociales, entre ellas, principalmente, la Educación Social.

Por lo tanto, todas las actividades de colaboración con los centros escolares que se dan *fuera* de la escuela, *al lado* de la escuela y puntualmente *con* la escuela (Hoyos et. al., 2003), puede ser Educación Social en la escuela, pero no necesariamente Edu-cación Social Escolar, si no se trata de una acción persistente, ni siempre o princi-palmente ligada a situaciones endémicas escolares que se dirijan a transformar sus dinámicas y la institución escolar se convierte en el marco de actuación.

Por supuesto, que no son modelos puros. Los consideramos como dos polos de un mismo eje que pivotan de un concepto a otro en función de su oscilación con respec-to a las propiedades señaladas.

2.1.1 Vinculación y compatibilidad entre las modalidades Educación Social Escolar (ESE) y Educación Social en la Escuela (ESnE)

Por lo tanto, ESE y ESnE, pueden compartir objetivos y profesionales y confluir en el lugar o en el sujeto de la acción, pero son modalidades diferentes que no pueden ni deben homologarse ni tampoco suplantarse. Entonces, ¿cuál debe ser su vincula-ción? ¿Cómo pueden relacionarse? Pensamos que sí pueden y deben compatibilizar-se a través de los diferentes tipos de vínculo (Trilla, 2002), por medio de los diversos niveles de intensidad de la cooperación (Spies y Potter, 2011) y de los diferentes modelos (regulado, semiregulado y externalizado). Hemos intentado plasmar en las siguientes figuras el posible formato de la colaboración:

128

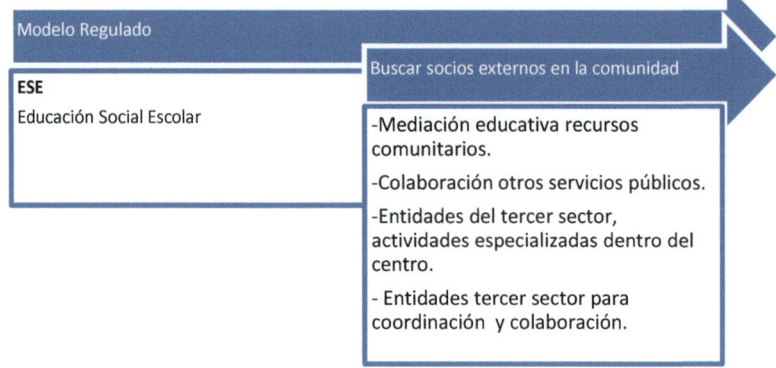

Figura 25 *Relación ESE - ESnE modelo regulado*

En la Educación Social Escolar, que habitualmente se realiza desde el "Modelo Regulado", acude a la comunidad *buscando socios externos* que cooperen con la escuela. Esto es, instituciones tanto de carácter público como privado o del tercer sector, que supongan un recurso educativo de interés para el alumnado o para la escuela en general. Los objetivos que se buscan los hemos señalado en el recuadro: la mediación de recursos para crear nuevos itinerarios para el alumnado o derivarlos a servicios especializados, colaborar y coordinarse con otras entidades o profesionales que trabajen con un determinado discente o familia, solicitar la participación a entidades para que desarrollen actividades en las que son expertas optimizando así los recursos, etc.

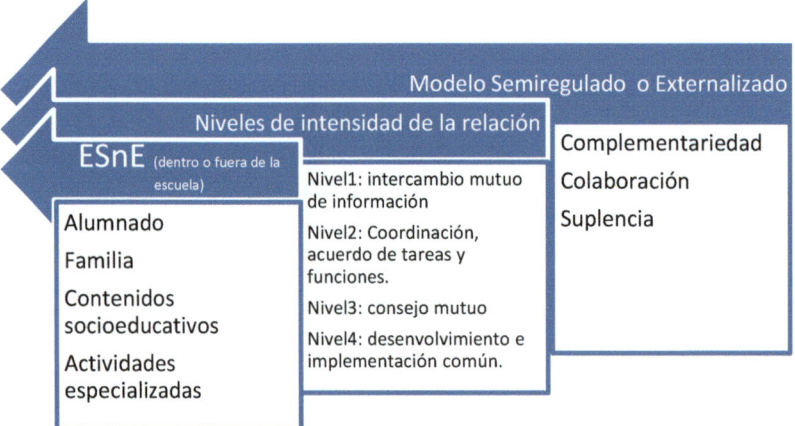

Figura 26 *Relación ESE - ESnE Modelo Semiregulado o Externalizado*

En el caso de la Educación Social en la Escuela, habitualmente desarrollada desde el modelo semiregulado o el externalizado, acude a la institución escolar buscando principalmente a la población destinataria, para difundir sus acciones y aumentar así sus "potenciales clientes". Pero también puede buscar trabajar con familias, impartir contenidos socioeducativos o realizar actividades muy concretas, relacionadas con su ámbito de especialización institucional.

La ESnE son programas comunitarios que se relacionan con la escuela en las modalidades de complementariedad, colaboración y suplencia (Trilla, 2002), que a su vez comulgan con distintos niveles e intensidades de la cooperación (Spies y Pötter, 2011) entre profesionales y/o entidades.

Basándonos en la clasificación de Trilla y los niveles de cooperación establecidos por Pötter y Segel ya citados, vamos a describir los potenciales vínculos entre ESE y ESnE y a exponer brevemente algunos ejemplos.

— **Complementariedad / Nivel 3-4:** La complementariedad implica que cada actor de la cooperación concentra su intervención en los ámbitos en los que más valor añadido puede aportar, en relación con lo que hacen los demás. En este tipo de trabajo se hace indispensable la armonización de todas las partes, de la misma forma que opera una orquesta ante la interpretación de una sinfonía: la coordinación entre los diferentes actores para unificar criterios y evitar duplicidades y disonancias. Le correspondería al nivel 3-4 de cooperación y compilaría todas las acciones de los niveles anteriores.

— **Colaboración:** La Real Academia Galega define colaborar como "trabajar en unión con otro u otros". De este modo entendemos que es una ayuda para conseguir un fin que, de otra forma, no se hubiera podido conseguir o hubiera sido más difícil hacerlo. Como señala pertinentemente el profesor Trilla (2002), las relaciones de colaboración son el precedente de las relaciones de complementariedad. Le correspondería el nivel 1-2 de cooperación, donde se acuerdan tareas y pueden llegar a asesorarse mutuamente, o bien simplemente pueden limitarse a compartir información.

Ejemplos de colaboración entre la Educación Social y la escuela son las "comisiones sociales", una plataforma de coordinación socioeductiva de un determinado territorio, así como muchos de los contactos y programas establecidos con servicios sociales como, por ejemplo, el del centro cívico de Labañou. Otro ejemplo serían los PIEE de Zaragoza, o tantos otros proyectos desarrollados por entidades del tercer sector en la escuela, siempre que se limiten a impartir talleres o actividades puntuales, muy acotadas, y a ofertar intervención fuera de la escuela (Dorna, algunas escuelas que colaboran con el Aleida, Atalia Asocial, Coruña Educa, etc.).

El ejemplo más habitual de este nivel de cooperación es lo que continuamente demanda la escuela por parte de la familia, que trabaje en torno a un mismo objetivo, en

130

una misma dirección, desde sus respectivas áreas de competencia o compartiendo puntualmente espacios y tiempos. Los términos o condiciones de esta cooperación, en ocasiones, pueden ser indebidos, puesto que el profesorado, a veces, entiende la colaboración como la aceptación de las familias a sus postulados sin oposición (Fernández Enguita, 1995). La colaboración se entiende, así, en términos de sometimiento. Cuando los cimientos de la colaboración se sustentan en la imposición y en la obediencia, no se puede garantizar su eficiencia y, sobre todo, su equidad. Lo mismo puede pasar cuando la colaboración con otras entidades se reduce al formato de "a demanda" del sector escolar (Pelegrí et al., 2017). Entonces se darían "procesos ficticios de cooperación" (Castillo y Bretones, 2014).

- — Suplencia: Trilla (2002) entiende la relación de suplencia en dos sentidos, la suplencia de tareas "paraescolares" (como inglés o la informática,...), que corresponden a conocimientos que se consideran necesarios para desarrollarse satisfactoriamente en la sociedad actual y que, por lo tanto, deberían formar parte de los contenidos escolares, y la suplencia de funciones de tipo "no instructivo o didáctico", que tendría que acometer la escuela en muchos casos pero que, por motivos varios, no lleva a cabo o no lo hace adecuadamente.

Existen casos en los que se dan los dos tipos de suplencia, como sucede en las Unidades de Escolarización Compartida o el Programa Alter, puesto que imparten contenidos instructivos con metodologías más flexibles y hay un trabajo socioeducativo más intenso. A nuestro entender, a pesar de su denominación, el aspecto principal que "comparten" con los centros escolares comunes son vínculos administrativos y, en realidad, su objetivo *de facto* es separar el alumnado que no se integra del resto de alumnos "normalizados", ya no en aulas, sino en centros físicamente separados. Otro ejemplo de suplencia sería el "Programa Mentor", un programa de acompañamiento y de inserción sociolaboral de menores dentro del sistema de protección que, aunque realiza labores de apoyo en los centros escolares, la realidad es que, en general, la permanencia de esta juventud en los centros educativos es corta. Las tasas de fracaso y abandono escolar son tan elevadas (Melendro, 2008), que obliga a otras instancias a ofertar una actividades educativas "de segunda oportunidad", tales como el mencionado programa.

A tenor de lo visto, las características de esta relación de suplencia se dan casi en exclusividad cuando el alumnado no se adapta al centro, cuando tienen que ver con población escolar "conflictiva". Entonces se da la externalización: sale de la institución educativa y es recogida por otras agencias que se encargan de realizar labores educativas e instructivas que le tocarían a la escuela. Aunque los dos programas citados estén ofertando una atención socioeducativa adecuada y muy valiosa a las personas destinatarias que acogen, corre el riesgo de ser estigmatizante y de tener una capacidad de acción limitada, puesto que son actuaciones que segregan al alumnado, en vez de integrarlo en la institución normalizada ofertándole una formación en muchos casos depreciada o sin los recursos o la capacidad estratégica necesaria para afrontar problemáticas tan enquistadas. Los programas de segunda oportunidad son necesarios pero no pueden convertirse en un "cajón de sastre" de aquel alumnado que presente dificultades. En muchas ocasiones se podría considerar que se trata de una renuncia educativa por parte de los centros escolares para atender al alumnado más difícil, creando a tal efecto instituciones educativas paralelas que corren el riesgo de convertirse en guetos, y a las que suele encargarse a la Educación Social que intervenga.

Por lo tanto, las consideraciones finales al respecto son que los vínculos creados entre ESE y ESnE son positivos y fructíferos para ambas modalidades, pero no pueden equipararse. La ESE se beneficia de los recursos especializados de la ESnE (así como de otras agencias) y mejora su acción al intercambiar información y coordinar la intervención. Como fruto de este trabajo colaborativo pueden gestarse otros proyectos más ambiciosos que se apliquen en la comunidad. Es una puerta abierta a múltiples caminos. Lo fundamental es crear y cuidar la relación.

2.1.2 Reflexiones en torno a la denominación

Existen diferentes formas de nombrar a este campo profesional en función de la autoría, proyecto, entidad, lugar geográfico, etc. Emplear una u otra categoría no es un debate insustancial y tiene sus implicaciones en la praxis, especialmente en lo que atañe a las intenciones políticas.

Tampoco las palabras que empleemos para denominar el campo son el *quid* de la cuestión. Nada más lejos de nuestra intención que caer en el nominalismo, una tendencia en alza que tiende a considerar todos los problemas como un constructo social en el que, cambiando las palabras, mudará así también la realidad. Simplemente somos conscientes de que las palabras son importantes porque transmiten y difunden significados; es la capacidad performativa del lenguaje. En este trabajo se optó por usar el nominalismo como estrategia, pero un nominalismo crítico basado en el conocimiento empírico y teórico, con el fin de conceptualizar este nuevo campo profesional y darle un determinado carácter u orientación política, siguiendo las propuestas de la concepción paradigmática sociocrítica de la Pedagogía Social que defendemos.

Por lo tanto, consideramos que puede ser de gran interés reflexionar sobre este aspecto, adoptando una denominación apropiada que transmita al imaginario simbólico un significado adecuado a su razón de ser.

2.1.3 Denominaciones empleadas en el contexto español

Se puede constar fácilmente que existe una amalgama de nombres con los que se designa a este campo profesional. Se ha realizado una selección de los términos más frecuentemente empleados:

132

— Educación Social en la Escuela.

— Educación Social en la Educación Secundaria.

— Educación Social y Escuela.

— Acción socioeducativa en el contexto escolar/educativo/secundaria.

— Educación Social Escolar o Educadores Sociales Escolares.

Además de los señalados, existen otras denominaciones menos frecuentes: pedagogía social y escuela, Educación Social y escolar; intervención socioeducativa escolar, Educación Social en el contexto escolar, pedagogía social y pedagogía escolar, pedagogo social escolar, educadores sociales de ámbito escolar, Educación Social en el sistema educativo, etc. En el Tesauros de ERIC no aparece recogido ni Educación Social Escolar ni Educación Social en la escuela ni ningún otro término similar.

2.1.3.1 Valoraciones de las diferentes conceptualizaciones en Alemania y España

En el caso alemán, el profesor Karsten Speck, uno de los profesores más importantes en Europa sobre este tema, es también uno de los más firmes defensores del vocablo "*Schulsozialarbeit*" (2020, pp.36-37) y uno de sus principales divulgadores junto con Gastiger y Lachat (2012), Pötter y Segel (2009), etc., en contraposición a Spies y Pötter (2011, p.13-19), que defienden el uso de "*Soziale Arbeit an Schulen*" que puede traducirse como "Educación Social en la escuela". En otros *Länder* usan otras denominaciones más concretas como "*schulalltagsorientierte Sozialpädagogik*" que significa "Educación Social orientada a la vida cotidiana escolar" o "*Schulbezogene Jugendsozialarbeit*" (Servicios sociales juveniles escolares), "*Jugendsozialarbeit an Schulen*", trabajo social con juventud en las escuelas", o "*schulbegleitende Sozialarbeit*", trabajo social de acompañamiento escolar.

Todas estas denominaciones no son inocuas. Cada una posee una matización o un énfasis diferente, y todas promulgan un perfil profesional diferente atendiendo a diversas categorías: intensidad del vínculo con la escuela, pertenencia del profesional, objeto de trabajo, responsabilidad de la acción, etc.

Los argumentos que alega Speck para apoyar la denominación de Educación Social Escolar son de tipo histórico, epistemológico y pragmático. Vamos a destacar solamente tres de las tesis a favor:

- Por la extensión y reconocimiento que tiene tanto a nivel institucional como científico en la actualidad.

- No es recomendable emplear denominaciones que limiten las posibilidades de la acción.

- Tampoco es beneficioso señalar en exclusividad el papel de los servicios sociales de atención al menor ("*Jugendhilfe*" o "*Jugendsozialarbeit*") porque tanto la responsabilidad como la financiación deben ser compartidas por la escuela.

Para Spies y Pötter (2011, p.18) la polémica sobre el concepto no es importante; se trata de una discusión teórica inútil sin efectos reales en la praxis y que el debate real es el político, que versa sobre la financiación y la responsabilidad. Para estas autoras, la realidad debe aceptarse tal y como es, heterogénea, y no se debe imponer una denominación u otra, puesto que lo mejor es dejar que la realidad defina el nombre del campo y, como este es diverso, lo normal es que existan diferentes nombres y que el asunto no tiene más transcendencia.

Por nuestra parte, aunque podemos compartir la importancia del debate político sobre el financiamiento y la responsabilidad de la gestión de los programas, disentimos de su propuesta en varios sentidos. En primer lugar, porque el debate político no excluye al debate pedagógico, especialmente en temas tan relevantes para los proyectos. Más allá de que la decisión final sea política, esto no debe ser ningún impedimento para que desde la Academia se suscite el debate y se defiendan posiciones de las que nutrir y orientar la toma de decisiones por parte de los poderes públicos. Po otra parte, asumir la realidad como heterogénea, no debe excluir una perspectiva más normativa. Es precisamente la diversidad del escenario lo que hace necesario ordenarlo desde la pedagogía, darle forma en categorías y conceptos para poder razonarla desde el pensamiento pedagógico.

Una posición crítica empirista en este caso, es mucho más productiva, porque permite analizar la realidad, pero usando el nominalismo como estrategia, para pasar de la anécdota a la categoría, y razonarla críticamente proponiendo modelos educativos prescritivos.

Por lo tanto, concordamos con Speck en que aquellas denominaciones que en su formulación ofrecen una visión excesivamente restringida o ambigua, no serían las más recomendables. Un ejemplo de denominaciones restrictivas sería señalar la actividad, las personas destinatarias o el centro de trabajo, como "*educación secundaria*". Un ejemplo de ambigüedad es cuando se emplea la expresión "a*cción socioeducativa*", porque de esta forma no se declara la profesional que debe realizar la acción. Quizás esta formulación responda más a la realidad, en la que existen diferentes profesiones y ocupaciones sociales que desenvuelven actividades en los centros escolares. Pero no nos parece adecuada porque desde este trabajo se defiende la pertinencia de las profesionales de la Educación Social como la figura profesional que posee los trazos más apropiados para desempeñar este puesto.

134   En España observamos el uso del término de Educación Social Escolar o de educadores/as sociales escolares en Ortega y Mohedano (2011) en el título; en González et. al. (2016) en las conclusiones y, por último, aparece también en un texto más antiguo de Fermoso (1998) y de Petrus (1989).

Por nuestra parte, a tenor de lo analizado, nos lleva a constatar que existen diferentes realidades y que, por lo tanto, sería interesante y pertinente otorgarle un nombre diferente, para identificar correctamente las implicaciones en la praxis y el modelo de trabajo que le es propio. En este caso sería una definición operativa, que pretende describir la realidad del campo profesional.

2.1.3.2 Defensa de la denominación Educación Social Escolar

Desde la "*International Network for School Social Work*" como se observa, se emplea el término *School Social Work* en diferentes países de habla inglesa como Estados Unidos o Reino Unido y también en la India.

En el contexto alemán también existen varias denominaciones dependiendo del *Länder*, algunas coincidentes con las que existen en España. Pero en este país una de ellas se impuso indiscutiblemente a las otras. El término "*School Social Work*", de origen americano, se introdujo en Alemania en el año 1966 y Abels en el año 1971 recogió el vocablo y lo tradujo al alemán como *Schulsozialarbeit* y se fue extendiendo hasta ser el mayoritario en la actualidad.

Otra de las ventajas de emplear la denominación de Educación Social Escolar es que la equipararía con otras denominaciones internacionales, así como que es una forma de identificar tanto el campo profesional como la profesión que preferiblemente debe desempeñarla.

Educación Social	Escolar
• Praxis y profesión.	• Perteneciente a la escuela, relativo al estudiante.

Figura 27 *Concepto de ESE.*

Tanto la "*School Social Work*" como la "*Schulsozialarbeit*", tendrían su correspondencia en el gallego y en el castellano con la expresión "Educación Social Escolar". En este caso, al concepto de Educación Social (como praxis y/o profesión) se le añade el adjetivo "escolar", que en la RAG aparece definiendo en su primera acepción como "relativo o perteneciente a la escuela" y en la RAE como "Perteneciente o relativo al estudiante o a la escuela."

Por lo tanto, sumando los significados de las palabras escogidas, el concepto de Educación Social Escolar, literalmente, significaría **una Educación Social que pertenece a la escuela y/o a sus estudiantes**, designación que nos entusiasma.

Como resultado, obtenemos una nomenclatura que alumbra un concepto ajustado a la visión del campo que preconizamos. Se convierte así en una bandera y en toda una declaración de intenciones.

2.2 Fundamentos teóricos de la acción socioeducativa en la escuela

La Educación Social Escolar y la Educación Social en la escuela, coincidentes en el profesional y el contexto, conforman distintas acciones con distintos resultados. Esto es así, porque difieren en sus planteamientos de base. A partir de argumentos diferentes van a adoptar distintos patrones de respuesta que van a ser medidas congruentes a sus premisas de partida. Van a divergir en el enfoque, en el grado de sistematización y en el tipo de recursos que van a emplear.

Inicialmente nos vamos a ocupar de los argumentos invocados a favor de la introducción de la acción socioeducativa escolar profesionalizada, de los cuales hemos identificado tres tipos: epistemológico, sociológico y transformador.

Desde la matriz disciplinar de la Pedagogía Social se ha reflexionado sobre los fenómenos educativos y escolares y su vinculación con la acción socioeducativa, sondeando los puntos de colaboración y convergencia. Aunque no existen patrones teóricos puros y en muchas ocasiones unos se entreveran con otros, vamos a establecer categorías teóricas que permitan acceder al análisis de su significado y de sus consecuencias en la praxis.

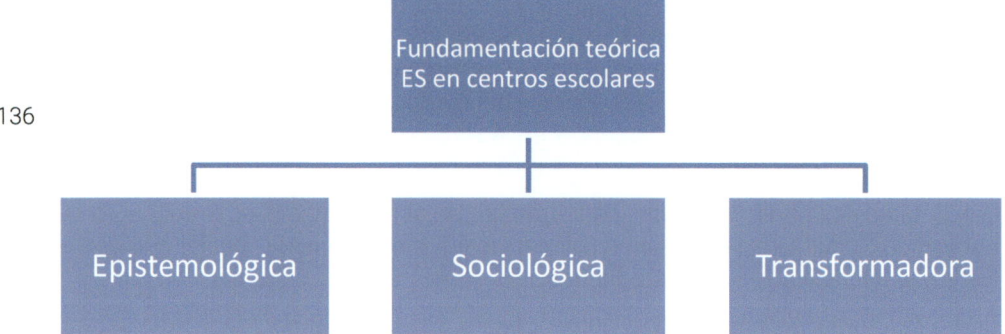

Figura 28 *Fundamentaciones teóricas de la incorporación de educadores/as en las escuelas.*

Epistemológica. Esta se ha comentado en el apartado 1.1., así que solo vamos a repasarla sucintamente. Esta postura se centra en los fundamentos epistemológicos de la Pedagogía Social argumentando que, por un lado, como disciplina pedagógica que teoriza sobre la educación, no se puede definir por exclusión a la escuela, porque se trata de una de las instituciones educativas más importantes en la construcción de nuestra sociedad y, por otro lado, resalta que la escuela es también una institución social y, como tal, tiene unas funciones sociales que transcienden los objetivos instructivos, como puede ser la socialización, los valores cívicos, etc.

Sociológica. Esta posición parte de la idea de que las transformaciones derivadas de las nuevas condiciones económicas, sociales, políticas, familiares, etc. están afectando negativamente tanto a las familias como a la infancia y a la juventud. También se habla de crisis social y del incremento de las desigualdades. La flecha de las consecuencias escolares apunta habitualmente a la desmotivación del alumnado, la conflictividad, el fracaso escolar, los problemas de disciplina, los déficits de socialización, las dinámicas familiares, etc. Todas estas situaciones generan una serie de conflictos y problemas que la escuela no puede, no sabe o no quiere dar respuesta por sí sola. Por lo tanto, se requiere de apoyo y se demandan programas, recursos o profesionales nuevos o profesionales "viejos" con nuevas funciones que atiendan y solucionen estos conflictos. La argumentación "sociológica" se decanta por considerar de índole social los problemas que se dan en los centros escolares, no de germen educativo (Colom, 2014).

De esta premisa parten, en muchas ocasiones, las ideas de los profesionales tradicionales escolares. Este malestar bastante generalizado de los equipos docentes suele expresarse por medio de la metáfora de la "mochila" simbólica del alumnado que carga con sus problemas familiares y sociales y los traslada a la escuela. Se parte del supuesto de que la violencia, la desmotivación, etc. provienen del exterior y penetran en los centros escolares "supuestamente" asépticos, pero que en ningún caso se generan como resultado de las dinámicas de la institución escolar y su idiosincrasia. Esto es, se estima que los problemas no tienen una causa escolar, ni siquiera educativa, sino que su etiología es psicológica, médico/patológica, social y/o económica.

Transformadora. El fundamento de esta postura parte de que la sociedad está modificándose profundamente tanto en sus esquemas de pensamiento como en su funcionamiento y representaciones, debido a la gran influencia de las nuevas tecnologías, los cambios en los procesos de socialización, la globalización, la mundialización da economía, etc. que hace imprescindible la transformación de los centros escolares y la renovación educativa, en general. Es una postura que asume la "crisis de la escuela", que parece inmutable ante los cambios sociales o presenta resistencias para mudar su funcionamiento, pues sigue, en muchas ocasiones, anclada a un modelo de sociedad estable y predecible, pero que resulta infructuosa para dar respuesta a las situaciones actuales. Desde distintas posturas se aboga por la atención a la diversidad, la apertura a la comunidad, nuevas formas de aprendizaje, las nuevas tecnologías, las emociones, la participación política, el emprendimiento, etc. Es decir, se defienden una amalgama de temas con distintos enfoques, contenidos y finalidades que, tienen en común, la búsqueda de la transformación de los centros escolares. La perspectiva "transformadora" es sensible a los cambios sociales, pero en este caso sí que los contempla como problemas educativos.

Esta sucinta categorización deja entrever las diferentes concepciones que se tienen de un mismo fenómeno educativo. La argumentación "Epistemológica" parte de la justificación de que la Pedagogía Social tiene toda la legitimad de teorizar sobre los procesos y realidades educativas que tienen lugar en la escuela, y las siguientes son posturas que sientan las bases sobre el sentido que deben tener las actuaciones; es decir, serían modelos prescriptivos y operativos.

La dialéctica de la postura *"sociológica"* y *"transformadora"* parecen similares porque parten de la misma base -los cambios sociales-, pero disienten en el *locus* de la responsabilidad de la situación educativa y, por lo tanto, en la solución, en el tipo de la acción y en el enfoque de las actuaciones. Por eso, las implicaciones en la praxis de estas dos fundamentaciones son diferentes.

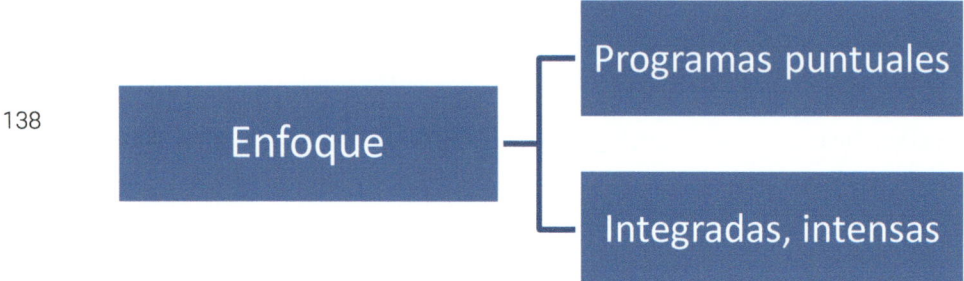

Figura 29 *Organigrama sobre el tipo de enfoque.*

La *"sociológica"*, sitúa el *locus* fuera de la institución. Esto es, considera que los conflictos escolares son, en realidad, problemas sociales de índole no pedagógica, por lo que es probable que no preconice soluciones integrales, sino programas más bien marginales y externos, mediante actualizaciones especializadas, reduciendo la ejecución de las acciones a momentos puntuales y temáticas acotadas, porque se consideran medidas de carácter extraordinario y se subordinan a programas, actividades, personas destinatarias u objetivos. Es decir, tenderán a proponer medidas que atiendan "a la diversidad", ofreciendo ofertas educativas individuales adaptadas a su problemática y separadas de la población normalizada. Esto supone una forma de reforzar el *status quo* escolar, puesto que aquellas personas que cuestionan la homogeneidad de la escuela, se separan (Núñez, 2013).

En contraposición, la perspectiva *"transformadora"* sitúa el *locus* de responsabilidad de los problemas escolares también dentro de la escuela, por lo tanto, desde esta visión, se tiende a proponer medidas educativas y organizativas más globales, como un cambio de paradigma de la acción. Las respuestas consistirían en un enfoque integrador, en el que las acciones se incardinan dentro de la escuela porque se ambiciona alcanzar cambios más profundos y extensos. Dentro de estos marcos de pensamiento suelen emplazarse los programas de innovación educativa. Pero conviene tener presente que las bondades atribuidas *per se* a toda innovación educativa no siempre están justificadas ni son positivas (Trilla, 2018).

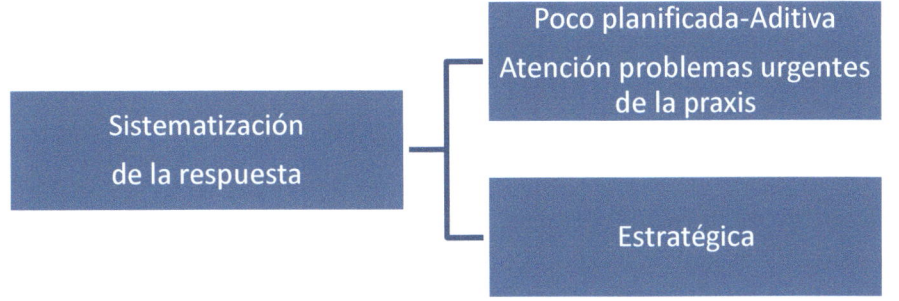

Figura 30 *Diagrama sobre los tipos de sistematización de la respuesta.*

El tipo de sistematización de la respuesta tiende a variar. Una opción es adoptar un tipo de reacción poco planificada, centrada en dar respuesta a los problemas urgentes de la praxis por medio de los recursos existentes que en ese momento están a disposición. Podría decirse que el leitmotiv de esta diversidad de acciones se caracteriza por centrarse en lo apremiante más que en lo importante. Aquí se pueden incluir los argumentos prácticos (apartado 1º) como motivo principal de introducir nuevas medidas, que hacen referencia directa a situaciones que requieren una acción inmediata: aumento de los problemas y de la conflictividad a nivel de aula-centro, aumento de la diversidad del alumnado, problemas de aprendizaje, docencia y motivación, ausencia de respuestas educativas adaptadas a la escuela, falta de atención socioeducativa del alumnado y atención del alumnado durante las horas no lectivas: pausas, ocio, transporte, etc.

La alternativa es adoptar medidas estratégicas, más reflexivas, normativas y con mayor nivel de planificación, e integradas en los procedimientos del centro.

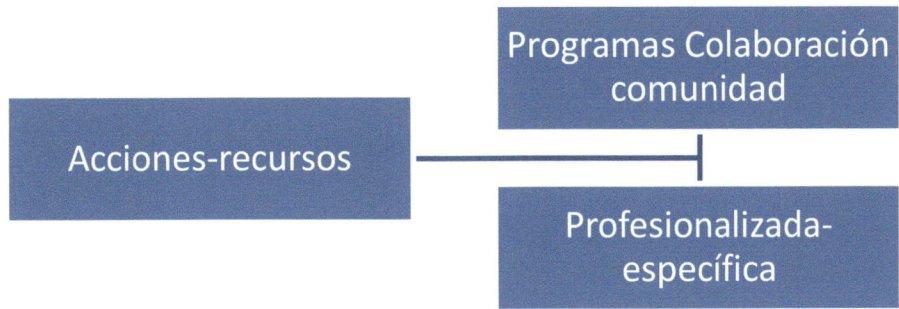

Figura 31 *Diagrama de tipos de acciones y recursos.*

En cuanto a las acciones que se implementan y los recursos que se emplean para realizarlas, divergen en su formato. Una opción es disponer de los recursos comunitarios existentes para que colaboren con la escuela, en función de su ámbito de especialización y de los recursos y servicios de los que disponen.

Otra opción es la de engendrar medidas específicas por medio de la acción profesionalizada, es decir, por medio de profesionales que desarrollen un trabajo con fórmulas disciplinares concretas.

La *perspectiva profesionalizada y específica*. Esta postura puede considerarse como un modelo concreto de actuación. Considera que el profesorado no es el profesional mejor preparado para abordar en solitario los cambios necesarios, ni por formación ni por voluntad ni por la sobrecarga de funciones, y se propone una figura profesional especializada. Un ejemplo sería el de los profesionales de la Educación Social, concebidos como un recurso profesional que conduzca sus actuaciones en un sentido integrador y holístico. En general, esta tendencia es partidaria de una escuela integral, más abierta y flexible, más igualitaria, más comunitaria, más justa y equitativa. Por ejemplo, Rodorigo y Aguirre-Martín, (2020) hacen referencia explícita a incorporar educadores/as sociales para adaptar la escuela postmoderna al alumnado postmoderno.

Figura 32 *Diagrama sobre las fundamentaciones teóricas de la acción socioeducativa en la escuela*

Por eso, consideramos que la perspectiva transformadora y profesionalizada, por medio de la Educación Social Escolar, es la que se encamina hacia el lugar adecuado de las transformaciones necesarias para conseguir una escuela eficaz, en el sentido de hacerla más justa y equitativa. Dentro de esta argumentación, la figura profesional de la educadora y el educador social se presenta como competente y solvente para iniciar y ahondar los procesos de transformación escolar, creando nuevas oportunidades educativas desde un enfoque integral e integrador, en donde se atiende intensamente al alumnado, pero con la mirada atenta a los cambios y problemas sociales y a las dinámicas escolares.

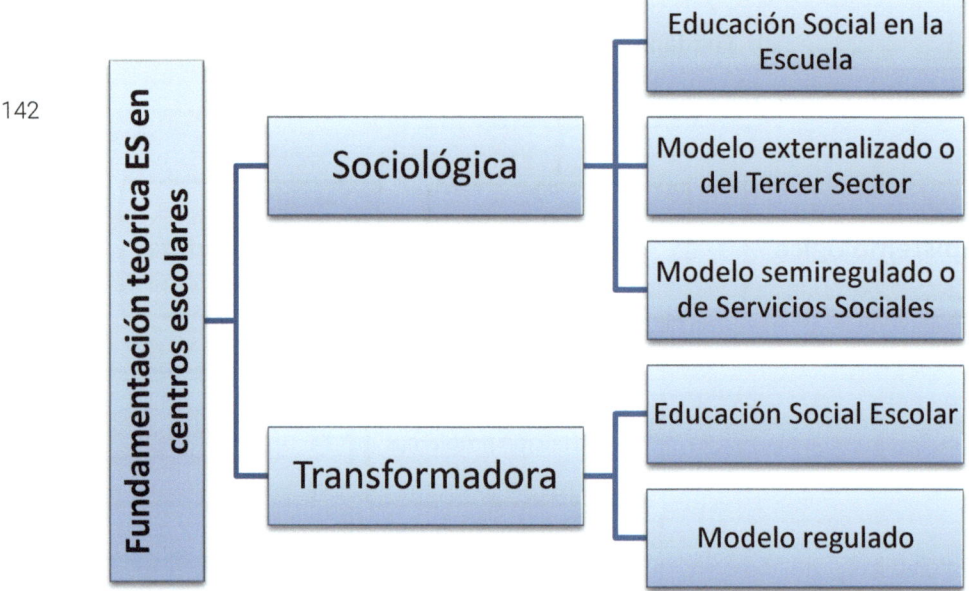

Figura 33 *Relación fundamentos teóricos, modalidad de acción socioeducativa escolar y modelo.*

Acorde a sus premisas de partida, la perspectiva sociológica tiende a ser más habitual en el caso de la Educación Social en la Escuela, y la transformadora, en su vertiente de acción socioeducativa profesionalizada, a la Educación Social Escolar. A su vez, a la Educación Social en la Escuela, con salvedades, le corresponde el Modelo Semiregulado y el externalizado; y la Educación Social Escolar se asocia normalmente con el Modelo Regulado, con algunas excepciones.

2.3 Finalidades de la educación social escolar

Como hemos analizado en el apartado 1.5 del estado epistemológico del campo, el debate en torno a las finalidades tiene su reflejo en la praxis profesional. Se materializa en el tipo de encargos, en la intensidad e incardinación de las acciones, en la conceptualización, etc.

Como desvelamos, ambas posturas presentan *pros* y *contras*. Entre las ventajas que tienen en común, destacan la de implicar una descarga de trabajo para el profesorado y la oportunidad de realizar actividades innovadoras y especializadas. En el caso de las desventajas, se manifiestan especialmente cuando se realiza una filiación exclusiva a una de las corrientes. En su expresión más acérrima, alumbran desde acciones banales hasta segregadoras, pasando por medidas cosméticas de mucha forma pero poco contenido. El resultado es un ejercicio de *gatopardismo* escolar: cambiar algo para que no cambie nada.

En la siguiente tabla hemos sintetizado las principales fortalezas y riesgos de cada una de las opciones a modo de repaso.

	Apoyo a la instrucción	Socialización
Fortalezas	Reducción de la carga de trabajo al profesorado. Aumento de las actividades y de los espacios no lectivos del centro: familia, ocio, cultural, comunidad... Aumenta la intensidad de los contenidos socioeducativos.	Acción especializada. Atención especial a situaciones/ personas desatendidas. Reducción de la carga de trabajo del profesorado.
Riesgos	Oferta aditiva a la escuela, poco intensa y banal. Perdida de intensidad del carácter socioeducativo. ES: profesional accesorio. Desatención de alumnado en situaciones conflictivas o alumnado vulnerable.	Limitarse al trabajo individual. Adoptar perspectiva clínica, de experta. Segregadoras. Acciones marginales y apartadas de la población escolar "normalizada". Estigmatización. Devaluar la educación del alumnado.

Tabla 14 *Fortaleza y riesgos de los enfoques en torno a las finalidades de la ESE.*

Las finalidades hacen referencia a las ideas generales que aglutinan a su alrededor diversos tipos de acciones, pero que responden a un sentido común. A través de un proceso inductivo, hemos identificado los grandes objetivos/funciones que la Educación Social Escolar realiza en la institución escolar y que vienen a resolver, desde nuestra perspectiva, la disyuntiva planteada en el eje teórico.

2.3.1 Vinculación entre los objetivos de socialización e instrucción

El debate que subyace de fondo en torno al eje teórico de las finalidades de la Educación Social Escolar no es nuevo, y se centra en el tipo de consideración que van a recibir los objetivos de socialización en la institución escolar, esto es, en su relación con la instrucción. La idea central en disputa es la importancia que debe tener la acción socioeducativa profesionalizada en el contexto escolar y su posición en

144

la formación del alumnado; el equilibrio mismo entre los objetivos de instrucción y socialización; dilemas inveterados en los objetivos educativos escolares (Marchesi, 2012). En función del prisma desde el que se parta, se proyectará en la formulación de los equipos de trabajo; en el estatus y el grado de autonomía de cada profesional y su rol en la escuela.

La materialización del doble mandato social a la escuela son los objetivos de socialización e instrucción (Frigerio et. al., 1992) que, a su vez, se ven reflejado en las especificidades profesionales de la Educación Social y los equipos docentes.

Cada profesional se afilia preferentemente a una matriz disciplinar y desde ahí construye sus teorías y va perfilando lo que será su identidad. Esto determina las diferencias entre un grupo profesional y otro, ya que parten de bases epistemológicas, teóricas y metodológicas diversas. Así, cada profesión establece respuestas diferenciadas en función de sus coordenadas teóricas y las inscripciones paradigmáticas desde las que se enmarque. Pero, trabajar desde áreas y métodos diferentes, no es óbice para trabajar en torno a objetivos compartidos.

Basándonos en cada perfil profesional, partimos de la premisa de que el profesorado es el máximo representantes de los objetivos de instrucción, y los profesionales de la Educación Social son los máximos representante de los objetivos de socialización. Por lo tanto, la piedra de roseta sobre la que se sostienen las finalidades de la Educación Social Escolar es identificar el enfoque por el que se contempla la relación entre estos dos objetivos. Las opciones pueden ser tres:

— Como *excluyentes/antagónicos*: como algo distinto a la instrucción, en las actitudes más extremas incluso contraproducentes, por lo tanto, no debe darse en los tiempos y espacios escolares.

— Como *complementarios/suplementarios*: como pertinentes en determinados casos o temáticas, es decir, como algo adicional y excepcional. Por lo tanto, puntual y acotado.

— Como *convergentes/indisociables*: como parte inherente de los objetivos de la escuela. Por lo tanto, permanente e integrado.

Desde este trabajo se toma parte por la tercera opción; los objetivos de socialización son consustanciales a los objetivos de instrucción y, consecuentemente, deben de gozar del mismo interés y del mismo status en la institución escolar. Por un lado, a nivel teórico, no se pueden separar contenidos instructivos y de socialización, ya que unos forman parte de los otros (Ortega, 2014), del mismo modo que la Educación Social también tiene contenidos didácticos (Núñez y Planas, 1997; Núñez, 1999) pero a la que le concierne una didáctica específica (Parcerisa, 1999). Los dos elementos se retroalimentan, forman parte de la misma unidad, son dos caras de la misma moneda. Por su parte, la Educación Social no cuestiona la función de la escuela, sino que la apoya, la potencia y la trasciende (Ortega, 2014). Por otro lado, a nivel legislativo, trabajar en la consecución de ambos objetivos es consecuente con los criterios de evaluación recogidos en las leyes educativas, puesto que en las leyes de los últimos 40 años la categoría que ocupa más espacio en los preámbulos son las que hacen referencia al desarrollo integral de la persona y de las actitudes y valores prosociales (López, Cussolo et. al., 2016).

Por lo tanto, la instrucción y la socialización deben concebirse como un sistema, una forma parte de la otra, a modo de un engranaje de reloj; múltiple esferas interconectadas, en las que unas dependen del movimiento de las otras para funcionar correctamente.

Figura 34 *Papel de la socialización y de la instrucción en la adquisición del éxito educativo en la escuela.*

La proyección de esta consideración de inherencia entre los objetivos de socialización e instrucción tendría consecuencias directas en la praxis en los siguientes aspectos:

- La "Socialización" como finalidad de la Educación Social Escolar.
- La cooperación como imperativo y la erradicación de jerarquías entre profesiones como requisito.
- La Socialización como medida de "apoyo a la instrucción".

2. 9.2 Socialización como finalidad de la Educación Social Escolar

El objetivo de la Educación Social en la escuela, dadas sus señas profesionales identitarias, sería el centrarse en la consecución de fines educativos relacionados con la **socialización**, por medio de contenidos didácticos propios.

146

Al decantarnos por la vertiente socializadora, amén de todos los pros ya mencionados, tiene la virtud de dotar a la Educación Social de una entidad propia en la escuela, con unas funciones específicas y un ámbito de trabajo particular. Además, abastece al centro escolar de una serie de acciones y recursos profesionales especializados de los que habitualmente escasea, aportando calidad e innovación. Por último, esta vertiente responde con mayor adecuación al perfil profesional y disciplinar de la Pedagogía Social.

En cuanto a cómo sortear los riesgos de esta filiación, pensamos que la clave está en los dos factores que describimos a continuación: en articular una buena cooperación en términos de igualdad con los equipos docentes y en no desligar la socialización de la instrucción.

2.3.2 La cooperación como imperativo y la erradicación de jerarquías entre profesiones

La Educación Social y escolar se distinguen, pues, en su especificación y materialización. En la praxis estas diferencias se plasman en las respectivas especificidades profesionales de Educación Social y profesorado (Ortega, 2014). En el caso concreto de la institución escolar, con el objetivo de optimizar recursos profesionales, el profesorado, por su especificidad profesional, es el mejor preparado para encargarse principalmente de las funciones relacionadas con la instrucción, y las profesionales de la Educación Social, por el mismo motivo, de la socialización, aunque ambas profesiones están contempladas dentro del amplio espectro del ámbito disciplinar de la educación.

En la siguiente figura hemos intentado plasmar esta forma de articular el reparto diferencial de funciones entre estos grupos profesionales.

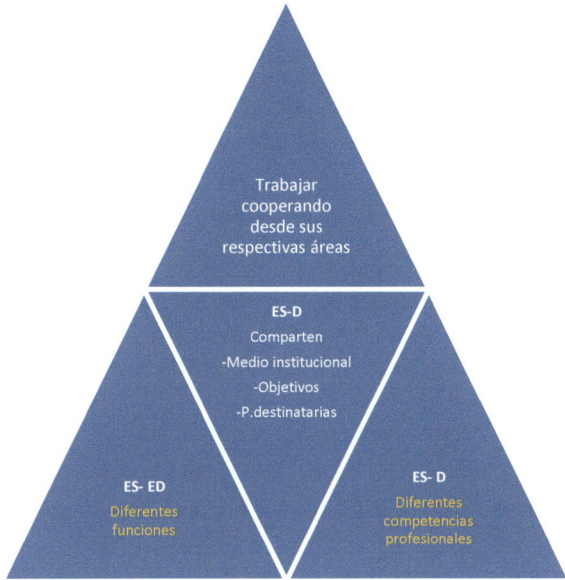

Figura 35 *Red conceptual relación Educación Social (ES) y equipos docentes (ED).*

En términos generales, como decíamos, la Educación Social y la educación escolar comparten el marco general de los objetivos educativos (Ortega, 2014), y en este caso concreto comparten también personas destinatarias (el alumnado escolariza-do) y el lugar de la acción (el espacio institucional escolar) y, consecuentemente, los objetivos propios atribuidos a esta institución.

Por lo tanto, desde sus respectivas competencias profesionales, laborando desde un espacio institucional compartido, trabajarían desde lugares distintos en la consecu-ción de los mismos objetivos. Pero, para que esto último sea posible, es imperativo que se establezca una *buena cooperación y coordinación* de todos los profesionales implicados.

Los resultados de esta colaboración, incluso cuando no se da bajo las mejores condi-ciones, son que el alumnado mejora en la adquisición de conocimientos y aumenta la proporción de aprobados entre una población que, de otra forma, quedaría abocada al fracaso académico.

Los de segundo ya venían del curso pasado muy bien, acabaron todos; sacaron todos los títulos, menos uno.

(Orientadora IES)

El segundo aspecto es que esta cooperación debe establecerse en términos de igualdad, eliminando las jerarquías entre profesiones, porque, de lo contrario, se produciría un desequilibro en la adquisición de estos dos objetivos donde, probablemente, los objetivos de socialización saldrían mal parados. Esta erradicación de rangos, debería proyectarse, no solo en las relaciones en el centro, sino también en las condiciones laborales para que el estatus profesional no suponga otro escollo a la cooperación (Speck, 2020).

2.3.3 La socialización como apoyo a la instrucción

Como defendíamos, las profesionales de la Educación Social deben realizar principalmente acciones de socialización, por formar parte de su especificidad profesional y porque deben poseer una entidad propia y unas tareas profesionales particulares en los centros escolares, pero estas no deben desligarse de la instrucción. Los motivos principales serían dos.

En primer lugar, porque la Educación Social no se puede desvincular del medio interno. Es decir, las funciones que realice se deben enmarcar dentro de la entidad o institución para la que trabaja (Cacho, 1999) y a la cual que representa (Cortina, s.f., p.203). Así aparece indicado en los códigos deontológicos de la profesión, en el artículo 22: "Conocerá y respetará los principios ideológicos, compartirá el proyecto educativo y será consecuente con las normas existentes en la institución donde realiza su trabajo profesional". El hecho de trabajar en la escuela, de pertenecer a esa institución, hace que no se pueda desligar ni del currículo (Rodorigo y Aguirre-Martín, 2020) ni de la instrucción. Por lo tanto, los objetivos escolares también son los de la Educación Social cuando labora desde esta institución.

Y, por otra parte, como ya se ha indicado, en la instrucción hay contenidos socializadores y en la socialización hay contenidos didácticos y estos vasos comunicantes deben conversar en las figuras profesionales que los representan por excelencia en la escuela, esto es, educadoras sociales y equipos docentes.

La afirmación de que las educadoras y educadores no deben desligarse de lo instructivo, no significa que se esté haciendo apología de la asunción de tareas docentes o evaluativas. Todo lo contrario. No se trata de "escolarizar" a la Educación Social ni de "asignaturizar" sus cometidos. La Educación Social no puede ni debe sustituir al profesorado de la tarea pedagógica que realiza en las aulas porque su función no es docente (Caride 2006), lo que supone, además, un deficiente aprovechamiento de los recursos profesionales y de sus potencialidades. De lo que se trata es de ser conscientes de que todas las tareas de socialización que realicen las educadoras y educadores sociales tienen que tener como objetivo la promoción educativa, objetivo de gran importancia para todo el alumnado y, especialmente, al que se encuentra en situación de vulnerabilidad. Si renunciamos a los objetivos instructivos en el caso de los colectivos más vulnerables, convertimos las desigualdades sociales de origen en desigualdades educativas de salida y claudicaríamos de los ideales educativos que nos apremian en alcanzar la justicia educativa escolar.

Por lo tanto, las actividades de socialización que principalmente deben realizar los profesionales de la Educación Social deben suponer un apoyo a la instrucción y a las prácticas didácticas que realiza el profesorado.

Estas premisas, trasladadas a las funciones profesionales, se traducen en acciones que fomenten la motivación como permanencia en el centro, la adquisición de contenidos educativos, la integración en el aula, el éxito educativo, la participación activa en la escuela, etc. de la que nos parecen muy reveladoras las experiencia de estos centros de Castila-La Mancha (Barranco et. al., 2012) así como las actuaciones que desarrollan en Extremadura, donde las actuaciones se realizan desde la integración tanto en el aula como en los demás espacios escolares, buscando siempre la permanencia en el centro y la adquisición de conocimientos (Galán, 2018), así como nuestros propios resultados, en donde el alumnado adquiere conocimientos y habilidades que le permiten continuar su escolaridad (Borges, 2023).

Desde esta perspectiva, confluyen varios enfoques de trabajo acordes a la Educación Social: acciones de socialización que mejoran las condiciones psicosocioeducativas del alumnado para que se encuentre en una mejor condición para el aprendizaje, vinculando su proceso educativo a la escuela, actuar desde las potencialidades del alumnado, no desde sus carencias, el trabajo cooperativo y multimodal, etc. Estrategias con las que se puede conseguir el éxito educativo del alumnado, también del más vulnerable.

2.3.4 Confrontando los riesgos de la filiación socializadora

En varias ocasiones se ha advertido de los posibles riesgos de la opción "socializadora". Esto sucede cuando se pierde de vista el eje educativo de las prácticas, en general, y en el caso concreto de la institución escolar, cuando se desliga de los objetivos de instrucción. Por lo tanto, a tenor de los resultados de nuestro estudio, la opción más adecuada es trabajar desde la socialización pero como medio que apoye las actividades instructivas escolares. Pero, ¿qué sucede cuando se desliga de los objetivos de instrucción de la escuela?, ¿cómo se identifica?

Un ejemplo sería cuando se renuncia a la posibilidad de que la escuela se convierta en un lugar de aprendizaje, agradable y seguro al que la infancia y la adolescencia quiera acudir. Es entonces cuando se puede llegar a normalizar la idea de que asistir la escuela es un "mérito en sí misma" y la "instrucción un privilegio" cuando se trata de colectivos en situación de vulnerabilidad (Castillo y Bretones, 2014). Ir a la escuela no debería ser un reto ni un castigo y la instrucción debe ser considerada siempre como un derecho.

150

Para empezar, la escuela no es que pueda, sino que DEBERÍA ser un lugar grato al que asistir, porque otro de sus encargos es la *función de custodia* (Fernández Enguita, 2016). Esto es, la escuela debe ser un lugar seguro para la infancia y la adolescencia tanto física como psicológicamente. Como señala Arendt (1997) "la escuela no es de ningún modo el mundo, ni debe fingir serlo; es más bien la institución que intercalarnos entre el mundo y el dominio privado del hogar, con el fin de hacer posible la transición de la familia al mundo." (p. 48). Por lo tanto, esta inmersión preliminar en la vida real debe hacerse con seguridad, en un entorno protegido. Además, una institución educativa que pretende educar, socializar y formar futuros ciudadanos y ciudadanas, debe garantizar, como base, un clima seguro y agradable.

Cuando, apelando a colectivos vulnerables, la instrucción se concibe como un privilegio, significa claudicar de los ideales freirianos del conocimiento como herramienta de poder de las personas oprimidas, y puede conducir a que los profesionales llegan a acomodarse en la resignación fatalista del "no hay nada que hacer" en casos complicados, en ocasiones haciendo distinciones cuestionables (Vila et. al., 2019, p.53):

> *A ver cómo me explico yo…Yo he tenido aquí, y tengo, alumnos que sé que académicamente no van a conseguir nada, y alumnas, pero a lo mejor si ese alumnado tiene relaciones sexuales y es capaz de acordarse de que tiene que poner medios, de que tiene que ser consciente de que quiere, de que no tiene que hacerlo por fuerza y tal… he trabajado más ese tipo de cosas a que obtengan el título.*

En las posiciones similares al caso anterior, se parten de axiomas construidos en base a prejuicios que se encuentran implícitos en las declaraciones y que tienen que ver con una concepción marginal y carencial de la Educación Social (Moyano, 2007). En primer lugar, no se puede aceptar con conformidad el fracaso educativo de una parte de la población escolar. Evidentemente, por desgracia, habrá casos tan complicados y con problemáticas tan enquistadas, que no podrán afrontarse satisfactoriamente, pero esto no puede ser la regla. En segundo lugar, no se debe renunciar nunca a la adquisición de contenidos educativos de valor cultural, especialmente con colectivos vulnerables y de entornos familiares no seguros, que son los que probablemente más vayan a necesitar de la Cultura para poder desarrollarse. En tercer lugar, el énfasis en utilizar métodos anticonceptivos y mantener relaciones sexuales deseadas y consentidas (así como otros temas socioeducativos), es un objetivo a trabajar intensamente con toda la población escolar, porque tener un 10 en lengua y matemáticas no exime de mantener prácticas sexuales de riesgo y no abusar sexualmente de alguien. Cuando se clasifica y se distingue a una persona por una carencia o una característica social, y en base a ella se justifican sus deficiencias y su incapacidad para superarlas, así como que se la sitúa en un circuito paralelo al normalizado, se están atribuyendo carencias personales a grupos poblacionales vulnerables. Esto son prejuicios higienistas (Núñez, 2010), no diagnósticos socioeducativos. En estos casos, la Educación Social actúa como sentencia condenatoria que certifica carencias y un destino precario, no como plataforma de lanzamiento a la adquisición de la ciudadanía plena.

Del mismo modo, la instrucción no es un privilegio, es un derecho, y la escuela es uno de los medios institucionales empleados por el Estado para hacerlo efectivo. La educación básica, que no mínima, es un derecho de ciudadanía. Por lo tanto, se convierte en un derecho democrático de las personas acceder a la Educación y obliga a los gobiernos, mediante las políticas públicas, proveer y dar cuenta de ese derecho con criterios de calidad.

No negamos la dificultad de la tarea pero, como Freire, pensamos que la educación necesita de utopías porque ¿Cuál es la alternativa a que todo el mundo acceda a una formación plena que le permita desarrollarse? Solo unos cuantos, pero ¿Cuáles? ¿Se quedarán en el camino los de siempre, las personas más vulnerables?

La escuela no puede solucionar la pobreza y la desigualdad estructural, pero tiene un ámbito de responsabilidad, que es el educativo y desde ahí, tiene un papel importante que cumplir. Como indica Marchesi (2012, p.32) basándose en diversos estudios e investigaciones, los niveles y dimensiones del fracaso escolar son varios (sociedad, familia, sistema educativo, centro docente, aula, alumnado) y están estrechamente interconectados. Sin embargo, estos estudios aducen que, sea cuál sea el factor desencadenante del problema de un determinado alumno o alumna, se agrava cuando no existe una reacción idónea desde los otros niveles, y que el problema mejora o se soluciona cuando algunos de los niveles hacen algo para abordar la situación y pueden compensar, hasta cierto punto, los déficits en otro nivel. Por ello, la escuela y sus profesionales, ahora también la Educación Social, deben asumir su responsabilidad en el área que le corresponde que es la socioeducativa en el contexto escolar, la que los interpela, y ejercer su función con toda la población escolar.

Educar a todo la población escolar y recibir una educación de calidad, con o sin dificultades, es un derecho de toda la infancia y la adolescencia, no una prerrogativa del profesorado a quién o a quién no educar. Como señala Philip Meirieu, la incapacidad de educar no justifica la renuncia educativa (1998, citado en Núñez, 2003, p.28). Responsabilizar al alumno/a es una cosa diferente a culpabilizarlo en exclusiva de su situación. Siendo conscientes de la complejidad de la empresa que se persigue, esas son las implicaciones de una escuela y de una sociedad justa, y es también la responsabilidad de las personas adultas con respeto a las nuevas generaciones, para hacerlos depositarios de los legados culturales de la humanidad.

Adoptando el punto de vista de Sen (1999) de la igualdad de funcionamientos, junto con el de Perrenoud (2002) y la idea del salario mínimo cultural, las políticas de igualdad en educación deberían encaminarse a conseguir la igualdad de conocimientos de toda la población escolar. Pero no en el sentido de unos conocimientos mínimos, sino básicos y fundamentales (Bolívar, 2012; Escudero, 2005a), conocimientos y habilidades de los que nadie puede prescindir. Y es que, como señala Cortina (2013, p.110), la democracia no consiste en ningún caso en universalizar la mediocridad, sino en universalizar la excelencia. Este es el camino que debe transitar la Educación Social Escolar.

152

2.3.5 El lugar de la Educación Social Escolar

Las propias actividades y resultados de la acción señalan claramente el "lugar" teórico que la Educación Social se está fraguando en la escuela. En el apartado 1.6., a través de los resultados de su ejercicio profesional, aparecían pistas que apuntan al sentido de su acción en los centros escolares.

El lugar primordial de la Educación Social Escolar sería actuar desde el concepto de educación como *proceso;* (Parcerisa, 2008) o la educación como *experiencia* (Kant, 1803, pf.12), en contraposición al profesorado que se centraría, en mayor grado, en la educación como *finalidad*: aprobar el curso y obtener buenas notas.

Según Parcerisa, la educación como *proceso* enfatiza la negociación con el alumnado, el trabajo a partir de las potencialidades, a la aproximación ecosistémica y a la flexibilidad. Según la RAE, experiencia se define como "hecho de haber sentido, conocido o presenciado alguien algo", "práctica prolongada que proporciona conocimiento o habilidad para hacer algo" y "conocimiento de la vida adquirido por las circunstancias o situaciones vividas. Cualquiera de ellas es útil para describir las acciones de la Educación Social Escolar.

Dentro de esta concepción de "educación como experiencia y proceso", basándonos en los efectos, podríamos señalar tres componentes que la concretan.

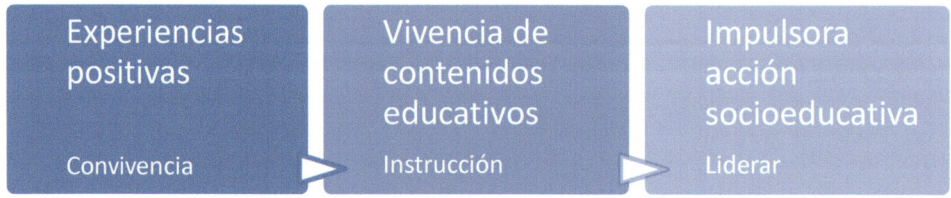

Figura 36 *Componentes de la Educación Social como Proceso.*

2.3.5.1 Educación como experiencia positiva en la escuela
Las actuaciones que la Educación Social realiza en la escuela, están destinadas, primordialmente, a mejorar la convivencia, ya sea por medio de la resolución de conflictos o la promoción de las relaciones positivas, lo que hace posible transformar la escuela en lugar seguro y acogedor para la infancia y la adolescencia.

En este mismo sentido resulta muy clarificadora una de las propuestas educativas de Trilla (2002), en la que hace más de veinte años tocaba un tema de gran actualidad hoy en día, la felicidad, pero analizándola desde la lente pedagógica. El profesor proponía la "felicidad para la educación", que consiste en proponer la felicidad, no como objetivo como se hace hoy en día, sino como medio educativo. Es una propuesta muy hermosa, de una pedagogía "felicitaria" aplicada tanto a los procesos como a los contenidos educativos, en la que se trabaja para que, tanto la escuela como los procesos de aprendizaje y el mismo conocimiento, se conviertan en fuentes de felicidad.

Cuando la escuela promueve formas de relacionarse positivamente, bajo este paradigma, deviene en un proyecto ético de ciudadanía y democracia, que crea comunidad y que es comunidad (Hargreaves, 1997, 1998).

2.3.5.2 *Educación como vivencia de contenidos educativos*

Este emplazamiento dota de un universo de sentido a su acción y es coherente con las funciones profesionales que ejerce. Donde mejor sentido tienen los objetivos socioeducativos es cuando modifican conductas (tanto internos como externos, como los pensamientos). Esto es, la finalidad última en la Educación Social, en el caso de trabajar la igualdad, por ejemplo, no es tanto recitar las causas y consecuencias de las tres grandes opresiones sobre las que está construida nuestra sociedad, sino más bien hacer consciente del lugar político de cada uno en el mundo y actuar éticamente. Esto es así porque los valores no son solo ideas, son sobre todo acciones continuadas en el tiempo. Si solo se quedan en el orden del discurso, son palabras yermas. Las virtudes y los valores, aunque se asientan en sentimientos, se materializan en hábitos modificables que se adquieren con la práctica (Camps, 2013); hábitos que también la escuela debe cultivar.

Uno de los núcleos temáticos de virtudes y valores que más relevancia tienen, puesto que es una de las fuentes de las que emana el sentido a la escuela, son los valores de la democracia o la escuela democrática. Las relaciones entre educación y democracia son de confluencia pero, sobre todo, de *interdependencia*. Como señala Valcárcel (2002, p.74) "Nunca nos debemos cansar de repetir que las democracias necesitan imperiosamente de una ciudadanía experta para no quedarse sin contenido". Es decir, la educación debe servir, por un lado, para trasladar a la ciudadanía los valores que sustentan la democracia y, por la otra, para educar a esa "ciudadanía experta", que se integre con una mirada crítica, con capacidad de fiscalizar el poder y transformar la sociedad, en un ciclo que nunca termina, estableciéndose un difícil equilibrio entre la permanencia y la transformación.

En este mismo sentido, para Gimeno (2013), los valores democráticos en la escuela no solo deben aprenderse conceptualmente, sino que deben ser vividos, experimentados, porque "solo la democracia nutrida por la educación será algo más que una carcasa de procedimientos de participación formal en las decisiones y pasará a convertirse en una cultura enraizada en la mente y en los corazón de los ciudadanos "(Gimeno, 1998, p.20). Esto implica situar la dimensión educativa en todos los espacios y tiempos escolares. La escuela debe concebirse, pues, como un proyecto ético, lo que nos lleva a la acción, al compromiso, a los contenidos vivos en donde poder practicar la ciudadanía. Y para que eso sea posible "no solo se debe mirar a las escuelas como nutrientes de las raíces de la democracia, sino como espacios sociales en los que experimentar la micro política a escala comunitaria en el plano de la organización, en sus relaciones con el entorno y en las prácticas cotidianas de las aulas"(Gimeno, 1998, 20). Desde este prisma, la ciudadanía se convierte en *método* y *objetivo* de la educación para la democracia (Gimeno 2013, p.40).

Dentro de esta idea de convertir la escuela en un contexto en donde practicar la ciudadanía, Aichhorn (2006, p.134), a propósito de las instituciones totales, hacía una reflexión muy acertada sobre cómo deben pensarse, reflexión que puede extrapolarse fácilmente a la escuela.

"Los métodos educacionales específicos son mucho menos importantes que una actitud que ponga al niño en contacto con la realidad. Debemos propiciar a los alumnos experiencias que los capaciten para la vida exterior y no para la vida artificial de una Institución. Cuanto más se ajuste la vida de la Institución a la de una comunidad social actual, tanto más segura será la rehabilitación social del niño".

Siguiendo a Aichhorn, la escuela, como organización, a través de su función educativa y socializadora, tiene que preparar a los estudiantes para la vida fuera de las aulas, para enfrentarse a los retos de la vida cotidiana (Caride, Gradaílle y Carballo, 2015; Bolay e Iser, 2015). Por lo tanto, debería reflexionar en torno a este fin y cuestionar determinadas lógicas que impregnan la institución mediante normas o procedimientos realizados por inercia que no contribuyen al desarrollo madurativo de la infancia y la juventud y al pensamiento crítico. No hacerlo sería caer en la educación bancaria (Freire, 2002), en donde los educandos son sujetos pasivos, meros objetos.

Los datos indican que, efectivamente, a largo plazo, las chicas y chicos que en su infancia han vivido experiencias de participación, de mayores tienen un concepto de ciudadanía más elaborado y exigente, vinculado a aspectos como la participación, el sentido crítico y el compromiso político y social (Novella et. al., 2013).

Por lo tanto, la acción socioeducativa cuando vivencia contenidos educativos como otros saberes de valor cultural, contribuye a alcanzar más cotas de coherencia institucional en la escuela y a educar ciudadanas y ciudadanos comprometidos con los valores democráticos.

2.3.5.3 Profesional de la Educación Social como impulsora de la acción socioeducativa escolar

Desde sus actuaciones en el centro escolar, los profesionales de la Educación Social están haciendo posible el cumplimiento de determinadas funciones escolares recogidas en las leyes educativas del área socioeducativa y posibilitando el desarrollo y formación integral del alumnado que, de otra forma, no sería posible o se realizaría de forma deficiente, puesto que los educadores y educadoras activan el trabajo socioeducativo en los centros escolares, movilizando al resto de personal e intensificando y ordenando esta esfera de trabajo.

Es como un vínculo que nos coordina a todos, en cuanto a ese trabajo con ese alumno.

(Orientadora IES)

Consideremos que esta es una de la funciones principales de las educadoras sociales en las escuelas; la de ser un vínculo que coordina al resto de profesionales en el trabajo socioeducativo con el alumnado y que, *de facto*, el efecto que está consiguiendo, es el de IMPULSAR (o activar, según el caso) este tipo de objetivos educativos incorporándolos dentro de los procesos de trabajo normalizados de la institución escolar.

Se puede describir la situación de la siguiente manera: el trabajo socioeducativo está repartido entre distintas figuras profesionales en la escuela (aunque nadie lo lidere en sentido estricto). Pero, al mismo tiempo, esta responsabilidad socioeducativa compartida (y agregada a otras funciones principales) acaba siendo difusa, tenue, y perdiéndose dentro de las prácticas diarias de la escuela por los motivos ya señalados (falta de motivación o de sensibilidad, ausencia de recursos profesionales, falta de tiempo, etc.).

Cuando los profesionales de la Educación Social se incorporan a las escuelas, con la atribución específica de realizar acción socioeducativa, tienen la virtud de *focalizar* en su persona los objetivos socioeducativos, *ejecutándolos* de forma idónea y profesionalizada y dinamizando al resto de profesionales de la escuela en estas tareas. Puede funcionar como *activador* del trabajo socioeducativo en aquellos centros en los que estos objetivos estén desatendidos o mal enfocados, dentro de un proceso de incardinación y normalización de estas prácticas dentro de las estructuras del centro escolar.

2.4 Personas destinatarias

Uno de los aspectos centrales de la Educación Social Escolar es el de discernir cuáles son las principales personas destinatarias de sus acciones. Existen algunos aspectos con bastante acuerdo y otros en los que hay discrepancias o dudas, las cuales vamos a acometer en las siguientes líneas.

Podemos aseverar que existe un amplio consenso en torno a la idea de que el principal destinatario de la acción es el alumnado. Los interrogantes se aglutinan alrededor de los siguientes temas: ¿Qué parte del alumnado? ¿Todo o solo algunos colectivos? ¿Seleccionados en torno a qué variables? ¿Debe la acción de la Educación Social Escolar orientarse al alumnado o al profesorado; a las familias o al centro? Esto conduce a otro de los debates principales: ¿Debe considerarse al profesorado, personal de dirección y orientación como principales agentes colaboradores o también como personas destinatarias? La misma duda emerge en cuanto al rol de las familias. Y por último, ¿Cuál es el papel de la comunidad? Aumentar la colaboración con las familias y el entramado comunitario en el que la escuela está inmersa es uno de los grandes anhelos de los ideales pedagógicos humanistas, pero las dudas emergen en cuanto al formato, la orientación y la intensidad con la que *de facto* se puede llevar a cabo, teniendo en cuenta las limitaciones horarias obvias de la jornada laboral de un profesional y su capacidad real de acción.

Lo deseable no siempre converge con lo factible, por lo tanto es necesario establecer objetivos y prioridades para que estos sean realistas y las profesionales de la Educación Social Escolar puedan realizar acciones focalizadas y con impacto, en lugar de actuaciones dispersas y estériles.

2.4.1 Alumnado

Como decíamos, el debate en torno al alumnado se sintetiza en si se debe trabajar con todo o solo con una porción de él y, en este caso, habría que acotar cuáles serían los colectivos prioritarios o exclusivos de la Educación Social Escolar. El panorama de opiniones doctas al respecto es diverso.

Para Laorden et. al. (2006) todo el alumnado escolarizado, independientemente de su edad y del tipo de centro al que asista, son personas destinatarias de la Educación Social Escolar. Gastier y Lachat (2014) proponen extrapolarlo incluso a todo el alumnado que ya ha abandonado la escuela.

Atender a todo el alumnado, incluidos los exalumnos, es una postura un tanto quimérica si tenemos en cuenta que se trata de un único profesional de su tipo en la escuela. Desde una mirada pragmática, una buena profesional de la Educación Social en un centro educativo (a veces, incluso más de uno) puede hacer mucho, pero es difícil que pueda abarcar la totalidad de la población escolar sin que el impacto de sus actuaciones se vea afectado, su papel disperso y sus resultados diluidos. Por lo tanto, las educadoras y educadores sociales deben *establecer prioridades* y *focalizar su trabajo* realizando una adecuada preponderancia de necesidades en su programación de actividades guiándose en torno a criterios estrictamente educativos y de justicia social.

En esta línea de establecer prioridades, todo el alumnado es susceptible de ser destinatario de la Educación Social Escolar, siempre y cuando tengan especial consideración aquellas infancias o adolescencias que se encuentren en alguna situación de conflicto o vulnerabilidad (Speck, 2020).

Atendiendo a las coordenadas epistemológicas, disciplinares y éticas de la profesión, la Educación Social se ha encauzado a la atención de personas que se encuentran en alguna situación de exclusión o vulnerabilidad, o lo que la sociedad contemple y defina como problema (Núñez, 1999) para que, desde la perspectiva de la equidad y la justicia social, pueda contribuir a compensar los desequilibrios de poder entre grupos y clases sociales, sexuales, etc. Por lo tanto, es coherente con su esencia profesional, que la Educación Social se oriente *principalmente al alumnado que presente algún tipo de desventaja social o educativa*, para poder compensar las desigualdades de origen y que consigan acceder, en igualdad, a la cultura, y alcanzar así la participación democrática y la construcción comunitaria (Caride, 2002).

Esta sería una forma de distribuir los recursos socioeducativos, escasa vez abundantes, allí donde más se requieran. La Educación Social Escolar sería una de las medidas de equidad para lograr que la igualdad de oportunidades en la escuela fuese real.

Sin embargo, a pesar de las bondades de este planteamiento, ya hemos abordado los riesgos que acechan a la Educación Social cuando hace una filiación exclusiva a lo marginal y a lo carencial, materializada a través de una orientación unidireccional a colectivos etiquetados como problemáticos, a personas asociadas a lo conflictivo.

Pero hay una diferencia entre orientar preferentemente la Educación Social Escolar al alumnado que más lo necesite, a dirigirlo exclusivamente a colectivos previamente catalogados como problemáticos o conflictivos (tipo "menores tutelados", absentistas, procedentes de contextos sociodemográficos desfavorecidos o inmigrantes). Del mismo modo que priorizar la acción profesional a la atención educativa del alumnado que se encuentre en una situación desfavorable, no significa que esta deba limitar su acción a estas personas.

Teniendo en cuenta todos estos elementos: ¿Cuál es la piedra de toque para articular una oferta de actividades apropiada para el alumnado en una escuela?

Aunque hasta el momento se han sembrado más dudas que aclaraciones, la propuesta que se detalla a continuación condensa los elementos anteriormente descritos.

En nuestra opinión, debe priorizarse la atención del alumnado que se encuentre en una situación problemática. Pero priorizar a las personas más vulnerables no implica orientar la Educación Social Escolar a colectivos ni reducir la intervención a actuaciones individuales o en pequeño grupo con actuaciones asociadas únicamente a lo conflictivo, separadas del alumnado "normalizado". Porque, siguiendo la estela del pedagogo Meireiu (2016) no se trata de gestionar tecnocráticamente las diferencias, sino de ofrecer una atención educativa diferenciada ante el reto de la diversidad del alumnado.

Por lo tanto, es fundamental que las actividades no se enfoquen a destinatarios, sino que se construyan en torno al concepto de *ayuda* en primer plano (Spies y Potter, 2011), que es susceptible de darse en toda la población escolar en los diferentes momentos de su desarrollo, a menudo, por un período limitado de tiempo. O eso sería lo deseable.

Las actividades de la Educación Social Escolar no se deben ceñir en exclusividad a atender situaciones conflictivas o al alumnado que presente alguna problemática manifiesta en la escuela, porque se asociará su actuación a lo problemático. Conviene a la Educación Social Escolar difundir una imagen positiva de su trabajo en el centro para que no se produzca una estigmatización del servicio ni de las personas que acuden a él.

Tampoco debe reducir su trabajo a la mera acción individual porque, además de ser el tipo de nivel de acción que aumenta el riesgo de estigmatización (Rademacker, 2009), se abocaría de nuevo al precipicio de la marginalización y de la individualización de la responsabilidad educativa. Combinar la acción individual con la acción grupal contribuye a potenciar la faceta más socializadora, integradora e integral de la Educación Social, es decir, una visión positiva de su trabajo, dentro de una perspectiva holística de la educación.

El desafío, pues, es la antítesis entre cómo abordar lo individual desde lo colectivo; lo particular desde lo social. Levantar un puente entre el individualismo pedagógico herbatiano con la orientación social educativa natorpiana, mediante las herramientas profesionales de la Educación Social.

La base de una buena programación de acción socioeducativa escolar es crear una oferta de actividades *interesantes* para el alumnado (Speck, 2020), una red de recursos útiles y atractivos. Se debe partir del interés del alumnado (Herbart, 1983) como forma de motivar su permanencia en el centro y su motivación por aprender (Barranco, et. al., 2012). Pero partir de sus intereses no implica reducirlos a ellos, sino que debe ser el camino para abrirles nuevos mundos, proyectarlos a otros saberes de valor cívico y cultural necesarios para desarrollarse plenamente en sociedad. Esto es, primero se conecta y después de redirige.

Pero esto ni debe ni tiene que realizarse siempre de forma disociada de la programación general de la escuela, ni únicamente de forma individual. El fin es integrar la diferencia en la comunidad educativa, buscar en el espacio social la solución a los problemas sociales, mientras se dinamiza la conciencia moral ciudadana, como proponía el filósofo Natorp (Sáez, 2003). Esto es, además de realizar las imprescindibles acciones individuales, en la medida de lo posible, deben ofrecerse posibilidades de participación social donde él o la joven pueda incorporarse, desenvolver sus capacidades y su individualidad tanto dentro como fuera del centro; al mismo tiempo que se favorece el aprendizaje social, la comunicación y el entendimiento entre el alumnado.

Estamos rodeados de maestros, todos saben algo que tú no sabes.

(Chica Adolescente)

Los alicientes a la participación no deben reducirse a la innovación de los métodos, sino también de los contenidos.

2.4.2 Otros profesionales del centro

El debate central se circunscribe a considerarlos como principales colaboradores o como destinatarios. Spies y Potter (2011) definen al profesorado como el principal agente educativo colaborador de los profesionales de la Educación Social. Esta idea también se percibe en Parcerisa (2008) y Castillo et. al. (2016). Speck (2020, p.65), por su parte, los considera además como un destinatario de su intervención. Gastier y Lachat (2012) incluyen en este grupo a otros profesionales de la escuela como la jefatura y dirección de centro. Baier y Deinet (2011) añade a esta lista "otros servicios escolares y sociales, así como otras agencias públicas posiblemente interesadas en el trabajo social escolar".

Estas posturas son fáciles de conciliar si las estructuramos en torno a variables funcionales. Es decir, para dilucidar el vínculo entre los equipos docentes y el profesional de la Educación Social Escolar, primero hay que describir qué papel están cumpliendo en una determinada situación educativa.

Se puede afirmar que no solo es deseable, sino más bien *imprescindible*, que tanto educadoras/es como profesorado trabajen en equipo, como principales agentes educativos colaboradores en la consecución de los mismos objetivos escolares. Pero la realidad apunta a otra dirección. Diversos estudios constatan que el profesorado, bien sea por incapacidad, desinterés o desconocimiento, no está en disposición de atender la esfera socioeducativa del alumnado en los centros escolares. Es decir, un docente que no esté dispuesto a cambiar sus metodologías de enseñanza para hacerlas más accesibles al alumnado, que tiene un estilo comunicativo agresivo-autoritario, que no le interesa despertar la motivación del alumnado, que no dialoga con la juventud, que aboga por soluciones reduccionistas como la adopción de medidas punitivas, disciplinares y autoritarias, que sitúa la responsabilidad en variables personales y sociales de los discentes y sus familias en exclusividad, que no le concierne la situación social y personal del alumnado, que solo se interesa por la enseñanza pero no por el aprendizaje ni por la culminación exitosa del acto educativo, etc. no está en condiciones de colaborar y probablemente tampoco tendrá intención de hacerlo.

La introducción de estos nuevos profesionales a los centros escolares implica la introducción de la variable sociopedagógica en todos los espacios y tiempos educativos, lo que debe suponer una ruptura con algunos de los lesivos axiomas cristalizados en las prácticas escolares. Por lo tanto, la Educación Social tendrá que realizar una labor previa de sensibilización de la comunidad escolar cuando esta sea precisa. Esto implica que los profesionales tradicionales escolares personalizados en equipos docentes, dirección de centro, etc, podrán ser susceptibles de ser personas destinatarias. Su rol como destinario o socio, dependerá del grado de sensibilización o competencias socioeducativas de su interlocutor.

Por eso compartimos la postura de Speck, Gastier y Lachat; porque consideramos que ante una comunidad escolar y educativa no suficientemente sensibilizada y/o formada ante las cuestiones socioeducativas, estas serán también destinatarias de la Educación Social Escolar, pero el objetivo final ha de ser el de convertirse en sus principales colaboradores en el centro.

En el caso concreto de Dirección de Centro, es fundamental contar con su apoyo para que pueda promocionar la presencia de la Educación Social en los centros escolares. Las razones son varias. En primer lugar, por razones fácticas, puesto que, en muchas ocasiones, incluso en los modelos regulados, la entrada de la acción socioeducativa profesionalizada es potestad de los centros escolares en donde Dirección de Centro tiene un papel fundamental y un peso relevante en las decisiones. En segundo lugar, por sus funciones establecidas en la Ley Orgánica 2/2006, de 3 de mayo, de Educación con las modificaciones de la Ley Orgánica 3/2020, en donde le compete implementar las estrategias necesarias para materializar el proyecto educativo de centro, realizando actividades educativas innovadoras, fomentar la convivencia, buscar la colaboración con otras instituciones y la familia, etc. aspectos que inciden directamente en las funciones de la Educación Social Escolar.

Del mismo modo, los Departamentos de Orientación son muy relevantes en España puesto que son uno de los grandes valedores y precursores de la introducción de la ESnE y uno de sus principales cooperadores en los centros escolares, además de ser el "lugar" institucional desde el cual ubican a los profesionales de la Educación Social para realizar actividades de atención a la diversidad, la acción tutorial, etc.

En Alemania sucede algo similar, el apoyo desde Dirección es vital porque es el órgano impulsor del desarrollo del concepto de escuela. Si la Educación Social tiene un rol importante en el concepto de escuela, garantizará la presencia y patrocinio de la profesional de la Educación Social en el instituto. En nuestro estudio (Borges, 2023) también se constata la importancia de obtener el apoyo y reconocimiento de los equipos docentes para garantizar su presencia, como principales agentes colaboradores.

En Alemania algunas de la funciones que se realizan desde los equipos directivos son, además de desenvolver el concepto de escuela, está el de garantizar un ámbito propio de acción para la Educación Social Escolar y observar que el profesorado no delegue toda la acción socioeducativa en esta profesional desentendiéndose de cuestiones que también le atañen.

2.4.2.1 Departamento

La escuela, como institución, se organiza en torno a diferentes departamentos que gestionan los diversos aspectos de la vida del centro. Pensamos que en este nivel de acción es donde mejor se puede encuadrar el trabajo con el personal de dirección, jefatura de estudios y orientación.

Las acciones profesionales de la Educación Social deben aspirar a convertirse en una sensible pero vigorosa red venosa que bombee aire socioeducativo a través de todos los profesionales aliados, para que la justicia social y educativa llegue a todos los recodos escolares. Y una de las mejores vías para conseguirlo es trabajar a través del nivel organizativo. De hecho, una de las propiedades que caracterizan a la definición de ESE, en contraposición a ESnE, son las acciones a nivel de departamento. Por eso es tan importante que las acciones de la educadora social estén integradas a nivel organizativo y colegial, a través del nivel de acción de departamento o centro.

Este nivel de acción se vuelve imprescindible por motivos logísticos y pragmáticos. En primer lugar, la educadora social es la única profesional de su tipo en los centros escolares, lo que hace imposible que pueda abarcar la totalidad del trabajo socioeducativo escolar. En segundo lugar, el trabajo desde las distintas comisiones permite aumentar el impacto de la acción socioeducativa en el centro porque facilita su transversalización, es decir, que sus tesis sean asumidas por otros profesionales. Facilita, además, que sus acciones se incardinen dentro de la programación escolar, que se convierta en una oferta más de la escuela, no en algo complementario o marginal. Por último, en un contexto tan estructurado como el escolar, facilitaría su integración en la escuela al formar parque de un equipo ya instaurado.

Entrevistadora: ¿También motivas al profesorado? Sí, exacto. Reflexiono sobre temas centrales, busco material adaptado a la edad,... (...) tengo un poco un efecto multiplicador del profesorado.

(Educadora Social)

Sin embargo, los datos de participación a nivel de centro de los profesionales de la Educación Social no son especialmente halagüeños, si bien es cierto que con el tiempo, en general, mejoran en casi todas las variables profesionalizantes:

En Extremadura, desde 2004 se les permite participar en las sesiones de los órganos Colegiados del Gobierno, esto es el Claustro y Consejo escolar, con voz pero sin voto, cuando desde Dirección se considere necesaria su presencia, aunque también desde 2004 se les reconoce la pertenencia como miembros de pleno derecho en la Comisión de Convivencia (Galán, 2018).

En Castilla-La Mancha no son miembros de pleno derecho de los equipos educativos, su participación en el Claustro del centro es discrecional.

En Canarias, durante las dos ediciones del programa ESEC, participaron en la "comisión de convivencia de él centro" como miembro activo y mediador externo. Los autores del informe (Cabrera y Rosales, 2018) apuntan a que un 16,4% de su tiempo de trabajo se destinó a asistir a diferentes comisiones del centro: al Claustro; comisiones pedagógicas; comisiones de evaluación; reuniones mensuales de los EOEPS; encuentros de evaluación así como otros grupos de trabajo del centro.

En cuanto al formato de la organización, desde España lo más frecuente es que se integren en los Departamentos de Orientación como es el caso de Extremadura y Baleares. En otros lugares, están bajo la responsabilidad de Dirección, pero funcionalmente se integran también en el Departamento de Orientación, como es el caso de Castilla La-Mancha y Canarias. Pero en general, suele haber bastante consenso en reivindicar su integración en los Departamentos de Orientación (Galán, 2008). Hay también quien propone crear un departamento propio de Educación Social en los centros escolares (Lirio, 2005). Otro formato que existe es el de incorporarlos en los Equipos de Orientación de zona, como sucede en Andalucía.

Por su parte, en Alemania, el educador/a social escolar se integra en el "Beratungsteam", que es un equipo de orientación formado también por profesorado, una mujer y un varón preferentemente, y puede que algún profesional de apoyo más. Este equipo no tendría asignada la parte psicopedagógica de nuestros departamentos de orientación.

Falta evidencia científica y bibliografía especializada que trate el lugar de la Educación Social en la organización escolar y no sabemos si con su incorporación se debería reorganizar así también su estructura. Pero lo que sí podemos aseverar, es la importancia de trabajar a nivel de departamento puesto que el profesorado es el profesional escolar que más contacto tiene con el alumnado y que la actividad principal de la escuela es la docencia, así que transversalizar la perspectiva socioeducativa en la escuela a través de los departamentos, permite que las acciones lleguen donde no llegan los propios profesionales socioeducativos.

La finalidad del trabajo a nivel de departamento es que la Educación Social pueda **habitar** progresivamente la escuela. Se trata de trabajar desde la situación escolar que existe, hasta la escuela que se aspira a través de la transversalización de la perspectiva socioeducativa por medio de los equipos docentes. A medida que se vaya apropiando del espacio escolar, entendido como espacio simbólico, se irán modificación los axiomas cristalizados en determinadas prácticas escolares.

2.4.3 Familias: madres, padres o tutores legales

El trabajo educativo con las familias desde las escuelas se puede definir como el eterno anhelo nunca plenamente satisfecho. Continuamente se evidencia la trascendencia de implicar a las familias en la educación escolar de su prole y reiteradamente se lamenta la ausencia de tiempos y espacios para hacerla efectiva.

Como es sabido, el capital cultural de las familias tiene un efecto positivo en el éxito escolar (Fernández-Enguita et. al., 2010; Marchesi, 2012). Pero también las familias que, contando con un menor capital cultural, le otorgan un valor simbólico y afectivo a la escuela y consiguen proyectarlo a sus hijos e hijas mostrando interés y una actitud atenta por lo que sucede en la escuela y por lo que aprenden sus criaturas en ella (Lahire, 2003).

La Educación Social Escolar puede ser una excelente oportunidad de crear nuevos cauces de participación de las familias en los centros escolares, hacerlas participes de la toma de decisiones para que se impliquen en los procesos educativos como agentes que apoyen y refuercen los mensajes transmitidos por la escuela; retroalimentándose y colaborando mutuamente.

Sin embargo, en España no se está logrando del todo. Los profesionales de la Educación Social consideran que hay mucho que mejorar en este aspecto tanto aumentar la comunicación con la familias como las actividades con ellas (González et. al. 2016; Ortega y Mohedano, 2011), pero siempre falta tiempo (Cabrera y Rosales, 2018). Sin embargo, el profesional de la Educación Social sí puede llegar a ser un puente entre las familias y los centros, como ponen de manifiesto algunos estudios en donde los resultados apuntan a que se convierte en la persona de referencia en la escuela para las familias (Oelerich, 2013), mediante la creación de distintos espacios de participación (Sáez Pérez, 2022).

Como en el caso del profesorado, las familias deben considerarse como los agentes colaboradores principales *externos* al centro, lo que significa tenerlos en cuenta a la hora de establecer las actuaciones e involucrarlos en las mismas para favorecer el éxito en los aprendizajes (Gastier y Lachat, 2012). Este vínculo deberá crearse y definirse en función de cada caso; en muchas situaciones estas podrán ser "parte del problema", ya que podrían estar reforzando determinados comportamientos negativos o bien desconozcan determinados contenidos psicosocioeducativos importantes de su prole, o están en una situación de vulnerabilidad y deberán ser destinatarias directas de la acción socioeducativa. En caso de que compartan objetivos pasarán a ser, como el profesorado, agentes cooperativos de la intervención. El criterio para ser familias "usuarias" o "socias" dependerá siempre y exclusivamente del interés superior del menor, valorando su función en la etiología del problema, su actitud colaborativa, belicosa o desinteresada y de sus capacidades.

Por último, cuando se le encomienda a la profesional de la Educación Social convertirse en el nexo de unión entre las familias y la escuela, no significa excluir al profesorado; más bien al contrario.

> En conflictos o problemas (trabajo con las familias), hemos tenido casos de padres y madres que tienen problemas personales, como psíquicos, y vienen a hablar con la educadora porque se sienten en un lugar seguro; al no ser docente se abren y...en algún punto, se crea la confianza y se trabaja también conjuntamente con el profesorado. A menudo lo que sucede es que la educadora se convierte en la mediadora entre las familias y el profesorado. Ella inicia el contacto, los padres establecen una relación de confianza con ella y se animan a hablar, y después entramos nosotros (el profesorado).

(Profesor de secundaria)

La educadora social se encarga de iniciar el trabajo con las familias y articular una forma de participación de estas en la educación de su prole en conjunto con la escuela, estableciendo los cimientos de la relación por medio de la comunicación y la confianza, dando así paso al profesorado para que continúe con la acción. Este proceso puede ser especialmente relevante en el caso de las familias inmigrantes, puesto que presentas reticencias a participar, en muchas ocasiones, al no entender el sistema educativo (Chamseddine, 2022).

2.4.4 Comunidad
Siguiendo la teoría bioecológica de Bronfenbrenner (1987), en la que explica cómo influyen los distintos entornos y grupos sociales en el desarrollo de la infancia y de la adolescencia a través del micro-, meso-, macro-, exo- y cronosistema, entendemos que hay que tener en cuenta el entorno en el que la población escolar vive y en el que el centro escolar se erige como un elemento más que incide en el proceso educativo.

Como acontece con la familia, no se puede enfocar el trabajo de forma única y exclusivamente individual cuando un determinado comportamiento o situación está siendo reforzado por el entorno. Si no analizamos el contexto y las circunstancias del alumnado, corremos el riesgo de centrar únicamente en él la responsabilidad de la situación y atribuir la situación educativa únicamente a variables carenciales del sujeto, obviando que la causa y la instigación de ciertas situaciones se deben a problemas estructurales del propio centro educativo o de la misma comunidad en la que se dan, esto es, que es una respuesta a determinados estímulos de su ambiente.

Por lo tanto, se puede colegir que la comunidad tiene una gran influencia en el centro escolar y un rol que cumplir con respecto a la escuela. La cuestión es qué papel y qué enfoque se le va a dar, cuál es el rol que debe adoptar la profesional de la Educación Social en este ámbito y cómo se articula una propuesta de colaboración, puesto que la participación comunitaria desde el centro escolar supone su apertura más allá de sus espacios físicos y temporales (Moreno, 2022).

El asunto, presentado en términos absolutos, se centra en considerar la comunidad bien como destinataria/objeto de intervención, o bien como un recurso.

En muchas ocasiones se destaca el rol y las posibilidades de la Educación Social con respecto a la comunidad en la que está inserta, considerándola como la figura profesional que haga posible trazar puentes entre el medio y la escuela (Bretones et. al.2019; Parcerisa, 2008), así como poner en marcha grupos, procesos y redes de acción comunitaria (Parcerisa, 2008), o colaborando en proyectos comunes junto a otros actores del territorio (Moreno, 2022). Por lo tanto, considerar una intervención densa con la comunidad así como computar al alumnado que ya no acude a los centros escolares como posibles destinatarios de la Educación Social Escolar (Gastier y Lachat, 2012), supone situar a sus profesionales como un recurso profesional *a caballo entre la escuela y la comunidad*.

Aceptando la pertinencia y bondad de estos planteamientos, ¿es viable que las acciones profesionales de la Educación Social lleguen a la comunidad, incluso cuando parece que el trabajo educativo con la familia es insuficiente? Todas las funciones, objetivos y personas destinatarias que se le atribuyan deben poder operativizarse en la práctica, sino los encargos serán simplemente deseos manidos. No se debe soslayar la soledad profesional de la Educación Social en las escuelas y la alta probabilidad de que deba atender a más de un centro escolar o a más de un proyecto, además de todas las tareas burocráticas y organizativas que conllevan sus funciones.

La propia práctica profesional pone de manifiesto que la Educación Social Escolar puede llegar a ser, efectivamente, un recurso profesional a caballo entre el centro escolar y la comunidad, pero por racionalización de recursos, prioridades de acción y objetivos específicos de la institución, quizás no sea posible el trabajo comunitario en su sentido más extenso.

La comunidad, en sentido estricto, no puede ser objeto de intervención de la Educación Social Escolar, no como los anteriores, porque sería inabarcable. Así que el rol más factible que puede asumir es el de ser un agente colaborador, tal y como aparece en las investigaciones (Borges, 2023) y como se le encomienda en distintos *Länder* en Alemania. Esa es una función asumible y muy fructuosa para la Educación Social Escolar. Esto no es óbice para que, en algún momento, la Educación Social Escolar llegue a acometer proyectos comunitarios más amplios, pero desde luego, no debe incorporarse como una actividad normal y habitual, porque transformaríamos los encargos institucionales en papel mojado. Esto es, la comunidad debe utilizarse como un medio y, puntualmente, como un objetivo.

166 La educadora y el educador social escolar, desde la óptica de la colaboración, puede y debe poner en relación escuela y gobierno local, escuela y servicios sociales, escuela y entramado comunitario, etc., con el objetivo de optimizar recursos aprovechando así la potencialidad de cada institución a través del trabajo en red, así como las labores de mediación entre escuela y comunidad (Caballo y Gradaille, 2008) con respecto a los contenidos culturales, a otras personas y al entorno social (García-Molina, 2003).

Cada profesional deberá valorar los recursos comunitarios más relevantes para el alumnado y su idoneidad y pertinencia en cada caso. Pero, a tenor de los resultados, algunas instituciones se presentan como recursos imprescindibles para el centro escolar.

En el siguiente gráfico se puede ver la importancia otorgada a cada recurso comunitario en un estudio reciente elaborado en Alemania (n=232).

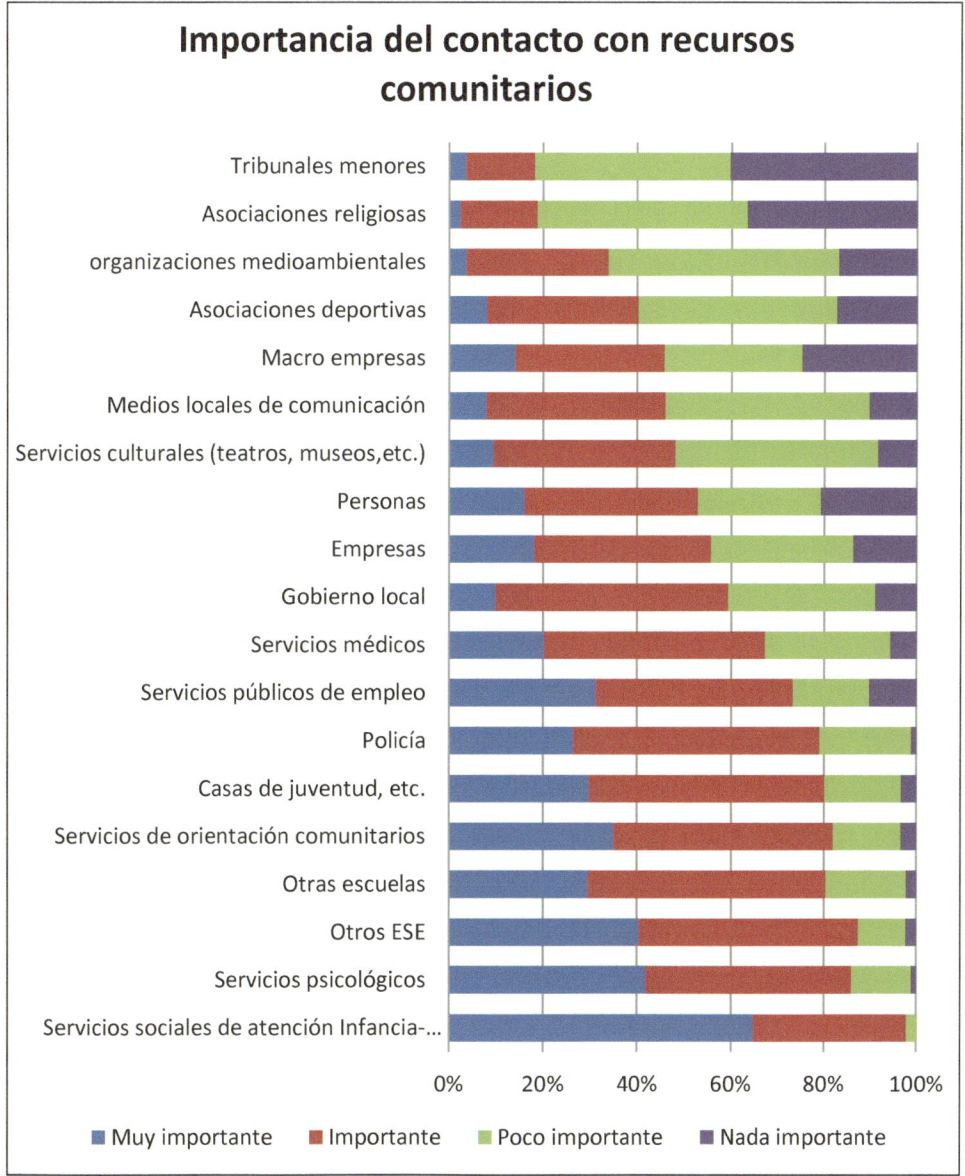

Importancia del contacto con recursos comunitarios

Figura 37 *Grado de importancia del contacto con determinados recursos comunitarios en opinión de los profesionales de la Educación Social Escolar.*
Nota: Estudio alemán de Markert y Pust (2023).

168

En lo que respecta al contacto, la mayor parte de las comunicaciones diarias y mensuales/semanales tienen lugar con personas privadas relevantes para el alumnado, con otras escuelas u otros proyectos de Educación Social Escolar, así como con los servicios sociales de atención al menor y otros servicios juveniles. Algo por debajo estaría el contacto con los servicios médicos, psicológicos, centro de orientación juvenil y centros comunitarios y el gobierno local. Por último, se mantiene un contacto esporádico, algunas veces al año, con el resto de recursos como policía, tribunales, instituciones culturales o religiosas, etc.

En la siguiente tabla hemos alistado los recursos comunitarios más importantes para establecer canales de comunicación y colaboración con la educadora y educador social escolar.

Institución	Utilidad
Los Servicios Sociales	Es especialmente relevante en casos de maltrato o abandono, y cuando exista juventud tutelada o con medidas judiciales en el centro.
Los centros educativos próximos y sus respectivos ESE.	Las transiciones escolares son complicadas para el alumnado, sobretodo el paso de primaria a secundaria (Enguita, Mera y Riviére, 2010). Cooperar con el resto de centros puede ser de ayuda para facilitar estos procesos, así como para intercambiar información relevante del alumnado.
El gobierno local	Tratar a la administración local es de gran utilidad, como mínimo, para conocer y beneficiarse de los servicios, actividades y espacios que ofrece.
Las ONGs que actúen con alumnado. **Otros servicios médicos y psicológicos.**	En el caso de que un determinado alumno o alumna acuda a otra institución a realizar trabajo psicosocioeducativo, en ocasiones, puede ser de interés coordinarse, elaborando estrategias conjuntas de acción.
Conocer la oferta comunitaria de la zona	Para que el profesional de la Educación Social Escolar pueda hacer mediación educativa es imprescindible que conozca los recursos de la zona, para poder derivar a servicios especializados y ofrecer a su alumnado nuevos itinerarios socioeducativos, además de para solicitar la colaboración de dichas entidades en el centro escolar cuando sea necesario y suponga una optimización de los recursos comunitarios.

Tabla 15 *Recursos comunitarios de interés para la escuela.*

La meta es conseguir la máxima natorpiana expresada muy bien por Ortega (2014), promover una sociedad que eduque y una educación que socialice. Pero el camino que discurre hacia ese objetivo no lo puede transitar la Educación Social Escolar en solitario; la senda de la colaboración institucional, el trabajo en red, la mediación de recursos, etc. es el rumbo correcto hacia ese destino educativo.

Si existieren más recursos profesionales, el trabajo en la comunidad desde la escuela sería maravilloso. Mientras ese objetivo no sea abarcable, el trabajo en red es un gran recurso. Además, si la escuela alcanza el noble objetivo de educar a TODA la infancia y juventud en los saberes y herencias culturales así como en una conciencia crítica, útil para alumbrar una sociedad más justa, ¿qué mejor servicio en pro de la comunidad puede existir que el de contribuir a forjar ciudadanas y ciudadanos comprometidos con el mundo?

2.4.5 Orientación de la Educación Social Escolar

Una vez establecidos las personas y sectores destinatarios de la acción socioeducativa escolar, en este apartado nos vamos a detener en una de las cuestiones teóricas más determinantes para la acción, que es responder a la siguiente pregunta: ¿para quién trabaja la educadora o educador social escolar? Para observar las consecuencias de adoptar distintas posiciones vamos a presentar el tema con un ejemplo arquetípico de una situación escolar común dentro de un programa real de gestión de conflictos en la escuela.

Entra una profesora en el despacho privado de la educadora social con un alumno. Está muy alterada porque el adolescente ha tenido conductas disruptivas en el aula. Se queja de que habla constantemente, que no obedece, que tienen que estar llamándole la atención continuamente, que ya lo ha sentado al final de la clase para que no moleste pero que hoy ha ido a peor porque le ha faltado al respecto, le ha dicho "no me da la gana" y que "lo deje en paz" y ella no puede consentir estas faltas de educación.

El chico, por su parte, dice que la profesora le tiene manía, que otras personas hacen lo mismo y que solo le llama la atención a él y que está cansado de que lo critique constantemente. La profesora le pide a la educadora que intervenga, que le comunique la gravedad de lo que ha hecho, que le haga entender que tiene que obedecer a la profesora, que su conducta es inaceptable, que implicará sanciones, y que se encargue de llamar a los padres para que la apoyen y lo castiguen en casa también. Es la tercera vez que lo expulsan del aula. Las reglas del centro dicen que a la tercera expulsión hay que comunicárselo a los padres. En las anteriores expulsiones de clase, evitó el informe a los padres de la expulsión porque, con la educadora dejó por escrito lo que había sucedido en el aula, reconoció su mal comportamiento y se comprometió a no volver a hacerlo. Pero al ser la tercera expulsión de clase, llamar a los padres era un hecho irrevocable.

En situaciones así, una vez que la educadora llama a los padres y se les informa del mal comportamiento del alumno, se les comunica que tienen que emprender una serie de medidas punitivas y que en la próxima falta, tal vez podría haber una expulsión del centro. En la mayoría de los casos las familias asentirán avergonzadas y

170

alegarán, como medida exculpatoria, que son las nuevas amistades de su hijo. Que él antes no era así, que es el nuevo círculo de amigos que tiene, y le piden a la educadora que no le permita relacionarse en el centro con esa gente, que es una mala influencia. Pero habrá otras familias que culpabilizarán a la profesora o al colegio o a la propia educadora. En este segundo caso, desde el centro se entenderá que, si las familias apoyan al alumno en un comportamiento tan abyecto, no hay mucho que hacer y se consolidará en el imaginario colectivo del colegio que ese alumno es un caso perdido; será la crónica de un una "muerte" escolar anunciada.

En el caso expuesto, se observa fácilmente como hay un cruce de acusaciones, donde la profesional de la Educación Social está en medio y, sino tienen muy claro su papel, la convertirán en la pelota de *"pin-pong"* de la desresponsabilización educativa; donde, como dice Brückner (1995), todos son víctimas, nadie es responsable.

A continuación vamos a plantear las consecuencias de orientar la acción a unas u otras personas destinatarias.

Si la acción se orienta al profesorado, los profesionales de la Educación Social adoptarían el rol de ayudantes de los equipos docentes. Esto implicaría que, como profesional, no tendría unas tareas propias asignadas, sino que se encargarían de realizar aquellas que el profesorado no pudiese o prefiriese no adoptar, o que cualquier situación imprevista en el centro fuese susceptible de ser su tarea (Borges y Cid, 2019). Esto podría conducir a la realización de tareas de vigilancia y control, sin contar con el eje educativo como vertebrador de la acción que, además, puede dar lugar a procesos de desprofesionalización. Por otra parte, se revocaría la máxima profesional de la Educación Social de introducir la perspectiva socioeducativa en el centro escolar (Speck, 2020) y de crear nuevas posibilidades y nuevas vías en las escuelas (García-Molina y Blázquez, 2006), ya que las educadoras y educadores se limitarían a asimilar la perspectiva del profesorado, renunciando a su propio criterio disciplinar. No tiene sentido incorporar a un profesional nuevo a las escuelas sino se le permite aportar nuevos conocimientos profesionales.

Orientar la Educación Social Escolar a las familias, tampoco tiene mucho sentido. Hay una gran diferencia entre convertirse en la profesional de referencia en el centro, un apoyo para madres, padres y tutores legales, a convertirse en una extensión de la familia en la escuela. El profesional de la Educación Social no es ningún terapeuta familiar ni ningún vigilante delegado de las familias.

Descartados, pues, los equipos docentes y las familias, solo nos queda el alumnado.

Por su parte, Baier y Deinet (2011) afirman que la Educación Social Escolar no debe orientarse a ningún destinatario, tampoco al alumnado, puesto que puede conducir a la defensa partidista de sectores o grupos. Por lo tanto, propone orientar la acción de los profesionales de la Educación Social a los objetivos de justicia social y educativa en la escuela.

En esta misma línea, de representación de intereses de parte, en Alemania existe la siguiente conceptualización de los profesionales de la Educación Social en la escuela: ser "abogadas o abogados defensores del alumnado en el centro". Este concepto genera controversia en algunos profesionales de la escuela, (muchos otros docentes y personal de dirección demuestran su acuerdo) cuando se interpreta desde la desresponsabilización del alumnado y la defensa corporativista escolar, argumentos que habitualmente van unidos porque identifican la profesión docente con la escuela, esto es, como suya. Para clarificar este asunto expondremos un ejemplo real representativo de la opinión que mantienen algunas profesionales al respecto, de la mano de las palabras una directora de un instituto de FP en Baja Sajonia.

> "En el caso de saltarse las reglas, las continuas interrupciones de clase, violencia en la escuela, falta de esfuerzo en los estudios y las faltas injustificadas, deben posicionarse a favor del profesorado y deben poner límites al alumnado."

Directora *Realschule*

Por nuestra parte, consideramos que la orientación de la acción de la profesional de la Educación Social debe enfocarse hacia el *alumnado*. De hecho, la propia escuela, y, por ende, sus profesionales, no debe orientarse ni hacia la institución ni hacia los maestros ni hacia el mercado laboral, sino que tiene que enfocarse hacia el alumnado (Touraine, 2006), puesto que esa es la razón de ser de la escuela.

Como argumentábamos en el punto anterior, los profesionales de la Educación Social Escolar no son ayudantes del profesorado ni tampoco de la familia; son una figura profesional propia de apoyo para la infancia y la juventud escolarizada.

Por otro lado, no podemos más que dejar constancia de nuestro desacuerdo con las opiniones similares a la representada por la directora, porque se trata de una comprensión equivocada del trabajo de la educadora social. Atendiendo a las ideas de la directora, pareciese que los educadores y las educadoras sociales se dedicasen a exonerar de toda responsabilidad al alumnado, dándoles siempre la razón, amparándolos de las consecuencias negativas de sus conductas, lo que sería, sin duda, una negligencia por nuestra parte, una dejadez ética y educativa. No es en absoluto a lo que nos dedicamos. Un ejemplo de ello, lo podemos observar de las propias palabras de esta educadora social escolar.

> *"Cuando viene un profesor y me dice: -tengo un alumno que no se comporta en el aula, no se esfuerza, no respeta las reglas,...,- el profesorado quiere tener mi apoyo. Cuando el alumnado viene a hablar conmigo, para mí lo más importante es escuchar, saber cómo se siente, qué le pasa, porqué hace eso. Ahí también soy yo la abogada del alumnado, porque yo averiguo porqué lo hace y qué le pasa.*

Cuando un profesorado solo se centra en su trabajo, que él tiene razón, entonces a veces tengo que decepcionarlo, porque hay cosas que son más importantes que la clase."

172   *(Educadora Social)*

Como se puede observar, el enfoque de la educadora no consiste en eximir de responsabilidad al alumno de su comportamiento, sino que el sentido de su acción está en la comprensión de la persona, de su situación y en la búsqueda de soluciones; una mirada que se corresponde mucho mejor con los objetivos educativos de la institución escolar y de la profesión de educadora social. No está cuestionando la importancia absoluta de la instrucción, sino su peso relativo en ese momento en concreto. La educadora no reduce su acción y enfoque al síntoma, que es la "mala conducta", sino que se centra en conocer la causa para poder resolver el problema y que el alumnado pueda seguir su escolarización. La Educación Social no se centra tanto en la morfología de la conducta, que es lo más llamativo, sino en la función que cumple y en las condiciones que la mantienen, en el historial de aprendizaje de ese alumno/a que le ha llevado a ese repertorio conductual y en la interacción de contextos en el que ese comportamiento surge.

Por lo tanto, como se trata de trabajar el área socioeducativa, *"defender al alumnado"* y *"orientarse al alumnado"* tiene que ver con apoyarlo pero para ayudarlo, para aprender de la situación y seguir desarrollándose social e individualmente. ¿Dónde queda la función educativa si la educadora social se dedicase a exculpar al alumnado de su comportamiento? Y, por otra parte, ¿dónde están las contribuciones distintivas de la profesión si la Educación Social se limita a acatar y repetir el discurso y posición del profesorado?

En cuanto a la posición de Baier y Deinet, de orientar la acción a finalidades, no a personas, tiene que ver con la pluralidad de objetivos que se le encomiendan a la Educación Social, que reflexionamos en otro sitio (Borges y Cid, 2021) y que la sitúan en un rol contradictorio. Sucintamente resumiremos nuestras reflexiones al respecto: los profesionales de la Educación Social son representantes de la institución, pero no deben identificarse con las políticas públicas, volubles en función de quien las gestione y susceptibles de fomentar o no la justicia social, ni tampoco con la entidad para la que trabajan, que deben ser su marco de acción, pero no un dogma, por los mismos motivos, y lo mismo sucede en el caso de los sujetos de la acción, con los que hay que mantener un delicado equilibrio entre el respeto y la orientación al cambio. Por lo tanto, el eje sobre el que pivota la orientación de la acción es la ética profesional materializada en los objetivos profesionales legítimos, que es el cordón umbilical que nos une a esta profesión, independientemente de donde se ejerza la misma. Esto no es óbice, sino condición sine *qua* non, para orientar adecuadamente la acción profesional de la Educación Social Escolar al alumnado, como debería hacerlo la escuela en su conjunto.

Por lo tanto, este apoyo debe entenderse, no desde la defensa a ultranza, partidista o sectaria del alumnado como estrategia de desresponsabilización, sino enfocada a la comprensión y a la ayuda educativa. En la consecución de este objetivo, debe involucrarse a toda la comunidad educativa (familia, profesorado, escuela, comunidad, etc.) pero como recurso, no como castigo, para conseguir los mejores resultados posibles. Esta máxima, en la práctica, se traduce en las siguientes medidas:

— El alumnado que presente comportamientos cuestionables, no será derivado a la educadora social por el profesorado como castigo por su conducta, sino como un recurso de apoyo. Esto es, la Educación Social Escolar no debe plantearse como una medida correctiva, sino como una oportunidad educativa.

— Siguiendo la misma filosofía, el hecho de informar a las familias de un discente por una conducta reprochable, no debe plantearse en términos de coacción ("si haces esto, llamaré a tu madre"), sino de ayuda. Esto es, no se acude a las familias como castigo, sino como medio para apoyar al alumnado en una determinada situación.

— El corazón de la filosofía cooperativa es contraria a la sumisión y al sometimiento. Habitualmente quien se cree en posesión total de la verdad, considera que cooperar es obedecer. Trabajar en equipos multidisciplinares significa que cada profesional aporta conocimiento desde su ámbito y entre todos se intercalan las variadas perspectivas y se complementan los conocimientos, ofreciendo una respuesta lo más adecuada posible.

2.5 Cooperación con los equipos docentes

2.5.1 Introducción

En este apartado se volverá a incidir sobre la importancia de establecer unas óptimas relaciones de colaboración entre la Educación Social y los equipos docentes, por la relevancia que tiene el profesorado en la institución escolar, pero esta vez planteándolo en una propuesta de cooperación.

Desde la administración se exige el cumplimiento de numerosas funciones y objetivos, pero muchas veces esta exigencia no viene acompañada de los recursos materiales ni organizativos necesarios para implementarla con eficacia. Este es el caso de la introducción de los profesionales de la Educación Social en las escuelas; desde las distintas normativas se alude a la manida "cooperación" con los equipos docentes pero pocas veces se disponen de los recursos necesarios para que el trabajo conjunto sea satisfactorio. Sin embargo, el éxito de cualquier medida educativa radica en una buena formulación de los equipos de trabajo, que sitúen a cada profesional en una situación favorable para desarrollar su especificidad profesional. Por ello, es de vital importancia reflexionar en torno a las relaciones profesionales en las escuelas entre equipos docentes y los profesionales de la Educación Social.

174   Nos vamos a centrar en el profesorado por su relevancia en la institución escolar. Si bien es cierto que la escuela es mucho más que la suma de sus equipos docentes, y que la dirección de centro, el proyecto educativo o la participación de la comunidad deben jugar un papel fundamental, el elemento determinante de cualquier institución es la profesión y en el caso de la escuela, este es el profesorado (Fernández Enguita, 2016). De ahí el énfasis en analizar las relaciones que los equipos docentes debe mantener con las educadoras/es, puesto que están destinados a ser uno de sus principales agentes de cooperación dentro del centro escolar (Castillo et. al., 2016; Spies y Potter, 2011), básicamente por ser la profesión mayoritaria, por dedicarse a la actividad principal de la escuela que es la instrucción y por ser el profesional que más contacto tiene con el alumnado.

Ante las nuevas realidades sociales, las escuelas deben de ser espacios de confluencia entre profesorado y educadores/as, pero la ausencia de un modelo teórico firme sobre el que se sustente el trabajo colaborativo, con la entrada de profesionales de la acción socioeducativa, pueden coadyuvar a abrir la caja de pandora de los conflictos laborales.

Este es un tema de crucial importancia, porque en la organización de los equipos de trabajo se plasman los principios educativos que guían las propuestas pedagógicas. Sin embargo, salvo algunas excepciones (Borges y Cid, 2025), no abundan estudios que se centren en el ámbito de la cooperación en España. Solamente se aborda tangencialmente en algunas investigaciones que, en general, plantean la cooperación en términos problemáticos. Por ello, en este apartado, vamos a centrarnos en cómo conseguir una organización de trabajo eficaz.

2.5.2 Problemas en la cooperación

En el discurso formal, se alaban las virtudes de la cooperación pero, a pesar de lo beneficiosa que parece ser, los datos no son muy halagüeños. La colaboración en muchas ocasiones, o es deficitaria o bien no existe. Sin embargo, los problemas en el trabajo conjunto entre los profesionales de la Educación Social y el profesorado en España son el elefante en la habitación; apenas se tratan.

En las investigaciones en las que este tema aparece, indican los siguientes datos: la falta de reconocimiento profesional de educadores/as, en las percepciones equivocadas que de ellos tienen en el centro como un profesional "para todo", en una incomprensión de sus funciones por los compañeros docentes, distinto estatus en los centros escolares así como una falta de espacios y de recursos donde desarrollar sus programas (Serrate et.al., 2017). También se señala que hay tendencia a asignarles tareas docentes como evaluaciones, tutorías, vigilancia; se les compara con otros oficios o piensan que su incorporación a las escuelas es una forma de intrusismo profesional (Ortega y Mohedano, 2011; Vila, et.al., 2019). Las conclusiones de otro estudio (Bretones et. al., 2019) señalan la necesidad de mejorar la formación teórica y práctica de los futuros educadores/as sociales; o también a las precarias condiciones laborales de los profesionales de la Educación Social, caracterizadas por la externalidad y la supeditación a los profesionales docentes (Cid y Borges, 2022; Pelegrí, et. al., 2017) como problemas de la cooperación.

Esta descripción conflictiva de la cooperación no es autóctona, también aparece en otros estudios europeos en donde se identifican problemas relacionados con la falta de autonomía de los profesionales de la Educación Social, las diferentes prioridades y valoraciones que defienden los profesionales docentes, la poca importancia dada a la acción socioeducativa en la escuela (Zipperle et. al., 2023), el exceso de tareas (Bosch, 2023), la jerarquía, el diferente prestigio entre profesiones, la soledad profesional de educadores y educadoras (Speck, 2020), así como que recurren a ellos básicamente en casos problemáticos, con alumnado adolescente y en menor medida en los niveles iniciales de escolarización (Ambord et. al., 2018), y la falta de implicación de los docentes en los proyectos de tipo preventivo de los educadores y educadoras sociales escolares (Niffeler et. al., 2018).

Si varios de los estudios existentes coinciden en señalar que la cooperación en algunos aspectos es problemática, es fácil inferir que existen dinámicas laborales susceptibles de mejora. Para ello, a continuación, indagaremos en los motivos que explican estas desavenencias en el trabajo conjunto.

2.5.3 Etiología de los problemas de cooperación

Como se ha expuesto, los problemas en la cooperación no son un tema autóctono y se dan, en general, en otros sistemas educativos. Podríamos rastrear la etiología de estas dificultades en las diferencias epistemológicas, sobre cómo se construyeron estas disciplinas, las contingencias históricas que no propiciaron la creación de nexos de unión, su posterior desarrollo en paralelo y en cómo se han ido consolidando hasta convertirse en culturas profesionales diferentes.

Reseñar algunos de los posibles elementos que interfieren en la construcción del trabajo colaborativo y situarlos en una dimensión histórico-práctica quizás pueda servir para restar fuerza a visiones que atribuyen a antagonismos, vilezas y rivalidades (esto es, más de tipo interpersonal) el origen de las causas de estas desavenencias.

Epistemológicas-histó-ricas	Desconocimiento	Formativas - Discipli-nares	Laborales-Profesiona-les
-Desenvolvimiento teórico y profesional paralelo. -Culturas profesionales diferentes.	-Desconocimiento recíproco. -Falta de experiencias de trabajo conjunto.	-Falta de experiencia y conocimiento de ES del contexto escolar. -Diferentes estilos y herramientas de trabajo. -Diferentes prioridades, objetivos y perspectivas.	-Diferentes status de trabajo. - Valoración/ expectativas de la cooperación.

Tabla 16 *Etiología de los elementos que dificultan la cooperación con los equipos docentes.*

Diferencias epistemológicas e históricas

Desarrollo teórico y profesional paralelo. El surgimiento de ambas disciplinas pone de relieve que se crearon desde la lógica de la exclusión, situándose cada una en un determinado espacio social (Moyano, 2007). La historia de la pedagogía se verá caracterizada por la educación del individuo "normalizado", identificando así Pedagogía con escuela; y la historia de la Pedagogía Social se configurará a partir de la atención al sobrante social que quedaba fuera de la institución escolar (Núñez, 1990), "con la existencia de instituciones de carácter asistencial y trabajo social y educativo, infancia y adolescencia problemática, delincuente..." (March y Orte, 2003, p.87). En ese momento histórico, la pedagogía se alió principalmente con la psicología para teorizar sobre la educación escolar y desplazó la Pedagogía Social a los espacios extraescolares (García-Molina, 2003). Se constituyeron históricamente, hasta actualidad, los trazos más relevantes de la identidad de la Pedagogía Social: los espacios no escolares, la marginación y la inadaptación social.

Culturas profesionales diferentes. El profesorado está acostumbrado a trabajar en solitario, bajo el marco de la puerta cerrada del aula. Esta fórmula de trabajo provoca que una gran parte del profesorado considere que "las aulas escolares son de su propiedad, por esto les resulta difícil tolerar tanto la presencia de madres y padres como de profesionales ajenos al centro" (Torrego y Moreno 2008,p.38), o bien la existencia de nuevas figuras profesionales en las escuelas que le interpelen o requieran información o colaboración de cualquier tipo, ya que en ocasiones son valorados como una intromisión en su trabajo o incluso como una amenaza (Speck,2020; Vila et. al., 2019).

176

Desconocimiento mutuo

En general, existe un desconocimiento entre ambas profesiones que afecta negativamente a la cooperación (Speck, 2020). En el caso de la Educación Social, esta falta de información sobre su figura profesional, más el añadido de que se encuentra en un contexto nuevo de intervención, en ocasiones provoca comparaciones con otros oficios o se le atribuyen funciones percibidas como intrusismo profesional (Castillo y Bretones, 2014), competidores o extraños, o bien "navegantes sin demasiado rumbo ni criterio en el maremágnum de la organización escolar" (Castillo, et.al., 2016, p. 27). Por otra parte, cuando debido a la falta de conocimiento o ideas preconcebidas equivocadas, las expectativas de trabajo son muy elevadas o no se ajustan a la realidad de lo que es la intervención real, provoca decepción, desánimo e incomprensiones, y que los educadores y educadoras sientan que su "trabajo siempre está cuestionado" (Ortega y Mohedano, 2011). Además, por otra parte, la profesión docente es una figura consolidada, y la Educación Social no deja de ser una profesión relativamente nueva (Úcar, 2001), sobre todo si la comparamos con los docentes, además de que irrumpe en una institución que desde siempre ha sido territorio privilegiado del profesorado.

Además, en la práctica, el desarrollo profesional en paralelo de ambas profesiones ha provocado que cada una se especializara en diferentes ámbitos y colectivos de intervención y que, por lo tanto, no tuvieran mucho contacto entre ellas o que, en el mejor de los casos, simplemente hayan tenido vinculaciones institucionales de poca intensidad localizada en demandas puntuales (Paredes et. al., 2016).

Diferencias formativas y disciplinares

Falta de experiencia y conocimiento de los educadores y educadoras del contexto escolar. Por un lado, afectaría negativamente a la cooperación la falta de referencias a la hora de trabajar en un centro educativo y las dificultades que los educadores puedan sufrir al tener que integrarse en un contexto excesivamente rígido al que no están acostumbrados. Por otro lado, estaría la formación. Como hemos visto en el epígrafe 1.4., en muchos de los planes de estudio de la Educación Social no se incluye alguna materia que versa sobre este campo de trabajo y como especulábamos, hacen falta estudios que evalúen la adecuación de esta formación recibida a las exigencias del campo de trabajo. El hecho es que la formación que reciben los futuros profesionales de la Educación Social parece adecuada para trabajar en la escuela, pero faltaría fortalecer los conocimientos en determinados ámbitos de acción como contenidos básicos sobre los procedimientos escolares, el trabajo con familias, los conocimientos sobre los factores de riesgos y actuaciones en problemáticas concretas del alumnado (Dapía y Fernández, 2018; Varela y Serra, 2021). Estos "déficits" formativos, junto a falta de experiencia en esta área, puede desembocar en una intervención descontextualizada o aumentar el tiempo de adaptación del profesional de la acción socioeducativa en la escuela.

Diferentes estilos y herramientas de trabajo. El profesorado está habituado a trabajar en un medio rígido, normativo y estable, en el que pone deberes, hace exámenes y califica. Los educadores/as, por ser una profesión que se centra en el ámbito social, trabaja en contextos que se caracterizan por su heterogeneidad y dinamismo, y su intervención se adapta al medio y a los individuos empleando metodologías flexibles, activas y participativas, abarcando otros tipo de aprendizajes, muchas veces, sin estructura ni currículo. Las educadoras/es, además, en la mayoría de los casos trabajan con la voluntariedad de los sujetos de la acción, al contrario del profesorado, en el que el alumnado acude obligatoriamente a las aulas. Tanto las diferencias metodológicas de la intervención como las diferentes prioridades de trabajo pueden no ser entendidas por el profesorado, incluso malinterpretadas y percibidas como una amenaza y una competencia, hasta el hecho de considerar que el educador/a social es un defensor de parte, que representa unilateralmente los intereses del alumnado (Baier y Deinet, 2011).

Diferentes prioridades, objetivos y perspectivas de trabajo. Una parte del profesorado, en su práctica diaria, prioriza o se ampara en los contenidos instructivos, practicando lo que Petrus (2004, p.98) denomina el "autismo escolar", en el que deja a un lado las tareas socioeducativas e ignora las situaciones personales del alumnado. Cuando el profesorado considera que "lo sustantivo de la profesión docente es la enseñanza, en el sentido más restringido de la palabra de impartir materia,... cualquier planteamiento que se aleje de esta función pasa a ser cuestión de segundo o tercer orden" (Torrego y Moreno, 2008) y provoca resistencias a la cooperación con profesionales de otros campos disciplinares. Por otra parte, la ausencia de criterios comunes en el análisis y diagnóstico de los problemas, es un factor determinante que impide la búsqueda y puesta en marcha de soluciones colectivas. Esto sucede, por ejemplo, cuando educadoras y profesorado no comparten las causas del fracaso escolar; en donde unos tienden más a poner el foco en el alumnado y sus familias, y los otros, en la escuela y sus profesionales. La Educación Social en muchas ocasiones se ha construido por oposición a la escuela (Románs et. al., 2000), lo que puede conducir a actitudes muy negativas sobre la institución. Además, su capacidad para interconectar contextos y su didáctica específica (Parcerisa, 1999) provoca que se centre su atención en otros aspectos y que utilice otros métodos, que se alejen del funcionamiento habitual del sistema escolar y del típico estilo de trabajo del profesorado. Por su parte, el profesorado tiende a atribuir el fracaso escolar a falta de esfuerzo del alumnado (Marchesi, 2012, p.50) por lo que, en caso de que los profesionales docentes siempre eludan su responsabilidad, "difícilmente se pondrán en marcha iniciativas radicales y duraderas para reducir los problemas educativos". Por otra parte, las educadoras sociales se encuentran en una situación de soledad profesional o en minoría dentro en los centros escolares. En su empeño de introducir la variable sociopedagógica en la vida diaria del centro ante una comunidad educativa no suficientemente sensibilizada, puede provocar reticencias y aflorar conflictos relacionados con la jerarquía en la toma de decisiones y la ostentación del poder (Speck, 2020; Speck et. al., 2011).

Diferencias profesionales y laborales

Diferentes status de trabajo. Según Speck (2020), uno de los motivos de la situación de debilidad que habitualmente tienen los educadores y educadoras con respecto al profesorado, son las desiguales condiciones laborales que afectan a la cooperación, consciente o inconscientemente. Este mismo resultado aparece en nuestro estudio (Borges, 2023). Mientras que el personal docente, en su inmensa mayoría son funcionarios, una parte importante de los educadores tienen unas condiciones laborales menos estables o incluso precarias. También en Alemania las condiciones laborales de los profesionales de la Educación Social no son tan buenas como la de los docentes, especialmente en los salarios.

> *Otra visión sería una mejora salarial para la educadora social de la escuela. Su trabajo non está bien remunerado. Eso también supondría una valoración y reconocimiento a su trabajo.*

> *(Directora Gesamtschule)*

En España solamente en algunas comunidades autónomas los/as educadores/as son personal laboral o personal funcionario. Por otra parte, muchos otros no suelen tener una financiación estable, con lo cual no hay garantías de continuidad. Además, hay cambios continuos de personal, frecuentes jornadas parciales,... (Pelegrí et. al., 2016), condiciones que afectan a su desempeño profesional. La falta de estabilidad en la intervención de la Educación Social dificulta su conocimiento por parte de la comunidad educativa, así como su integración en el centro y, como no podía ser menos, merma significativamente el impacto de su intervención. Las propias orientadoras constatan los beneficios de tener profesionales de la Educación Social estable en los centros escolares, porque una vez que conocen el funcionamiento del centro, a nivel general normativo (la institución) y particular (a las personas que lo habitan), su rendimiento se optimiza (Borges y Cid, 2025; Borges, 2023).

Valoración del trabajo socioeducativo y de la cooperación. Otro de los factores que inciden directamente en la cooperación es la forma en la que unos y otros profesionales la valoran. Según el informe del Defensor del Pueblo del año 1999 sobre violencia escolar, el profesorado le otorga un escaso valor (solo un 3,3%) al trabajo colaborativo (Torrego y Moreno, 2008). Olk y Speck (2001) añaden en este sentido que el profesorado no considera la cooperación como una parte esencial de su

180

trabajo, que apenas está reconocida y que la perciben como una carga adicional a sus funciones. Por otra parte, tampoco cuentan con suficientes alicientes laborales para realizar actividades socioeducativas ni actividades de cooperación ni tampoco con mucho tiempo reservado y disponible para ello (Borges y Cid, 2025). A esto hay que añadirle que desempeñar acciones socioeducativas no está especialmente bien valorado. Rademacker (2011) constata como en el desarrollo histórico inicial de la Educación Social Escolar alemana, el profesorado renegaba del desempeño de acciones socioeducativas porque suponía un menoscabo a su status profesional. Un estudio más reciente (González, et. al 2017), confirma que sigue existiendo una falta de reconocimiento profesional de las personas que llevan a cabo labores de acción socioeducativa.

Por lo tanto, la suma de todos los elementos analizados, además del exceso de tareas, la falta de tiempo y conocimientos del profesorado sobre el área socioeducativa, etc. no tienen un buen balance para el trabajo colaborativo en las tareas socioeducativos.

2.5.4 Diferentes filosofías de cooperación

Existen distintas formas de concebir el modelo de trabajo entre estos dos grupos profesionales, cada una de ellas caracterizada por una determinada filosofía educativa. El profesor Speck (2020, p.115) recoge cuatro modelos posibles:

— *Modelo aditivo*. Profesorado y profesionales de la Educación Social trabajan en paralelo.

— *Modelo de distancia*. En este modelo no suele haber ningún tipo de contacto o se caracteriza por mantener críticas cruzadas. En este último caso podríamos definirlo como un modelo antagónico.

— *Modelo de subordinación*. En este caso los profesionales de la Educación Social están sometidos a las demandas y decisiones del profesorado.

— *Modelo cooperativo*. La filosofía de este modelo de trabajo es consensuado y orientado a soluciones y en igualdad jerárquica.

Los datos recopilados informan de que en España los modelos cooperativos dominantes son principalmente dos y se caracterizan de la siguiente forma (Borges y Cid, 2025):

— *Modelo aditivo-jerarquizado*. Se caracteriza por una formulación de equipos jerarquizada, en la que los profesionales de la Educación Social son habitualmente personal externo al centro, están sometidos a las decisiones educativo/organizativas del profesorado y en la que sus actividades se añaden a la ya existente oferta escolar.

— *Modelo integrado-igualitario.* Se caracteriza por una formulación de los equipos de trabajo en la que los profesionales de la Educación Social están adscritos a las plantillas escolares, sus actividades están integradas dentro de las actividades normalizadas del centro y, aunque también existen problemas, son fórmulas de trabajo más cooperativas, es decir, más igualitarias.

Como fácilmente se puede observar, ambas formulaciones de equipos de trabajo son bastante antitéticas, por lo tanto, están sostenidas por ideologías educativas diferentes, por lo que es de esperar que tengan también efectos diversos.

2.5.5 Desgranando la cooperación

2.5.5.1 Características de la cooperación entre profesionales de la Educación Social y equipos docentes
En primer lugar, vamos a describir los códigos principales que caracterizan la cooperación de cada de equipo de trabajo.

Figura 38 *Red semántica de las características del modelo de trabajo aditivo-jerarquizado.*

El *modelo aditivo-jerarquizado* (en adelante, A-J) se caracteriza por tener una estructura de rangos, en la que los profesionales de la Educación Social dependen de las decisiones que se tomen desde los equipos docentes, dirección y orientación, del que son más bien personal subordinado. No existe una comunicación directa con los equipos docentes, casi siempre es mediada por orientación o dirección, que los usa como un recurso educativo en casos concretos o en temáticas acotadas. Como la cooperación con los profesionales de la Educación Social es discrecional del profesorado, esta se da de forma bidireccional, cuando los docentes tienen voluntad e interés, porque no hay sistemas de cooperación establecidos, y se caracteriza por ser un contacto de baja intensidad. Esto tiene que ver con el bajo nivel de regularización, que provoca que recaiga exclusivamente en el sector escolar la potestad de introducir profesionales de la Educación Social en la escuela y el tipo e intensidad de la actividad que realicen, haciendo depender exclusivamente la acción socioeducativa escolar profesionalizada de la sensibilidad y voluntad de los profesionales escolares tradicionales (docentes, dirección, orientación, etc.).

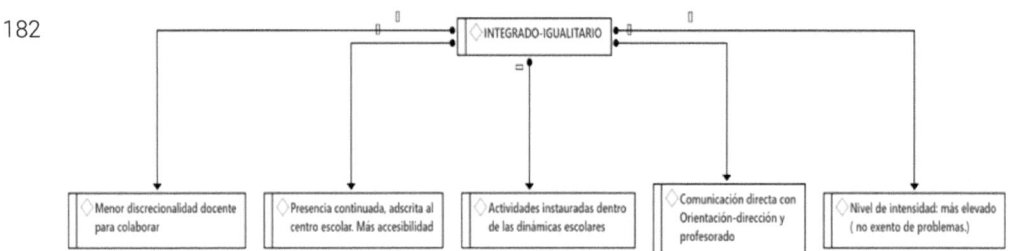

Figura 39 *Red semántica de las características del modelo de trabajo integrado-igualitario.*

En el caso del modelo de trabajo *integrado-igualitario* (en adelante I-I), la cooperación es de mayor intensidad puesto que tiene un elevado grado de integración en el centro y en las dinámicas escolares. Por lo tanto, están sujetas en menor medida a la voluntad de los profesionales tradicionales escolares, especialmente del profesorado, de colaborar con las educadoras y educadores. Esta relación se produce desde un estatus más igualitario porque, al ser una experiencia regulada, la presencia de los profesionales de la Educación Social en el centro es *de iure*, reconocida formalmente. Asimismo, su presencia continuada en el centro, aumenta considerablemente su accesibilidad tanto para los docentes como para el alumnado y sus familias.

A pesar de las diferencias considerables entre ambos formatos de trabajo, los problemas están presentes en ambas modalidades pero por causas distintas. Los gráficos de densidad de códigos sobre la cooperación revelan que esta es eminentemente deficitaria en el trabajo con los equipos docentes y en el modelo A-J.

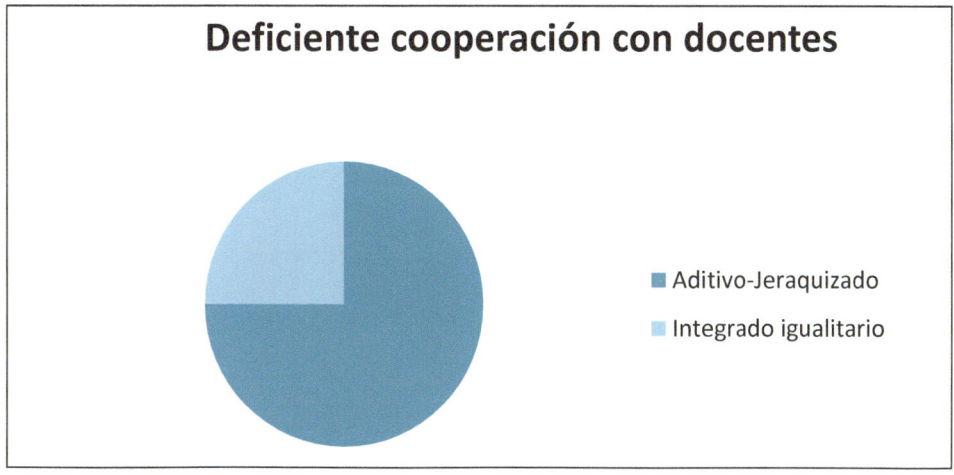

Figura 40 *Gráfico circular sobre la densidad de códigos en los dos modelos de trabajo*

El código "*Deficiente cooperación con docentes*" es mayoritario en el caso del modelo *A-J* y menor en el caso del modelo *I-I*. Esto conduciría a pensar que los problemas son más frecuentes o la cooperación es más deficitaria en el caso del equipo *A-J*. Sin embargo, existe otro código relacionado con una cooperación problemática que está mucho más presente en el caso del equipo *I-I*.

Figura 41 *Gráfico circular densidad de códigos "Profesorado delega funciones socioeducativa".*

El código "*Profesorado delega funciones socioeducativas*" hace referencia a un problema muy concreto, que consiste en que los docentes no asumen sus funciones socioeducativas en la escuela, y está mucho más presente en el equipo I-I, porque sus problemas se derivan de la praxis. Es decir, los problemas de la cooperación están relacionados con la puesta en práctica de las funciones profesionales de los educadores y educadoras y de la colaboración con los equipos docentes y se manifiesta en las tensiones derivadas de la distribución de las tareas.

> *Como directora de la escuela siempre tengo que estar pendiente de que el profesorado no delegue completamente en la educadora social escolar el trabajo de orientar al alumnado. Orientar, educar y socializar es también tarea del profesorado.*

> *(Directora Equipo I-I)*

En el caso del equipo A-J, en el que el trabajo colaborativo con el profesorado se caracteriza, principalmente, por su ausencia; el mayor problema es que la cooperación no existe.

> *Sería ideal trabajar con el profesorado, pero no todo está dispuesto. Una mínima parte colabora. Lo típico: llegamos a dar el taller y el profesor se va del aula o ni siquiera aparece, ¡ni para presentarse ni nada! Sí que tenemos a algún profesorado con el que trabajamos, sobre todo por el tema de tutorías o terapia familiar, solo una menor parte. (...). De hecho, hay centros que nos pidieron formación para el profesorado, y los profes no quieren.*

> *(Educadora Social Equipo AJ)*

Se da la paradoja de que, o bien se evita la colaboración con los profesionales de la Educación Social, o bien, una vez "descubiertas" sus potencialidades, se delega en exceso. Este desentendimiento del profesorado de los aspectos socioeducativos del alumnado es una de las causas de que el volumen de tareas encomendados a los educadores y educadoras sociales escolares, en muchas ocasiones, sea excesivo (Zipperle, et. al., 2023).

2.5.5.2 Dificultades en la cooperación

Se realizó una filtración de los 8 códigos más co-ocurrentes con el código "*Deficiencias en la cooperación*" para analizar que otros elementos están relacionados con esta situación.

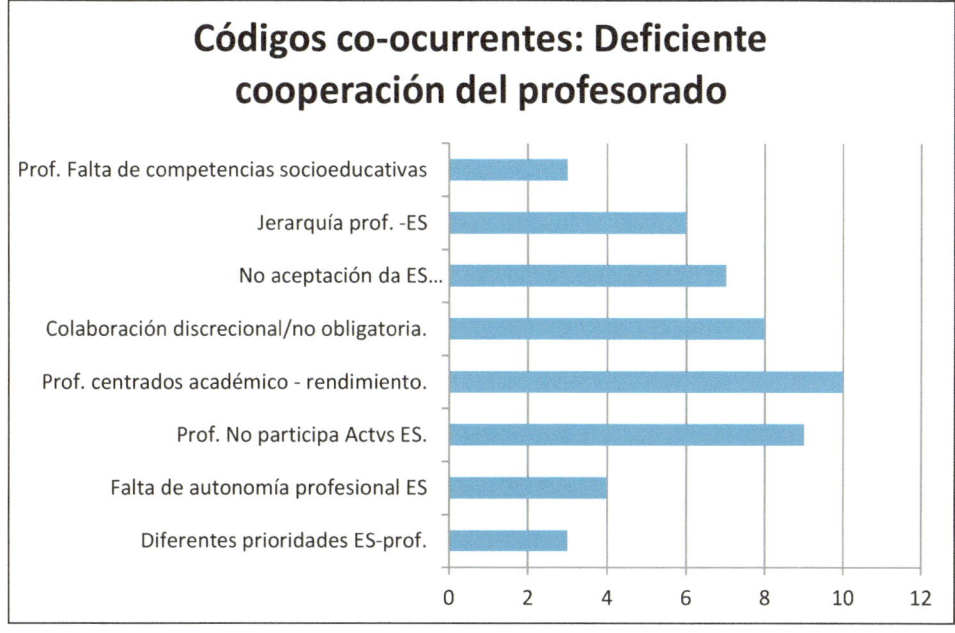

Figura 42 *Gráfico de barras densidad de códigos del grupo de códigos "Deficiente cooperación con el profesorado".*

Existen una serie de factores que confluyen en una falta de cooperación con los profesionales de la Educación Social que tienen que ver con la actitud que adopta el profesorado ante la cuestión socioeducativa. Como se señala en la gráfica, una de las principales causas de los problemas en la cooperación es la falta de sensibilidad e interés del profesorado ante los objetivos socioeducativos que lo lleva a centrarse únicamente en una concepción de la docencia, digamos, limitada.

> *Mira, el profesorado de la las clases y punto, en este instituto y en la mayoría de los institutos. A nivel de habilidades, competencias emocionales, temas transversales como drogas, sexo o lo que sea....los profesores no lo suelen tratar.*

> *(Orientadora Equipo A-J)*

> *La legislación le encarga la misión educativa/socializadora al profesorado. En este encargo, para mí, contiene objetivos sociopedagógicos. (...) Pero, dependiendo de la experiencia y de la personalidad de los docentes, hacen más o menos al respecto. El profesorado también debe asumir funciones sociopedagógicas, pero por supuesto, hay que tener en cuenta que están sujetos a restricciones horarias*

y a que no están muy bien formados en esta materia. A veces, el reparto de tareas es complicado. Siempre hay algún colega docente que considera que los temas sociopedagógicos no forman parte de sus tareas.

186   *(Directora Equipo I-I)*

Por ello, viendo estos resultados, al contrario de lo que se suele defender, el debate en la formulación de los equipos de trabajo entre docentes y profesionales de la Educación Social, es de tipo epistemológico, no solo técnico. Y la idea central en disputa, es la que ya hemos planteado en el apartado 2.3. de las finalidades; la importancia que debe tener la acción socioeducativa profesionalizada en el contexto escolar y su posición en la formación del alumnado; cómo debe distribuirse el peso entre los objetivos de instrucción y socialización.

Se han identificado una serie de variables que inciden negativamente en la construcción de un modelo de cooperación satisfactorio y que las hemos agrupado en tres categorías: las que tienen que ver exclusivamente con el profesorado, las que solo afectan a la Educación Social y, por último, a las variables que tienen que ver con el acto relacional entre ambas profesiones en el contexto escolar.

Variables del profesorado	Variables de la ES	Variables de la relación PES-ED
Centrados en la instrucción	Desconocimiento de la escuela	Relación jerárquica
Falta de competencias socioeducativas	Soledad profesional	Diferentes expectativas en la cooperación
Exceso de tareas (ES no prioritaria)	Externalidad	Profesorado delega trabajo socioeducativo.
No aceptación ES	Falta de autonomía profesional	Diferentes prioridades

Tabla 17 *Variables que inciden negativamente en la construcción del trabajo colaborativo*

Variables del profesorado

En cuanto a las variables del profesorado que lesionan más gravemente la colaboración estaría las relacionadas con la *ausencia de voluntad, de conocimientos o de tiempo*. Esto es, el profesorado no colabora con los profesionales de la Educación Social porque considera que no corresponde a sus funciones profesionales y centra sus tareas alrededor de la instrucción, aunque desde una perspectiva muy limitada de la docencia.

Cuando el profesorado adopta esta actitud, la cooperación se dificulta enormemente, incluso en los programas regulados con personal adscrito e integrado en el centro. Esta situación comporta que la educadora social tenga que estar continuamente justificando su trabajo ante una audiencia que no ve la pertinencia de sus acciones.

Hay profesorado que rechaza todo lo que tenga que ver con los temas sociales. Ellos imparten su docencia y ya. En esos es muy difícil... y complicado trabajar. Tengo que estar continuamente explicando qué hago y porqué lo hago. Pero el 90% del profesorado es muy positivo. Se producen sinergias y es muy productiva la cooperación.

(Educación Social, *Equipo I-I*)

Este desinterés se concreta en que, en general, el personal docente no participa en las actividades de las educadoras. En el caso del equipo *A-J*, esta falta de participación se incrementa, puesto que no hay mecanismos instaurados en el centro que coadyuve al profesorado a cooperar con las educadoras y educadores como parte de sus responsabilidades profesionales. Por ello, la cooperación solo se da con aquel profesorado que manifiesta interés.

Otro de los elementos que influyen en este déficit de cooperación es que hay una tendencia a no aceptar la figura profesional de la Educación Social, bien porque consideran que solapan sus funciones profesionales, bien porque creen que se trata de intrusismo profesional.

(...) *dificultad es que los profesores nos ven que solapamos sus funciones, que invadimos su territorio. (...). Sienten que ocupas demasiado tiempo, o que esa tutoría la querían para otra cosa, o que hay una excursión que no se había comunicado a orientación y se solapa nuestra actividad con la de ellos..., pues ahí hay problemas. ¿Y qué haces? Se lo dices al equipo de orientación o en las reuniones que tienen y ahí ellos determinarán. Nosotras ahí tampoco tenemos mucho que hacer o decir.*

(Educadora Social *Equipo A-J*)

Por otra parte, estaría el profesorado que, aunque tenga interés en el área socioeducativa, no se ve capacitado para ello y, por lo tanto, opta por abstenerse y delegar.

Por último, estaría el grupo de docentes que, aunque tenga interés y motivación en el trabajo socioeducativo, por falta de tiempo y exceso de funciones, claudica de esta parte de sus tareas y acaban formando parte de los últimos puestos de la lista de asuntos pendientes. Ya se sabe, muchas veces lo urgente no deja tiempo para lo importante.

Variables de la Educación Social

Respecto a las variables de los profesionales de la Educación Social, algunos aspectos ya se han comentado y no los vamos a reiterar, como es el caso del desconocimiento de la escuela que da lugar a actuaciones descontextualizadas y a retrasar su integración en la institución escolar, así como la soledad profesional.

La *autonomía* es fundamental para que el profesional representante de la Educación Social pueda ser fiel a los fines legítimos de la profesión. Esto significa exponer con respeto, pero en libertad, su punto de vista, aunque a veces desnudar la verdad resulte perturbador tanto para el profesorado como para las familias. Las profesionales de la Educación Social no pueden ser invitadas de piedra en las escuelas. Siempre deben buscar la cooperación, el consenso y orientarse a soluciones, pero no deben someterse ni moderarse en aras de una falsa paz, rehuyendo la confrontación de ideas y la introducción de la perspectiva socioeducativa en la escuela, puesto que es su función.

Variables de la relación

Relación jerárquica. Otro de los factores que incide directamente en la cooperación, es que las relaciones que se establecen entre los profesionales no son horizontales. Como ya se puso de manifiesto, el acceso a los centros escolares, cuando no existe un reglamento que garantice su presencia *de iure*, es potestad de la escuela tanto a la hora de introducir estas profesionales como a la hora de regular el grado de intensidad de la acción. Por lo tanto, las profesionales de la Educación Social suelen estar sometidas a las decisiones del centro y, consecuentemente, adolecen de una cierta falta de autonomía. A esto hay que sumar su "soledad profesional".

Esto afecta negativamente al peso que tiene su área de trabajo en las decisiones que se tomen en el centro y el vigor con el que puedan introducir la variable socioeducativa en la vida cotidiana de la escuela.

> *La jerarquía existe. Si el centro educativo dice que no, aunque no estemos de acuerdo, es no. (...) pero otros centros sí que tienen en cuenta nuestra opinión y te llaman, "¿qué pensáis?". Y hay otros que toman la decisión y tienes que acatarla.*

(Educadora Social *Equipo A-J*)

La importancia de poder trabajar con autonomía es vital para poder cumplir con los objetivos profesionales como profesión educativa de gran carácter ético, pero también para conservar la identidad profesional y desarrollar un área de trabajo propia, puesto que, de lo contrario, las educadoras y educadores sociales pasarían a convertirse en ayudantes de los equipos docentes (Borges y Cid, 2019).

> *Me parece positivo poder ser autónoma en mi trabajo. Me gustaría tener el mismo poder en la toma de decisión que el profesorado. Ellos tienen su profesión docente y yo pedagoga, por eso, si tenemos la misma importancia en la escuela, tengo que trabajar de forma autónoma, exactamente igual que ellos lo hacen. Si solamente recibo instrucciones, si solamente puedo trabajar dependiendo de ellos, no tendría un ámbito de trabajo propio. Como profesional, tengo que tenerlo.*

(Educadora Social Equipo I-I)

Esto afecta a los equilibrios entre los objetivos instructivos y de socialización, y en el que la prioridad la marcaría el sector escolar y la tendencia a centrarse en el rendimiento, sin atender a las condiciones psicosociales del alumnado; a la orientación punitiva de las acciones, sin atender a otras cuestiones que afectan a la instrucción.

Muchos centros y profesores priorizan lo escolar a lo social. (...)Muchos, la prioridad la marca el profesorado y es lo escolar. Pero hay profesores que no, pero bueno, como nosotros trabajamos para los centros tenemos muy claro que hacemos lo que el centro diga...hasta cierto punto, claro.

(Educadora Social *Equipo A-J*)

Diferentes prioridades y perspectivas de trabajo. Proceder de culturas profesionales diversas puede desembocar en la defensa de prioridades y perspectivas de acción diferentes. Sin embargo, es precisamente lo que se busca cuando se incorpora a un equipo un profesional de otro ámbito disciplinar; que ofrezca una mirada nueva a un problema viejo. Las tensiones aparecen cuando se no se puede llegar a un acuerdo en lo que respecta a las medidas a tomar o en el enfoque a adoptar. Cuando las relaciones son jerárquicas y los profesionales de la Educación Social no tienen suficiente autonomía, el peso de los objetivos socioeducativos decae y no se introduce una nueva perspectiva en la escuela.

En caso de disyuntiva, no cambia nada. Las estructuras escolares tradicionales se mantienen. Las educadoras sociales no tienen la capacidad de hacer prevalecer su criterio. Conviene recordar que cada grupo profesional se afilia a una disciplina y desde ahí construye sus métodos, conceptos y enfoques. Por lo tanto, es esperable y deseable que cada profesional aporte sus conocimientos distintivos. Pero trabajar desde competencias profesionales diferentes, no debe de ser un obstáculo para colaborar en la consecución de objetivos laborales compartidos enmarcados en los encargos institucionales escolares y encarnados en la figura del alumnado. Por lo tanto, el problema central de la cooperación es el de no trabajar en torno a objetivos compartidos.

Este problema también afecta a las educadoras del Equipo I-I, e indica otro de los motivos que afectan a este problema de jerarquía: la soledad profesional en el centro.

No diría que es general (haciendo alusión a los problemas de jerarquía). Aquí tengo suerte. La Educación Social Escolar está al mismo nivel que el resto. Pero, claro, esto es una escuela y la actividad principal es la docencia y eso significa que todo el resto de colegas son docentes y yo estoy sola. Eso significa que para mí es difícil hacer mis cosas.

(*Educadora Social Equipo I-I*)

El hecho de ser la única profesional de este tipo, con la especificidad socioeducativa como función principal atribuida, puede implicar una dificultad añadida a la hora de

190

implantar en el centro sus tesis y el peso e importancia de su área de responsabilidad en la escuela. Por ello, el trabajo a nivel de departamento, la incorporación de las profesionales de la Educación Social como miembro de pleno de derecho de distintas comisiones, es fundamental para integrar sus actividades dentro de los procesos normalizados del centro y así transversalizar su trabajo, con el apoyo del resto de profesionales tradicionales escolares.

Este mecanismo funciona en el caso del equipo A-J, en el que los respectivos departamentos de orientación son su principal apoyo y referencia en los centros escolares, los que impulsan su incorporación en la escuela y trabajan de cara a su continuidad en los centros.

Lo mismo sucede en el caso del equipo I-I, su presencia como miembro de pleno derecho en el equipo de orientación, así como su participación en numerosas comisiones organizativas del centro, facilita su integración. Pero el elemento decisivo es el apoyo que recibe desde dirección de centro, que es el órgano impulsor del desarrollo del concepto de escuela: si los profesionales de la Educación Social tienen un rol importante en el concepto de escuela, garantizará su patrocinio en el instituto. En segundo lugar, el apoyo y reconocimiento de los equipos docentes, como principales agentes colaboradores, es de vital importancia. Una buena cooperación con el profesorado no es un deseo manido ni una aspiración utópica, es imprescindible porque, sin colaboración, es difícil que las educadoras y educadores puedan cumplir con sus objetivos y ni tan siquiera con sus funciones.

Diferentes expectativas en la cooperación

Otro elemento de la relación que dificulta la cooperación son las diferentes expectativas que tienen en torno a ella ambos profesionales. En los educadores y educadoras sociales, el anhelo de tener una estrecha colaboración con el profesorado, es mucho mayor que en los docentes, que se muestran satisfechos con una intensidad menor del trabajo conjunto, que puede deberse al hecho de proceder de culturas profesionales diferentes. Estos resultados son similares a otras investigaciones alemanas (Speck y Wulf, 2019; Speck, 2019; Spies y Potter, 2011).

Spies y Pötter (2011, p.32) explican de forma muy ilustrativa estas diferencias en las expectativas.

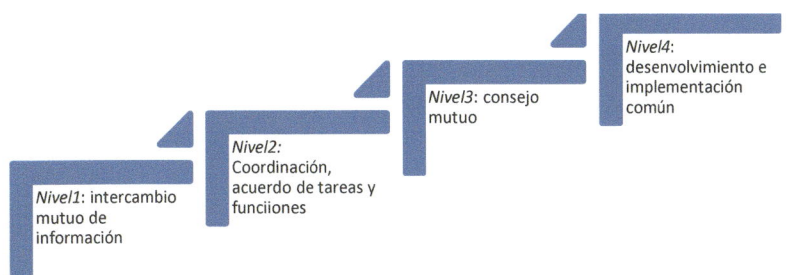

Figura 43 *Niveles de la cooperación Pöter y Seguel (2011).*

Lo que suele suceder es que las profesionales de la Educación Social aspiran a un nivel de colaboración 3 o 4, mientras que el profesorado, habitualmente, está satisfecho con un nivel de cooperación 1 o 2. Por lo tanto, lo que para un grupo profesional es bueno y suficiente, para el otro es mediocre y escaso y genera frustración.

En el tema de la cooperación hay que tener en cuenta otro factor importante: está marcada por la imperiosa necesidad del colectivo profesional de la Educación Social de colaborar con el profesorado, puesto que de otra forma es difícil que pueda llevar a cabo sus funciones y ni siquiera el desarrollo de sus actividades, por su condición de *guerrera solitaria* (Speck y Wulf, 2019). Esto es, en un primer momento, la Educación Social precisa como agua de mayo de la buena predisposición de los equipos docentes: que le deriven casos, que le hagan una buena "campaña publicitaria" en el centro, que acudan a ella, etc. Sin embargo, una vez que el profesorado "la descubre", tiende a reclamarla y a acapararla. Pero mientras no se desarrolle la difusión de su perfil en el centro, mientras no se establezcan las relaciones de confianza pertinentes, etc. la Educación Social depende del profesorado en mayor grado.

> *Entrevistadora: ¿Cómo de significativa o importante es la cooperación con el profesorado? Muy muy importante. Yo estoy aquí sola como educadora social escolar, y por eso yo TENGO (acentúa) que cooperar con el profesorado. En primer lugar porque yo lo necesito, pero también porque en determinados temas yo no puedo actuar sola. Todo lo que tiene que ver con el aula, con el tiempo de docencia, yo tengo que cooperar con ellos porque necesito su aprobación para que yo pueda realizar mis funciones. Para los proyectos adicionales se trata de temas organizativos, en parte; que se recoja el dinero, repartir las cartas,...eso se hace a través del profesorado. Por eso la cooperación es fundamental.*

> *(Educadora Social)*

Profesorado delega competencias educativas. Esta adversidad está relacionada con el ejercicio de la profesión en la escuela y las dificultades derivadas del reparto de tareas, en el que el profesorado, al ver que existe una profesional con una función específica, tiende a desresponsabilizarse del trabajo socioeducativo.

Aunque el profesorado esté sensibilizado ante sus responsabilidades socioeducativas, a veces no las desempeña tanto por la falta de habilidades como por la poca prioridad que le otorga en sus quehaceres diarios.

Yo me alegro profundamente de tener a alguien que me pueda quitar esa parte del trabajo, pero el profesorado tiene que tener un rol en este tema; el alumnado tiene que tener confianza en el profesorado porque es el profesional en la escuela con el que más tiempo pasa. Pero en mi opinión, como profesor, es que desearía ocuparme menos de esos temas. Delegaría más. Non se trata de evitarlos (...) pero yo preferiría concentrarme en la docencia y menos en los aspectos sociales.

(Profesor Equipo I-I)

Incluso con profesorado sensibilizado, la renuncia a las tareas socioeducativas es habitual.

Derivar un caso al servicio de Educación Social Escolar no debe concebirse como dejar el coche en el taller. Este es el prisma de la concepción clínica de la intervención, o divina si se prefiere, en donde el profesional aplica el tratamiento y se elimina la enfermedad. Del mismo modo que potenciar la salud requiere de un trabajo multidimensional, el óptimo desarrollo infanto-juvenil precisa de la colaboración de todos los agentes implicados. De ahí que el profesorado no pueda delegar en su totalidad el trabajo socioeducativo en la profesional de la Educación Social, porque se corre el riesgo de desempeñar acciones marginales, individualistas en vez de acciones globales, al separar y, en cierto modo, "desentenderse" de una parte del alumnado.

2.5.5.3 Problema central: no trabajar en torno a objetivos compartidos

Los resultados de nuestra investigación apuntan a que la dimensión preponderante detectada es la de no trabajar en torno a objetivos compartidos, que se configura como uno de los mayores obstáculos a la colaboración. Principalmente porque el profesorado desatiende la esfera socioeducativa ya que se centra únicamente en la "instrucción", o bien porque no sabe hacerlo o porque no tiene tiempo y tampoco goza de prioridad en la práctica diaria de sus funciones, aunque desde una perspectiva muy limitada de la docencia. Esto puede relacionarse con otros estudios que apuntan también a la presencia de dificultades socioeducativas de los docentes en sus relaciones con padres y alumnado (Sánz et. al., 2022).

Un estudio sobre la cooperación entre los profesionales de la Educación Social y profesorado en centros educativos de Berlín (Speck y Wulf, 2019), arroja unos resultados que van en la misma línea que la nuestra: la orientación disciplinar o interdisciplinar del profesorado es la que determina la cooperación.

Por lo tanto, como ya adelantábamos, la clave de bóveda de la articulación del trabajo colaborativo es la filosofía del profesorado ante los objetivos socioeducativos y la vinculación que deben mantener los objetivos de instrucción y socialización y que se observa en los modelos de trabajo identificados (aditivo jerarquizado e integrado-igualitario). Las opciones, recordamos, eran tres: como excluyentes/antagónico, como complementarios/suplementarios o como convergentes/indisociables.

La cristalización de estos dilemas se observa cómo afectan, por extensión, a otras cuestiones que atañen a la corresponsabilidad socioeducativa o no de los docentes (Borges y Cid, 2019), considerar a los docentes como destinatarios o colaboradores de la Educación Social (Spies y Pötter, 2011) o el establecimiento del tipo de relación entre ambos grupos profesionales, de tipología jerárquica o colegial.

En el caso de los modelos jerarquizados-aditivos, se parte de que la actividad principal del centro es la instrucción. Esto, que es cierto y no es sí mismo negativo, dentro de este modelo, conduce a una visión dicotómica del alumnado. La acción socioeducativa escolar profesionalizada pasa a ser una oferta de actividades aditiva a la ya existente en la escuela, algo distinto y especializado, que se destina al alumnado que presente un tipo concreto de problemática psicosocial. La acción socioeducativa se contempla desde una perspectiva un tanto excluyente de la acción normalizada del centro. Esto es, el profesorado se centraría en el alumnado normalizado y la Educación Social, en el conflictivo. El modelo de trabajo pasa a ser habitualmente jerarquizado (especialmente cuando el nivel de regulación es menor), en el que los profesionales de la Educación Social acceden al alumnado en función de la previa decisión y derivación de los equipos docentes. Es decir, la jerarquía profesional sería una proyección del valor diferencial de los contenidos de socialización y los instructivos.

En el caso de modelos de trabajo más cooperativos e igualitarios, no se hace una distinción tan tajante entre ambos objetivos y, por lo tanto, tampoco entre profesiones. Las actividades socioeducativas se incluyen de manera más habitual dentro de las dinámicas del centro y/o como una oferta de servicios continuados en la escuela y dentro de un modelo de trabajo más colegial entre gremios. Esto es, los objetivos de socialización se conciben como complementarios o confluyentes de los objetivos de instrucción, no antagónicos ni aditivos.

La defensa del modelo cooperativo suele ser, en general, unánime. Pero no debe ser apoyada por argumentos manidos o políticamente correctos, sino porque los estudios demuestran que dentro del modelo cooperativo los resultados de la Educación Social Escolar son más efectivos (Elsner y Rademacker; 1997), mejorando tanto la adquisición de aprendizajes (Gonçalves, 2018) así como las funciones sociales del profesorado (Díez y Muñiz-Cortijo, 2022).

Aunque este último modelo reúne muchas de las características necesarias para realizar una buena formulación de los equipos de trabajo, consideramos que es necesario puntualizar otros requerimientos que explicamos en la siguiente propuesta.

194

2.5.6 Construcción de equipos de trabajo eficaz

A continuación, según los resultados de toda la información analizada, vamos a establecer principios que favorezcan la cooperación y, en base a ellos, formular formas de trabajo entre docentes y profesionales de la Educación Social que resulten más eficaces.

En primer lugar, se presentarán algunas de las principales diferencias en el desempeño profesional y distribución de tareas entre ambos profesionales en la escuela que deberían mantenerse para preservar el rol socioeducativo de la educadora y educador social.

En segundo lugar, se concretarán otras medidas organizativas que favorezcan un tipo de filosofía del trabajo conjunto que hemos denominado "Modelo de corresponsabilidad socioeducativa".

En tercer lugar, nos centraremos en delimitar los territorios frontera entre ambas profesiones. Tener claros los ámbitos de acción propios y ajenos es, sin duda, una buena forma de mantener un clima laboral positivo.

2.5.6.1 *Diferencias profesionales y funcionales con el profesorado*

A continuación vamos a exponer una serie de características profesionales identificadas en el profesional de la Educación Social, que correlacionan con unos resultados positivos. En nuestro estudio se vinculaban con las diferencias que percibían, principalmente el alumnado, entre la figura profesional del profesorado y la de la Educación Social y que constituyen, por lo tanto, factores de éxito de las acciones educativas.

Las variables identificadas constituyen una amalgama de diferentes funciones, contenidos, formas, tiempos y procesos que, a priori, se caracterizan como específicos de la Educación Social, aunque pensamos que no tienen que ser exclusivos y que muchos docentes pueden incorporar, y de hecho muchos lo hacen, en su quehacer diario varios de los puntos de la siguiente tabla.

Dimensión	Funciones	Contenidos	Formas	Tiempos	Procesos
Profesionales	Liberadas de la docencia y evaluación.	Gran conocimiento del alumnado.	Fomentan la reflexión del alumnado sin presionar.	Accesibilidad.	Uso de la información alumnado a favor del centro.
	Centradas en la socialización.	Conocimientos específicos.	Agradables, divertidas.	Flexibilidad.	Construcción relación educativa.
	Objetivo: éxito educativo alumnado.	Interés en el sujeto.	Metodología activa.	Actuación reactiva (Apagafuego)	Uso espacios no lectivos.
		Visión positiva del alumnado.	Comunicación.		Seguimiento continuado.
			Participación activa.		
			Trabajo individual		
Personales-laborales	Edades más próximas al alumnado.				
	Idiosincrasia profesional.				
	Externalidad (?).				

Tabla 18 *Factores de éxito de la acción profesional de la Educación Social en el contexto escolar.*

Diferentes funciones

Liberadas de la docencia y de la evaluación: Dos de las tareas típicas y fácilmente reconocibles de las funciones profesionales del profesorado son la docencia y la evaluación. Principalmente esta última es uno de los trazos más representativos del profesorado y una de las principales diferencias con la Educación Social. Esto es, el enseñante evalúa y el profesional de la Educación Social, no. La docencia y, especialmente, la evaluación pueden coadyuvar la aparición de tensiones que dificultan establecer un determinado tipo de vínculo educativo basado en la confianza y en la libertad para hablar.

El alumnado tiene que sentirse representado por la educadora social escolar. A diferencia del profesorado, la educadora social no evalúa. El rendimiento no juega ningún papel en la relación entre la educadora social escolar y el alumnado. En la relación entre el alumnado y el profesorado, los estudiantes no pueden hablar libremente por el rol evaluador docente.

(Directora Instituto)

Por eso es tan importante la construcción de la relación educativa,....en la escue-la hay mucho profesorado,... casi solo hay profesorado y yo tengo otro rol. Yo soy también una persona adulta, una persona de autoridad, un modelo de conducta, pero tengo otra forma de tratarlos, yo no les exijo rendimiento escolar.

(Educadora Social)

Por consiguiente, educadoras y profesorado comparten el hecho de ser una figura adulta profesional, un modelo de conducta y un profesional educativo, pero en el que la docencia y, muy especialmente, la evaluación, que forman parte de la columna vertebral de las tareas de los equipos docentes, suponen un obstáculo para establecer el tipo de vínculo educativo necesario para que las educadoras puedan convertirse en referentes para el alumnado.

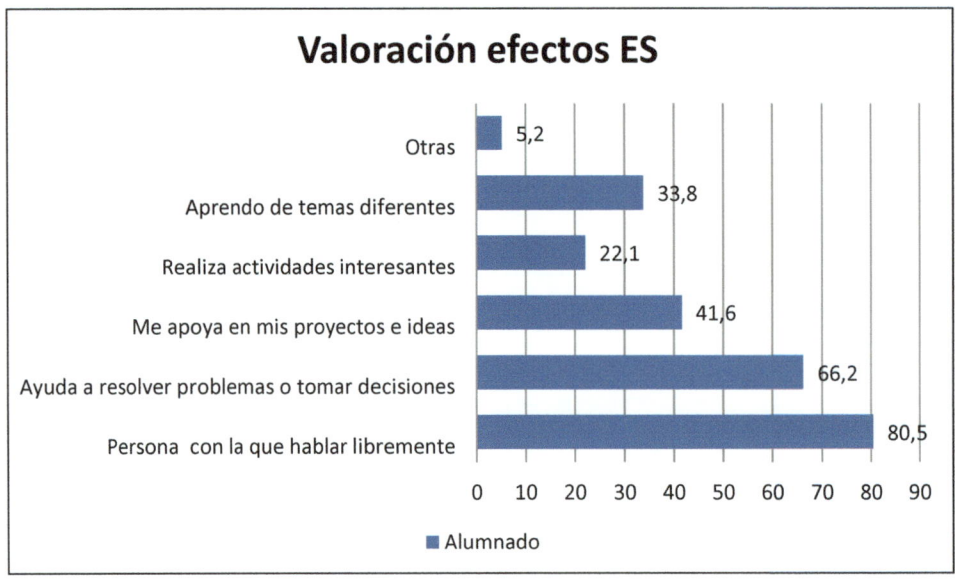

Figura 44 *Gráfico de barras. Valoraciones del alumnado sobre las causas que le provocan estrés en la escuela.*
Nota: Investigación de Borges (2023).

Como se puede observar en la gráfica, el alumnado indica que siente, en general, *"bastante"* o *"mucho"* estrés debido a las notas y a las tareas escolares, que son actividades relacionadas directamente con las funciones docentes. La misma relación con el profesorado también es, en general, fuente de tensiones y, bajo esas condiciones, la comunicación no es como se desearía.

La educadora, libre de las tensiones derivadas de la evaluación, facilita que la juventud confíe en ella y que se sienta menos cohibida para hablar libremente. Esto hace cuestionar la pertinencia de la substitución (Vaquer, 2021) realizada de profesionales de la Educación Social en las escuelas por Profesorado Técnico de Servicios a la Comunidad (PTSC), y las Unidades de Escolarización Compartida, donde las educadoras y educadores sociales desempeñan funciones docentes.

— *Acciones centradas en la socialización:* Esta dimensión apela directamente a la distribución de funciones, donde la Educación Social se situaría en el cumplimiento de los objetivos relacionados con la socialización, que constituirían su competencia profesional específica. Sin embargo, como se ha repetido hasta la saciedad, por un lado, los objetivos de socialización no son contrarios a los de instrucción, sino que están interconectados. Por otro lado, la institución escolar, que es la que enmarca la acción a través de los encargos que recibe (instrucción y socialización), compromete a la Educación Social en la consecución de los objetivos escolares. Esto es, la adquisición del éxito educativo de todo el alumnado.

— *Objetivo: éxito educativo alumnado.* Estrechamente relacionada con lo anterior es esta dimensión. La profesional de la Educación Social persigue los mismos objetivos que sus compañeros docentes; la adquisición de aprendizajes; que el alumnado aprenda. Pero en su caso, desde su respectiva competencia profesional, realiza funciones y actividades de socialización vinculadas a aprendizajes, que acaban convirtiéndose en un sostén de las actividades instructivas.

En el caso de (nombre educadora), creo que puedes llegar a algo mucho más personal, aunque siempre en la cabeza tienen en el fondo el tema de los estudios. Bueno, es un poco para eso, para que estudies más que nada. También te ayuda con lo familiar, pero siempre al final,... la frase final es, estudia, ¿sabes?

(Chico Adolescente)

La educadora te escucha, te entiende, se interesa por ti, y te abres…. pero bueno… de fondo está el tema de los estudios, que aprendas, que madures, que te saques el título…cosas así.

(Chica Adolescente)

Con lo cual, Educación Social y equipos docentes, desde sus respectivas especificidades profesionales, remarían en la misma dirección.

Diferentes Contenidos

Gran conocimiento del alumnado. El elevado grado de contacto tanto con el alumnado como con su contexto, permite a las profesionales de la Educación Social obtener un elevado grado de información sobre cómo son sus relaciones, costumbres, preocupaciones, ideas y problemas. El servicio de Educación Social constituye parte de los procesos que deben instaurase en el centro escolar para aumentar el conocimiento del alumnado (Torrego y Moreno, 2008).

198

> *O si pasó algo sin que yo se lo hubiera dicho al principio, ella intenta sacarlo, y me lo saca. Me dice...tu hiciste algo y no me lo quisiste decir. Pues sí, tienes razón. (Se ríe)*

> *(Chico Adolescente)*

> *Sí, ella (educadora) a través de las charlas de orientación y gracias a confidencialidad, llega a conocer y a entender los antecedentes de los conflictos y el alumnado. También puede motivar y apoyar al alumnado más tímido o introvertido, y alentarlo.*

> *(Directora Instituto)*

No solo la intensidad del contacto, sino también la continuidad, permiten aumentar el conocimiento de los discentes, al ser conocedora de las trayectorias vitales y académicas del alumnado a lo largo de los cursos escolares, siempre que exista estabilidad de los profesionales.

Visión positiva del alumnado. Las educadoras sociales, debido principalmente a su formación, tienen una visión evolutiva y humana de la juventud, principalmente, en términos positivos y constructivos, así como una idea más acertada de su situación, desarrollo y necesidades. Esto les permite enfocar la acción desde otro prisma, uno más centrado en las fortalezas que en los déficits, además de una mirada evolutiva y contextual de la situación.

> *Exacto, exacto, orientarse por las fortalezas y potencialidades del alumnado. No siempre orientarse por las notas o el rendimiento académico y, si este es malo, juzgar el alumnado solo por esa variable y totalizarlo, el alumno es malo. No. Yo veo muchas potencialidades o habilidades cada día que no se pueden demostrar en la clase de matemáticas, pero sí en la pausa de comer, en otros lugares...es estupendo.*

> *(Educadora Social)*

Esta concepción virtuosa y amable del sujeto de la acción, le permite al profesional de la Educación Social neutralizar la imposición de etiquetas limitantes y confiar en las posibilidades de superación y desarrollo óptimo del alumnado.

La clave está en que los profesionales de la Educación Social suministren al alumnado los reforzadores necesarios, de los que estén más privados, para cambiar sus conductas más desadaptativas por otras más adecuadas. Por ejemplo, un alumno que experimenta continuamente el fracaso, habrá que reforzar cualquier conducta de aproximación al éxito; una alumna con conductas de evitación que no realiza tareas por no cometer errores, habrá que reforzar la acción, los intentos, no tanto centrarse en el éxito de las acciones. Si se trata de alumnado que está socializado en el castigo, que ha generado habituación a las medidas punitivas, e incluso las ha asociado a algún tipo de refuerzo positivo, como es la atención por parte de los adultos y del grupo de iguales, habrá que substituir el castigo por la eliminación de esos reforzadores, sustituyéndolos por otros que fomenten conductas más adaptadas. Del mismo modo que reforzar contingentemente, en exceso, o resultados mediocres, a través del elogio puede limitar las posibilidades de aprendizaje, dejando de ser motivante o conduciéndole a pensar que no tiene capacidad de mejora.

En definitiva, creyendo en las posibilidades de poder ser del alumnado, no se deben aplicar recetas para todo el mundo, sino adaptar la intervención a cada persona.

Interés en el sujeto de la acción. Las educadoras contemplan a la infancia y a la juventud con la que trabajan de forma integral, y no la circunscriben al prisma escolar, es decir, en su papel de alumno/a, centrado en el cumplimiento de las normas y en el rendimiento académico.

El educando, por su parte, valora principalmente que las educadoras y educadores se interesen por ellos, que traten cuestiones que van más allá de las notas, que los vean y los perciban como personas merecedoras de interés, a las que se atiende en su individualidad, que se sientan reconocidos y lo consideren como un tiempo para ellos.

> *Tampoco tenemos que estar todo el tiempo hablando de… hablamos de gustos, de música. No es que te diga "nos estamos saliendo de él tema". No, si te apetece hablar de eso, se habla. Es tu hora y la gastas más o menos en lo que quieres.*

> *(Chico Adolescente)*

> *Pues ellas se preocupan más por ti, y tal… que un profesor. Un profesor…yo que sé…hay profesores que sí se fijan más en ti pero…ellas pues te preguntan por ti, y tal, están pendientes de lo que haces, si haces algo mal no te van y te echan la bronca y te castigan, sino que intentan solucionarlo. Si tienes algún problema también te ayudan, bueno…y si estás mal también.*

> *(Chica Adolescente).*

Una de las fortalezas de la Educación Social es desligarse en sus juicios del rendimiento escolar del alumnado. El mismo razonamiento se puede aplicar en el caso de las sanciones. La Educación Social no puede imponer medidas disciplinares porque suele actuar desde el espacio de las medidas educativas. El motivo es que una de las posibles consecuencias colaterales de la implementación de castigos es que la persona que "castiga" se convierta en un estímulo aversivo condicionado (Benjumea et .al., 1988), con sus efectos negativos en el establecimiento de la vinculación educativa. Por lo tanto, la profesional de la Educación Social debe ser eximida de la toma de decisiones sobre la parte punitiva de las acciones para preservar la relación educativa que debe establecer con el alumnado. Es decir, tiene que darle un enfoque educativo a través de un tratamiento personalizado del conflicto (Torrego y Moreno, 2008), un ámbito de trabajo a veces olvidado por la escuela.

Por otra parte, se observa la necesidad de "perder el tiempo" para ganarlo. A veces el trabajo socioeducativo no es un camino recto, sino que discurre por meandros que hay que transitar pacientemente para conseguir cambios reales. De ahí la importancia de dar tiempo y estabilidad a los profesionales de la Educación Social para poder desempeñar sus funciones con corrección.

Conocimientos específicos. La Pedagogía social constituye una disciplina educativa que pone a disposición de su objeto formal, material y abstracto, la Educación Social, unos saberes particulares y diferentes. Una de las virtudes profesionales de la Educación Social son estos conocimientos específicos y la habilidad que tienen para proyectarlos en la praxis y que se conviertan, no solo en contenidos didácticos, sino también en saberes actitudinales y procedimentales. Estos conocimientos particulares se perciben y se valoran positivamente, entre otras cosas, porque el profesorado no dispone de ellos.

> *Nuestra educadora social es muy buena profesional, tiene mucha experiencia y un gran nivel de conocimiento teórico que sabe aplicar.*
>
> *(Directora Instituto)*
>
> *Y bueno, en los talleres te hablan un poco de todo para la vida, que te vienen bastante bien, porque aprendes cosas que no sabes.*
>
> *(Chica Adolescente)*
>
> *A nivel de intervención en los talleres, ya solo a nivel de la frescura, es un espacio en el que los chavales hablan con otras personas diferentes y trabajan temas con gente que sabe trabajarlos, eso ya se nota.*
>
> *(Orientadora IES)*

En muchas ocasiones, en el caso concreto de la Educación Social, se exaltan en demasía los métodos en retraimiento de los contenidos y esto es un desacierto. Los métodos se vinculan con los objetivos y se trabajan mediante contenidos. Cuando se ofrece una actividad reducida en su componente educativo, se corre el riesgo de exacerbar el contenido actitudinal y moralista. La Educación Social, como profesión pedagógica, no puede claudicar de su compromiso educativo desatendiendo los contenidos. Son tanto parte de su esencia como de su éxito.

Para resaltar la importancia de los contenidos específicos que determinan la identidad profesional de la Educación Social, vamos a analizar una medida de acción socioeducativa que se está llevando a cabo en la actualidad.

Una de las propuestas reciente de acción socioeducativa en las escuelas en Galicia, que va por su tercera convocatoria en 2025, es la Red de Acompañamiento y Orientación Personal y familiar (RAOGAL). Consiste en que personal docente abandona sus funciones instructivas y pasa a tener dedicación exclusiva para realizar actuaciones de apoyo y seguimiento de alumnado especialmente vulnerable y sus familias para promover el aprendizaje y el éxito escolar. Entre otras actividades, se les encomienda colaborar y coordinarse con los distintos recursos comunitarios. Para desempeñar estas funciones se le pide que tenga formación específica acreditada en mediación, habilidades sociales y educación emocional. Al personal que realice estas funciones se le acredita como actividad de innovación educativa, con una equivalencia de 50 horas de formación permanente del profesorado.

Desde la óptica laboral, este es un claro ejemplo de intrusismo profesional. Se está sustituyendo a un grado universitario específicamente formado para realizar esas y otras funciones socioeducativas, a una formación inespecífica sobre tres temas de moda, que ni siquiera son los más relevantes del área socioeducativa. A esto se le está denominando innovación. ¿Acaso llamaríamos innovación educativa poner al docente de inglés a dar clases de francés porque ha ido a París el último verano?

Por otra parte, si bien es cierto que las funciones instructivas y docentes y sus consiguientes restricciones horarias, son un impedimento para construir la relación educativa que debe establecerse con el alumnado para trabajar el área socioeducativa, la formación disciplinar también es relevante. Una cosa es que los equipos docentes deban asumir la función socioeducativa derivada de su función instructiva, y otra que las asuman en su totalidad cuando sus funciones profesionales principales son otras. En Alemania también se propuso en sus inicios la sociopedagogización de los docentes y no funcionó por falta de voluntad y de formación (Speck, 2020; Borges y Cid, 2025a). Del mismo modo que tampoco funcionó introducir profesionales del ámbito social para trabajar con alumnado vulnerable sin introducir la perspectiva disciplinar de la Pedagogía Social y dejarles desempeñar las funciones propias de su profesión (Rademacker, 2011; Speck, 2020).

En España también hay estudios que apuntan a la misma dirección; cuando no hay profesionales de la acción socioeducativa, los profesionales docentes están saturados y sobrecargados por falta de conocimientos específicos y sensibilización con respecto a estas problemáticas (Serrate et. al., 2017) y el alumnado está desatendido o mal atendido (Bretones et. al., 2019). Otras investigaciones (Ortega e Mohedano,

202

2011; Terrón-Caro et. al., 2015) ponen de manifiesto que el trabajo socioeducativo especializado en atención educativa con personas vulnerables era mucho más elevado en aquellos profesionales que sí contaban con la titulación de Educación Social, incluso la satisfacción con su trabajo es mayor cuando están en posesión de esta titulación universitaria (Bretones et. al, 2019).

Por lo tanto, sin denostar la buena disposición y voluntad de los docentes que lleven a cabo esas funciones, la acción profesional debe nutrirse de algo más que de buenas intenciones.

Diferentes formas / métodos

Trabajo individual. Uno de los rasgos distintivos de la Educación Social Escolar es el nivel de acción individual, prácticamente ausente en los centros escolares. Permite acceder a un nivel de conocimiento más profundo de la persona, aumentar el nivel de conexión con ella e individualizar la respuesta educativa.

De hecho algunos dicen "yo también quiero ir" porque nos conocen de los talleres y se divierten, y al final porque también les gusta ser escuchados individualmente.

(Educadora Social)

Fomentan la reflexión del alumnado sin presionar. Las educadoras sociales no emplean la coacción como medio para conseguir sus objetivos educativos e invitan a reflexionar sin intimidaciones. Al introducir la voluntariedad del alumnado, estar desligados de la evaluación y de las medidas sancionadoras, no tiene elementos para coaccionar al discente; solo puede trabajar desde la motivación, el interés y la buena disposición del alumnado, que son los mejores asideros a los que amarrarse para conseguir un cambio educativo. Es importante evitar los enfrentamientos y luchas de poder.

Los datos cualitativos aportan más pistas sobre el tipo de relación que se establece con el profesorado y las consecuencias.

Bastante, la forma de hablar y la forma de razonar con la persona, no es tan encima, y más relajado, intentar hablar de soluciones. Entrevistadora: ¿Puedes explicarme lo de "no está tan encima"? Normalmente estás muy presionado por los profesores, te notas como si fueras...escondido, estás nervioso, y con ella puedes hablar tranquilamente. Ella intenta que no te pongas nervioso. Entrevistadora: ¿Por qué te ponen nervioso los profesores? Ya me pasó estar nervioso por los profesores, si hubo algún conflicto siempre...no te expresas de todo, te sientes más apagado, más arrinconado, no tengo tanta confianza.

(Chico Adolescente)

Sí, lo bueno es que si es si tú quieres, que no te fuerzan tampoco a nada. Ella me dijo ¿quieres que hable con tu madre? Y yo le dije sí, dile que venga a esta hora. Si yo quería, no me forzaba a hacerlo. Entonces eso también...está bien.

(Chico Adolescente)

Agradables, divertidas: El trato de las educadoras sociales con respecto al alumnado es relajado y ameno, favoreciendo así un clima afable y distendido que agrada a los discentes y, en realidad, a cualquier ser humano.

Lo que más valoro es como se portan. Me gusta que me escuchen y me hablen con calma, tranquilas. Sin broncas. Además, es simpática y te anima a contarle cosas. Te da confianza, te pregunta qué piensas, qué quieres hacer...

(Chico Adolescente)

La educadora es otro rollo, más amena.

(Chica Adolescente)

El hecho de que el trato recibido percibido por el alumnado se valore como agradable y divertido, no tiene que interpretarse como resultado de una actividad superficial, un divertimento efímero y banal o una camaradería mal entendida con el discente. Su actitud jocunda contribuye a la creación del vínculo educativo. Sirve para conectar y redirigir. Esto es fundamental porque es difícil para el alumnado entablar e iniciar una conversación íntima, como se percibe en el siguiente extracto de una alumna de un estudio realizado en Suiza: "Cuando voy a la educadora social escolar, no sé cómo empezar a hablar." (Baier, 2010).

En este sentido, es importante la autenticidad de la profesional y no forzar estados emocionales o características personales porque la finalidad es adquirir la confianza del sujeto de la acción.

Comunicación cercana (forma y contenido). Las educadoras tienen un estilo comunicativo caracterizado por ser próximo al alumnado, tanto en las formas, adoptando un registro coloquial pero sin llegar a ser vulgar, como en el contenido, sobre los temas que tratan. De nuevo este método sirve para conectar con el alumnado. Sirven de gran ayuda formular preguntas abiertas que favorecen el diálogo, parafrasear para asegurar que hemos entendido el mensaje, etc.

Creo que tienen también otra visión de la situación de los chavales en cuanto que hay otra cercanía, no sé si por edad o por perfil, o porque les cuentan de otra manera, pues se acercan de otra manera.

(Orientadora I.E.S.)

Un estilo comunicativo más formal y solemne, representado habitualmente en el personal docente y de dirección, no propicia una comunicación distendida y de apertura para poder hablar libremente. Una comunicación cercana tiende a favorecer la confianza y la sinceridad, dando lugar a una participación real del alumnado, que es a lo que se debe aspirar.

Sin embargo, aunque el respeto, por motivos éticos siempre tiene que estar presente, no se debe usar el mismo registro comunicativo con todo el alumnado siempre, sino que hay que adaptarlo a la persona que se tenga delante. Quizás un tono más relajado suele tener más éxito con el alumnado, pero no con las familias ni con todo el alumnado. Todo depende del historial de aprendizaje de cada persona; algunas funcionan mejor con un estilo más autoritario o más serio; y existirá una parte del alumnado que desconfiará del "colegueo" de un profesional de la escuela. Con lo cual, siguiendo los principios del paradigma interpretativo, hay que adaptar el lenguaje, en tono y contenido, a la persona, con el objetivo de hacerse entender y alcanzar nuestros objetivos educativos.

Metodología activa. Esta dimensión es una clara apelación a los métodos. Hace referencia a una serie de herramientas de trabajo distintivas de la Educación Social que se caracterizan por su participación, dinamismo, a veces lúdicas y de tipo vivencial. Esta forma de alcanzar sus objetivos es valorada positivamente como acto educativo tanto de proceso como resultado. Esto es, el camino es una experiencia agradable y el destino es el aprendizaje de un determinado saber.

> *La forma de trabajar es una metodología activa y participativa, que hace que el alumnado no esté sentado oyendo, hacen que el alumnado participe, colabore, pregunte, haga propuestas,... entonces ese tipo de metodología hace que él alumnado esté atento. Con la metodología pasiva desconectan. Cuando un alumno participa está aprendiendo, cuando un alumno no participa, no se ha enterado de nada.*

> *(Orientadora I.E.S.)*

Estas metodologías activas tienen otro componente importante, y es que en muchas ocasiones se realizan mediante el trabajo en grupo, donde se aglutinan diversas ventajas, como la motivación y el aprendizaje mutuo. Este método de trabajo es especialmente significativo con adolescencia, pues su grupo de referencia son sus iguales (Papalia et. al., 2009) y que puede servir para trabajar de forma vivencial determinados contenidos como cambio de conductas más adaptativas, habilidades sociales, resolución de problemas, valores, etc.

> *A nivel metodológico funcionan de forma diferente al profesorado, actividades prácticas, no el típico rollo, porque trabajan en grupo. Hacen intervenir los alumnos, que a veces hay alguno que, debido su timidez, le cuesta hablar en público y eso le ayuda a soltarse. Y el trabajo en equipo, que es muy importante hoy en día.*

> *(Orientadora I.E.S.)*

Participación activa en la toma de decisiones. Las actividades de Educación Social Escolar se caracterizan por convertir al alumnado participante en protagonista de su propio desarrollo, al involucrarlo activamente en el proceso de toma de decisiones. Esto aumenta su motivación e implicación, favorece su desarrollo madurativo y mejora el aprendizaje y, al ser un proceso acompañado, es decir, que cuenta con el apoyo y asesoramiento del profesional de la Educación Social, no se abandona al infante o al adolescente a merced de su voluntad (Arendt, 1997), sino que se hace con seguridad.

Además, involucrar activamente al sujeto en su proceso de desarrollo implica que el profesional de la Educación Social está acreditando su reconocimiento, legitimándolo como un interlocutor válido, demostrándole así respeto a su persona y a sus capacidades (Camps, 2008). Así pues, ante la dependencia institucional y frente al rol asignado de espectador impertérrito de su propia vida ante decisiones heterónomas, hay que introducir el elemento *autonomía*; frente a la pasividad, hay que dar lugar a la *participación*. A este respecto, la postura de Núñez (2010) es muy clarificadora sobre cómo ha de ser la participación, cuando distingue entre *tomar parte* y *ser parte*, entendiendo la participación real y efectiva no como una dádiva institucional, sino como un derecho del sujeto. Como señala Núñez (2010, p. 110): "El lugar que se le asigna al sujeto lo define socialmente. Si el lugar cambia, cambian las propiedades, en tanto que son aferentes al lugar. Las propiedades no son inherentes al sujeto, como se atribuye desde el presupuesto que confiere a tal sujeto estatuto ontológico". De esta forma, considerar al sujeto de la acción desde estas coordenadas significa ofrecerle un lugar nuevo, donde su valoración no se construya en términos deficitarios o carenciales, sino que se considera como un interlocutor válido para participar en las condiciones de su dependencia. De esta forma, su participación desde la autonomía produce la conexión y el vínculo, un *nosotros*, pero manteniendo la intimidad y la dignidad, condición *sine qua non* para que se produzca respeto y vínculo.

Como se ha podido observar, en este bloque de diferencias, la dimensión relacional es básica en las relaciones educativas (Vilar, 2013), y así lo constatan otras investigaciones en las que los destinatarios valoran principalmente el buen trato recibido por parte de los profesionales de la acción socioeducativa (Montserrat y Melendro, 2017). Con lo cual, las formas y los modos de comunicación deber ser especialmente preservados para garantizar el vínculo.

Diferentes tiempos

Accesibilidad. Hace referencia a la facilidad con la que se puede entrar en contacto con el profesional de la Educación Social Escolar, sin formalismos ni tediosos procesos burocráticos que pueden inhibir al alumnado y a sus familias a acudir en su ayuda. Uno de sus rasgos distintivos es que se puede contactar con la profesional a voluntad, dentro de un orden lógico y necesario. Esta accesibilidad organizativa se conjuga con la interacción personal, en la que el trato dispensado hace sentirse acogido a quien acude al servicio. La declaración de este estudiante pone de manifiesto la importancia de facilitar el contacto con el alumnado para que este acuda, puesto que, incluso teniendo interés y voluntad, puede sentirse cohibido para asistir: "Creo que es bueno cuando estás ahí, pero necesitas valor para ir." (Baier, 2010).

Flexibilidad. Una de las características laborales del profesional responsable de la Educación Social Escolar es que tiene un horario flexible y, aunque tenga citas prefijadas en reuniones o actividades, en general, no tiene una programación rígida como la de un docente cualquiera. Por lo tanto, este rasgo permite que se acomode con facilidad a distintas situaciones, actividades o demandas adaptándose a las necesidades del momento, incluso demostrando una rápida capacidad de respuesta ante situaciones imprevistas.

Las ventajas son abundantes; al estar permanentemente en el centro, su presencia diaria durante toda o gran parte de la jornada escolar, aumenta la posibilidad de que el alumnado acuda autónomamente al servicio, sin pedir cita, sin antelación ni planificación, sin formalismos ni mediación. Por otra parte, la "leve" programación favorece su disposición a atender situaciones imprevistas, hecho muy positivamente valorado por el profesorado en un signo concreto; cuando se trata de atender a situaciones conflictivas.

Esto pone de manifiesto el difícil equilibrio de las funciones profesionales de la Educación Social Escolar, que se mueve en varios territorios frontera: la acción estable y planificada (trabajo individual, talleres, visitas a domicilios, reuniones, etc.), frente a la respuesta ante imprevistos (conductas disruptivas en el aula, peleas, etc.).

Pero, como bien dice el refranero, no se puede estar en misa y repicando. No se debe, por lo tanto, interpretar esta falta de programación como una pérdida de tiempo, sino como una fortaleza del servicio. Anquilosar la acción del profesional de la Educación Social a una programación saturada, esclava de un horario rígido y de una burocracia fiscalizante, revoca parte de sus bondades.

Actuación reactiva (Apagafuegos): Como se ha insinuado en los epígrafes anteriores, algunos de los puntos fuertes de la educadora, "la accesibilidad y flexibilidad", se convierte también en una de las principales dificultades en la realización de sus funciones. Estas confluyen, en muchas ocasiones, en una actuación principalmente reactiva. La hemos descrito mediante la metáfora de apagafuegos, que es de uso común, que consiste en que el educador/a siempre esté disponible ante cualquier situación imprevista, sobre todo, de índole conflictiva.

En un reto, una dificultad, algo inesperado...cuando esto pasa a menudo es demasiado y llega a ser bastante estresante. Llego el lunes a escuela, tengo 3 citas esa semana y llega el viernes y tienes todo por hacer, porque de todo se te avisa a corto plazo. Y también hay cosas que se hacen en el tiempo de descanso que yo estoy sobrecualificada para realizarlas. Por ejemplo, hacer bocadillos cuando en el Elterncafé (cafetería escolar organizada por familias para ofrecer menús saludables) hay pocas madres para ayudar. No pasa a menudo, pero pasa. O ir a comprar. Son cosas que yo hago pero pienso…a ver, esto no puede convertirse en algo habitual ni principal.

(Educadora Social)

La función "apagafuegos" dificulta la planificación de su trabajo, la sobrecarga de tareas y también la tendencia a atribuirle funciones que no parecen ser de su competencia profesional, siendo posible que cada situación imprevista en la escuela sea susceptible de ser asumida por la educadora, lo que puede diluir su función en los centros escolares y dificultar la concreción de un perfil profesional propio.

Diferentes procesos

Uso de la información del alumnado para adaptar el centro a sus intereses y necesidades. La profesional de la Educación Social Escolar usa la información que obtiene a través del intenso y extenso contacto que mantiene con el alumnado, para orientar la escuela a las necesidades e intereses de los discentes. Esto es, una escucha atenta a una población numerosa, sumada a una reflexión profunda sobre los problemas de fondo, da lugar a la detección de problemas de forma temprana, así como a la identificación de intereses, que se pueden traducir en una oferta de actividades interesante para el alumnado.

Para clarificar este tema, usaremos un ejemplo real. Una educadora social escolar de un instituto, a través del contacto con varias alumnas y alumnos del centro, fue capaz de detectar formas de abuso a través de las nuevas tecnologías que se estaban normalizando entre la juventud. Esta situación que tenía lugar en el espacio digital, estaba afectando a la convivencia del centro sin darse físicamente en él. Esto dio lugar a la creación de una serie de actividades en distintos niveles de acción para prevenir y atajar este problema acuciante (Cid y Borges, 2018).

Cuando existen espacios y tiempos de contacto con el resto de profesionales escolares, se da la oportunidad de compartir información relevante, sin saltarse la confidencialidad en ningún momento, y revertir el conocimiento almacenado del alumnado en beneficio del centro, permitiendo elaborar estrategias educativas más globales y que se integren en los procesos normalizados del centro escolar.

Uso espacios no lectivos: Las educadoras emplean los ambientes informales y de paso del centro, así como los tiempos no lectivos, para realizar sus acciones, no reduciendo su espacio de intervención a las aulas o al despacho. Aprovechan los descansos para acercarse al alumnado y charlar distendidamente. Otras veces son los discentes los que utilizan las pausas para acudir al profesional de la Educación Social, pedirle una tutoría, una información concreta o simplemente contarle algo. Del mismo modo, en estas pausas, también se habla con el profesorado, padres, etc. Estas actuaciones no son insustanciales, sino que los frutos recogidos de estas pequeñas acciones son difundir una imagen positiva del centro, ofrecerse como persona de contacto,...básicamente lo que subsumimos en la categoría de construir la relación educativa.

Construcción de la relación educativa: Este es una de los fines fundamentales del trabajo de la Educación Social Escolar pero, por difuso y fragmentado, es difícil de valorarlo en su justa medida. Consiste en alcanzar cierto nivel de confianza o de apertura del alumnado (y del profesorado y las familias). No se consigue con una única medida concreta ni a corto plazo, sino que se va construyendo progresivamente. Es un proceso acumulativo, un trabajo de hormiga que requiere constancia, paciencia y perseverancia. El resultado de estas pequeñas acciones que se van realizando en el día a día, son que la comunidad educativa experimente una vivencia agradable y se difunda una imagen positiva de las profesionales de la Educación Social en la escuela. Este conocimiento previo del profesional, esta imagen positiva de su trabajo, facilita la construcción de la relación educativa entre las educadoras sociales y el alumnado y, en concreto, permite iniciar el trabajo individual desde un punto de partida más propicio para el tipo de actividad que se va a desarrollar.

> *Sí que es importante aumentar la presencia en los centros. A un chaval le es más fácil...no es lo mismo que te derivan "a alguien", a una educadora, a una psicóloga,... que te deriven a (nombre de la educadora) que ya te conocen. Es mucho más fácil que accedan a estar contigo a solas si ya te conocen.*
>
> *(Educadora Social)*

Seguimiento continuado. El trabajo de las educadoras sociales se caracteriza por mantener un contacto estrecho y continuo con el alumnado por iniciativa y tesón de las profesionales, que perdura en el tiempo. También puede consistir en las acciones de acompañamiento de la juventud, en la realización de cualquier trámite, visita, mediación de recursos, etc., allá donde se considere necesaria y oportuna esta medida de apoyo. Hay que tener en cuenta que el acompañamiento conforma un nivel de apoyo muy elevado en intensidad y adaptación, que de muy pocas instancias públicas se recibe, cumpliendo una función que no se da cubierto por otros servicios.

> *(...) me gusta porque las educadoras te tratan bien y siempre están pendientes de ti*
>
> *(Chico Adolescente)*

Pues la educadora se acerca a ti, se interesa por ti. Ella te busca y te pregunta que tal esto o aquello...cómo estás...cosas así.

(Chica Adolescente)

Este nivel de contacto es muy proactivo por parte del profesional, ya que buscan activa y frecuentemente formas, espacios y tiempos para comunicarse. Esto denota su interés por el alumnado, y este lo suele recibir de buen agrado.

Dimensiones personales y laborales

En este apartado se abordan factores relacionados con dimensiones personales y laborales que, sin ser los más relevantes, parecen tener incidencia en los efectos y que se resumen muy bien en este extracto:

La personalidad es importante para mí. Mi antecesora, que ahora está jubilada, empezó a trabajar (en la escuela) con 60 años y yo con 30. Eso es importante y por eso quise ofrecer algo diferente. El alumnado me percibe de forma distinta a ella. Pero, hablando con ella varias veces, tengo que decir que las ideas y formas de pensar y actitudes, somos muy parecidas; las dos tenemos una visión muy positiva del desarrollo de la infancia y de la juventud, queremos apoyar al alumnado, ayudarlo a ser autónomo, poner la personalidad del alumnado en primer lugar y no tanto la docencia. Somos muy parecidas, pero a pesar de ello ella desenvolvió otras actividades y otras habilidades.

(Educadora Social)

Edad: Las profesionales de la Educación Social suelen tener edades más próximas al alumnado, lo que se valora como un elemento favorecedor del vínculo educativo, aumentando la confianza del alumnado. Si esto es cierto, lo congruente sería reservar profesionales jóvenes para los puestos de trabajo que requieren contacto directo con la juventud.

Sin embargo, sentimos cierto recelo ante esta afirmación. Para empezar porque el profesorado está constituido por personas de diferentes edades (a medida que se van incorporando al cuerpo docente, se van rejuveneciendo los equipos), entre ellos profesionales con edades más cercanas al alumnado, y no parecen conseguir los mismos resultados. Por otra parte, los profesionales de la Educación Social Escolar encuestados oscilan entre los 30-40 años, es decir, son personas adultas en un periodo de madurez. Sin negar que el factor edad influya, pensamos que la percepción de "juventud" en estas profesionales está muy ligada a su forma de comunicarse y por el tipo de trato dispensado. Del mismo modo, consideramos que el factor decisivo para la construcción del vínculo educativo está mucho más determinado por los factores profesionales que por la edad.

Es decir, la edad podría constituir un elemento facilitador de la apertura del alumnado en los primeros estadios de la relación educativa, pero por sí sola no la va a consolidar, sino que será el fruto de las savia profesional del árbol de la Educación Social.

210 Por otra parte, habría que averiguar si la permanencia en el centro y la estabilidad del profesional anula el factor "edad" como posible inhibidor de la relación de confianza.

Idiosincrasia profesional: Esta dimensión es una apelación a la singular caja de herramientas que cada profesional dispone. Esta se va construyendo a lo largo de los años con piezas procedentes de sus conocimientos, gustos y experiencias, y se va definiendo a la par del propio desarrollo personal del individuo. Afirmar esto no significa cuestionar el tronco común de la profesión, puesto que se comparten paradigmas teóricos y objetivos educativos, sino que se pretende destacar que las habilidades personales de cada profesional van a dar "su toque" a las respuestas educativas que ofrezca.

Así pues, las tareas que van a asumir las educadoras sociales, además de comprometerse con los encargos y adaptarse a las necesidades del centro, también la forma en la que se concreten, va a depender de los recursos profesionales propios de la persona contratada.

Externalidad: Según esta dimensión, se plantea la externalidad como ventaja. Quiere decir que el vínculo educativo de la juventud con las profesionales de la Educación Social se ve reforzado cuando estas no forman parte del personal educativo del centro.

> *Al final, ellos cuentan todo. Y el ser externos al centro los chavales no nos ven como a nadie que los vaya a juzgar, a evaluar,... entonces con nosotros se abren mucho.*
>
> *(Educadora Social)*
>
> *Cuando vienen de fuera del centro, los alumnos también prestan más atención; cambio de profesor, de metodología,... las metodologías al mejor son más dinámicas...entonces llegamos mejor al alumnado.*
>
> *(Orientadora I.E.S.)*

La externalidad se puede entender desde dos prismas: como la pertinencia institucional (la institución o administración que contrata) o el lugar de trabajo (la escuela como referencia). En España, lo habitual, es que confluya la escuela como lugar de trabajo de referencia y la contratación por parte de la administración educativa, convirtiendo a los los profesionales de la Educación Social en personal de la institución escolar (Cid y Borges, 2022). Sin embargo, en Alemania, los profesionales de la Educación Social pueden ser personal de los servicios sociales o del tercer sector, pero siguen teniendo a la escuela como lugar de referencia, aunque no sean personal de la escuela.

A tenor de los resultados obtenidos, pensamos que la externalidad no es un facilitador del vínculo. Esta es una interpretación equivocada que manifiestan exclusivamente las muestras de los profesionales tradicionales escolares (profesorado, dirección y orientación- y algunas educadoras), ya que, desde las valoraciones del alumnado, no se apunta en ningún momento a la externalidad como ventaja tanto en nuestro estudio como en otros (Zipperle et.al, 2023). Esto es, las virtudes que ensalzan los discentes de la Educación Social Escolar, no están relacionadas con la ubicación laboral de los profesionales de la Educación Social, sino más bien con las diferencias profesionales que perciben entre equipos docentes, dirección, orientación y educadores y educadores.

Por lo tanto, defendemos que no es la externalidad la que produce los efectos positivos, sino la novedad de la especificidad profesional. Esto es así porque cuando se alude directamente a la "externalidad" como ventaja, al concretar las virtudes de la acción socioeducativa escolar profesionalizada, emergen otras dimensiones que hacen referencia explícita a las características profesionales: las metodologías activas, que no sea un docente, la ausencia de la función evaluativa, que no juzgan al alumnado etc., es decir, inherentes al ámbito disciplinar y no al vínculo profesional.

El alumnado, principal destinatario de la acción, no apunta hacia esa dimensión en ningún momento y alude a factores que apelan, de nuevo, a la dimensión profesional: la confianza, el trato, la comunicación, el interés, la participación, etc. Lo que, desde nuestra visión, confirma que la externalidad como ventaja es un prejuicio que únicamente aparece en las muestras pertenecientes al personal tradicional escolar y a las educadoras sociales externas en la escuela.

La prueba definitiva de ello es que los programas de Educación Social Escolar caracterizados por tener personal adscrito al centro escolar, demuestran que la pertenencia a la escuela no supone ningún obstáculo para convertirse en referente del alumnado. Más bien, todo lo contrario.

2.5.6.2 *Modelo de corresponsabilidad socioeducativa*

Como dice Petrus (2004), "en educación pocas cosas se consiguen por decreto o a través de expedientes administrativos."(p. 101). Obligar a cooperar es un oxímoron. Para que exista y sea eficaz, tiene que darse de forma voluntaria. Así que, además de especificar la colaboración en la normativa de las diferentes legislaciones, manuales o proyectos (que en muchos casos parece que simplemente se evoca de forma manida), es más interesante crear las condiciones necesarias para que ese trabajo conjunto pueda darse con las mejores garantías posibles, porque gran parte del éxito de cualquier medida educativa radica en una buena formulación de los equipos de trabajo, que sitúen a cada profesional en una situación favorable a desarrollar su especificidad profesional (Sáez y García-Molina, 2006).

Por este motivo, consideramos que la filosofía cooperativa que debe establecerse entre profesionales de la Educación Social y los equipos docentes, dirección y orientación de centro, etc., es el que proponemos a continuación: el modelo de corresponsabilidad socioeducativa, se caracteriza por los siguientes principios:

212

— *Lugar de trabajo de referencia: el centro escolar.* Como se ha probado, la presencia continua de los profesionales de la Educación Social en la escuela, aumenta el contacto con el alumnado en cantidad e intensidad, pero también su disponibilidad para los docentes. No solo aumenta la disponibilidad y la intensidad, sino que se integra más fácilmente en la vida diaria de la escuela.

— *Trabajo a nivel de departamento.* Es vital que los profesionales de la Educación Social trabajen a nivel de departamento, para que sus acciones se integren en los proyectos escolares. Esto es, que sean asumidas como propias por los profesionales tradicionales escolares. La colaboración con los docentes ayuda a transversalizar su trabajo, favoreciendo que la Educación Social *habite* progresivamente la escuela. Como apuntan nuestros resultados, cuando la cooperación es más igualitaria, el alumnado habla en mayor medida con el profesorado, lo que puede significar que se transversaliza con éxito la perspectiva socioeducativa en el la escuela.

— *Relación colegial.* Educadoras/es y equipos docentes deben tener igual estatus para equilibrar el peso de los objetivos de socialización/instrucción en la toma de decisiones. Los profesionales de la Educación Social necesitan autonomía para que los objetivos de socialización estén presentes en la vida diaria del centro, para equilibrar el peso de ambos objetivos en la toma de decisiones, porque sus acciones son beneficiosas para la comunidad educativa porque los objetivos socioeducativos son inherentes a los instructivos y las actividades socioeducativas son un apoyo a las prácticas instructivas de los docentes.

— *Corresponsabilidad socioeducativa.* Las premisas anteriores de cooperación e igualdad, conducen a otra idea importante: que la filosofía del modelo cooperativo debe ser también de *corresponsabilidad socioeducativa e instructiva.* Es decir, que profesionales de la Educación Social y profesionales docentes deben compartir objetivos educativos escolares (de instrucción y socialización), pero las tareas y las funciones deben dividirse en base a las competencias y conocimientos profesionales. Por lo tanto, el profesorado debe asumir su rol socioeducativo y no debe desvincular a los profesionales de la Educación Social de la instrucción (Rodorigo y Aguirre-Martín, 2020).

Es fundamental contemplar estos aspectos de la colaboración, puesto que la consolidación de la profesionalización de la Educación Social en el ámbito escolar está altamente vinculada con las estructuras, recursos y organigramas de trabajo que se instauren (Sáez y García-Molina, 2006).

2.5.6.2.1 Facilitadores de la cooperación

Mediante la suma de los resultados de nuestro estudio, junto con otras investigaciones y reflexiones, hemos elaborado una serie de acciones que mejoran la cooperación entre estos grupos profesionales.

Organizativos	-Consenso ante objetivos de trabajo compartidos.
	-Planificar un proyecto de Educación Social Escolar consensuado.
	-Integración de la profesional de la Educación Social dentro de los órganos colegiales del centro.
	-Crear espacios y tiempos de intercambio de información sistemáticos (Los necesarios, no superfluos para evitar la "reunionitis").
	-Coordinación constante.
	-Autonomía profesional
Comunicativos	-Comunicación directa, sin intermediarios, entre ES y Profesorado.
Laborales	-Mismo status profesional y mismas condiciones laborales.
	-Estabilidad de los profesionales y de los programas de ESE.
Formativos	-Socialización profesional: formación inicial y permanente
Normativos	-Normativas que aglutinen en un único documento, las funciones y objetivos a desempeñar expresadas de forma focalizadas, que aclaren los posibles solapamientos con otras figuras o funciones profesionales y que indiquen expresamente las funciones que no deben desempeñar: docentes, evaluativas, control y vigilancia, punitivas, etc.

Tabla 19 *Facilitadores de la cooperación entre el Profesorado y ES dentro del modelo cooperativo de corresponsabilidad escolar.*

Como ya se han tocado casi todos los temas y para no reiterar información, solo se describirán los facilitadores formativos, aún no abordados.

Facilitadores formativos: socialización profesional: formación inicial y permanente

Formación permanente. Urban (2003, p.3) considera que crear una formación permanente común de educadoras y profesorado sería una buena forma de mejorar el trabajo conjunto en los centros. Esta formación profesional continua sería un espa-

214

cio de encuentro entre ambos profesionales, en el que se tratarían temas y problemáticas comunes y se aprenderían estrategias de trabajo conjunta. Esta formación contribuiría a visibilizar las culturas de trabajo de cada profesional y a reflexionar sobre la especificidad de las prácticas que se llevan a cabo, ayudando a definir elementos de su identidad profesional (Iglesias y Sánchez, 2008; Speck, 2006).

La mayor dificultad para que esto suceda es que la Educación Social y los equipos docentes tienen diferentes concepciones sobre los temas que deben tratar desde la formación continua.

En Galicia existen también dificultades para realizar de forma conjunta cursos de formación permanente. El sistema de formación del profesorado dependiente de la Consellería de Cultura, Educación e Ordenación Universitaria, establece como criterios de admisión para realizar esta formación ser personal docente de centros públicos dependientes de la propia Consellería o de centros privados o concertados. Existen otras ofertas formativas que se realizan desde Sindicatos y Universidades en el que, dependiendo de criterios específicos señalados en la convocatoria de cada actividad, podrían tener acceso más perfiles formativos, pero en muchos casos no tienen prioridad. Permanece aún en la concepción de la administración esa obsoleta distinción entre educación formal y no formal.

Formación inicial. Sáez y G. Molina (2006) afirman que la socialización en la cultura profesional empieza (o debería empezar) en las etapas de formación, porque durante este tiempo se socializa en la cultura y en los modos de ser de la profesión. Tomando como referencia esta idea, proponemos que en las facultades de educación, las titulaciones de Magisterio y Educación Social se conviertan en un campo relacional, compartiendo espacios de trabajo y/o aprendizaje. Esto tiene como finalidad "sumar e integrar conocimientos con propósitos formativos orientados a enriquecer las prácticas educativas y sociales, dotándolos de un enfoque interdisciplinar que nutra el trabajo colaborativo" (Caride, *et al.* 2017, p. 92).

La importancia de crear una formación que socialice en la cultura del trabajo aparece en los resultados del estudio de los profesionales que trabajaban en residencias infantiles del Reino Unido de Meg Lindsay (2000, p. 2-3, citado en Sáez y Molina, 2006, p. 277). Este trabajo pone de manifiesto que, ante la ausencia de esa socialización formativa que les permita adquirir un sistema de valores, los trabajadores y trabajadoras adoptan predominantemente las ideas de la cultura de su lugar de trabajo, que son susceptibles de ser gratificantes o bien de promover actitudes negativas. Lo ideal sería que tanto la Universidad como los colegios profesionales asumiesen esta función para fomentar en los futuros profesionales una cultura del trabajo adecuada.

2.5.6.3 Límites de acción profesional con los equipos docentes
Un aspecto que ayuda a delimitar las tareas profesionales entre el profesorado y la Educación Social, es señalar dónde se encuentran las líneas divisorias en el reparto de funciones. Para ello hemos utilizando, principalmente, los datos de nuestro estudio (Borges, 2023).

En general se considera que los límites son fluidos y se concretan en función del caso y del momento, hablando. Los únicos límites claros entre educadoras y profesorado son aquellos que tienen que ver con las funciones inherentes a los equipos docentes.

Los límites más claros y que más "consenso" suscitan son los referidos a las tareas instructivas: el profesorado es el principal responsable de la parte de contenidos instructivos, docencia, evaluación y rendimiento académico del alumnado. Por lo tanto, la Educación Social no puede asumir este tipo de tareas.

Consecuencia de lo anterior, es que la profesional de la Educación Social no debe tampoco hacer cuestionamientos sobre temas que tenga que ver con las calificaciones, los aprobados o suspensos e incluso los "problemas motivacionales en el aprendizaje", puesto que se consideran competencia del profesorado. Estas fronteras son, en general, valoraciones compartidas.

> *Cuando el rendimiento escolar desciende pero el problema tiene que ver con contenidos instructivos o mejora del aprendizaje, entonces soy yo la persona de contacto. El tema central es cuál es la mejor forma de organización y cómo se puede aplicar. Cuando se tratan de derribar conflictos, este es un ámbito de trabajo para ESE. Es una manera de situar los límites entre los ámbitos profesionales, pero los límites fluyen. Por supuesto que el profesorado hace también Educación social escolar y cooperamos, pero es una forma de focalizarlo.*

(Profesor de IES)

Por una parte, parece ser una buena optimización de los recursos profesionales, atendiendo a las coordenadas disciplinares de docentes y educadoras, que el profesorado se encargue de las funciones relacionadas con la instrucción: docencia, evaluación y motivación del alumnado. Especialmente significativa es esta última, en la que el profesorado es responsable de hacer crecer la motivación para el aprendizaje de su materia entre los discentes y no esperar siempre que esta venga interiorizada de casa. Pero también se apunta a lo improcedente de problematizar el comportamiento del profesorado en el aula y de objetar todo lo relacionado con la evaluación, puesto que el docente no consentiría ser cuestionado. Esto tiene mucho que ver con su cultura profesional y su estilo individualista, acostumbrado a trabajar en solitario.

Atendiendo, pues, a los límites profesionales, el educador o educadora social no debe persuadir al profesorado para que cambie las cualificaciones académicas de un discente haciendo alusión a las circunstancias personales del alumnado como causas

216

atenuantes o lenitivas. Tampoco debe hacerlo ante una agresión o una falta. La Educación Social no está en la escuela para eximir al alumnado de las consecuencias de su comportamiento porque si no renunciaría a su función ético/educativa. Del mismo modo, no le compete a la Educación Social polemizar en cuanto a la didáctica y contenidos de la materia en sí (que, siendo deficiente, en todo caso, sería competencia de jefatura de estudios o de dirección).

Otro tema distinto es el de cuestionar determinados comportamientos o actitudes que pueden interferir en un buen desarrollo de la infancia o la juventud, cuando estos atañen al profesorado. La escuela debe orientarse al alumnado (Touraine, 2006), no a ningún sector profesional. Esto implica que no se debe colocar siempre y únicamente la "culpa" de una situación educativa en exclusividad en el alumnado y en sus familias, y se deben analizar también qué otros elementos están incidiendo negativamente en una determinada situación. Algunos de ellos, como ya se ha puesto de manifiesto, pueden ser la falta de sensibilidad o competencia socioeducativa de los equipos docentes o una incorrecta percepción de la juventud que genera conflictos, o una escuela que no funciona adecuadamente.

> *Cuando un profesorado solo se centra en su trabajo, que él tiene razón, entonces yo tengo as veces que decepcionarlo, porque hay cosas que son más importantes que la clase. Y hay profesores que no lo llevan bien cuando entienden esto, cuando lo valoran en el momento.*

> *(Educadora Social)*

Por todo ello, la Educación Social, sin interferir en las funciones profesionales ajenas, debe introducir su perspectiva. La Educación Social y, por ende, sus profesionales, no pueden moderarse en aras de la paz, eludiendo la confrontación de ideas; no debe desistir en su empeño de introducir la variable sociopedagógica en la vida diaria del centro, a pesar de que pueda tener una audiencia no suficientemente sensibilizada e incluso que lo conduzca a algunos conflictos. De hecho puede ser una cualidad muy apreciada en el profesional de la Educación Social Escolar, cuando existe una buena sensibilidad ante la cuestión socioeducativa, el hablar con honestidad con el profesorado, dándole la importancia que tiene su ámbito de trabajo en la consecución de los objetivos educativos escolares, aportando una nueva perspectiva.

> *Entrevistadora: ¿Cuáles son los puntos fuertes de la educadora social escolar? (…) coraje para desvelar verdades incómodas al profesorado.*

> *(Directora Instituto)*

En la siguiente matriz de dos variables hemos intentado plasmar, de forma muy simple, los casos en que podría y no debería darse este cuestionamiento.

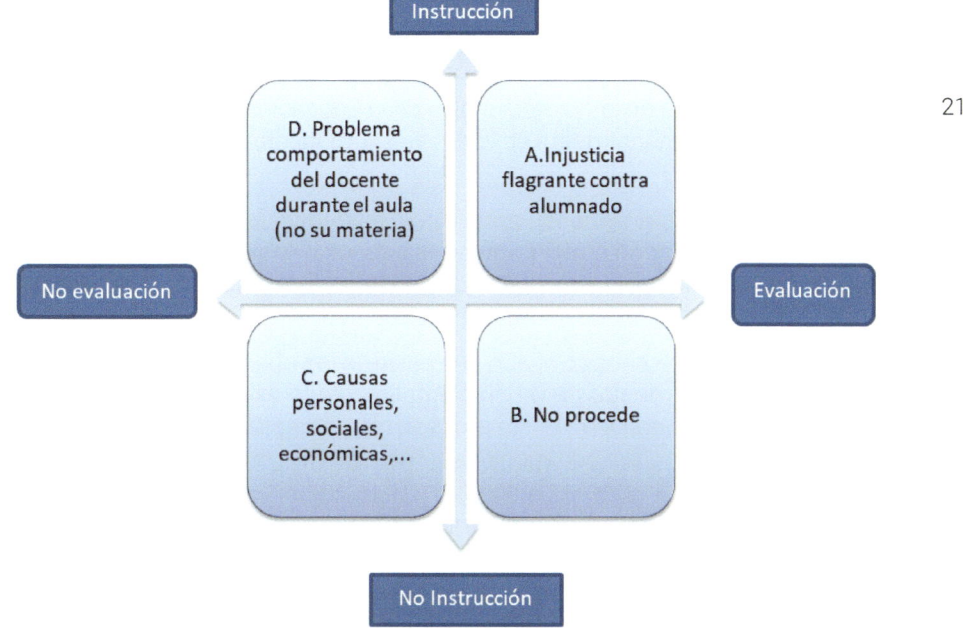

Figura 45 *Matriz de dos variables sobre las acciones del profesional de la Educación Social en referencia a las competencias docentes.*

A. Cuestionar la instrucción y la evaluación, solo se justificaría en casos muy graves en los que no se han respetado los derechos del alumnado, y sería una labor a realizar a nivel de centro escolar, no solo del profesional de la Educación Social.

B. Cuestionar la evaluación y no la instrucción, no procede en absoluto. La evaluación es un ámbito del profesorado, guiado concretamente por las leyes educativas en cuanto a contenido y formato y competencia de otros departamentos escolares.

C. Dejar fuera de objeto a la instrucción y la evaluación, significa que el alumnado se ve afectado por factores sociales o personales, etc. (por ejemplo un caso de divorcio conflictivo) y, por lo tanto, su origen no está en la escuela. Esto no implica que desde el centro, en general, y desde el aula, en concreto, no se puedan adoptar determinadas medidas de apoyo para que el problema no se transforme en escolar.

D. Serán pertinentes las objeciones a la instrucción, cuando el problema radique en que las dinámicas relacionales establecidas entre un alumno/a y un profesor/a sean perjudiciales, o cuando el comportamiento docente no favorezca el aprendizaje, en el sentido explicado anteriormente.

2.6 Actividades y métodos de la educación social escolar

Uno de los temas predilectos y que más páginas acopian, es el de las actividades, funciones y competencias específicas. Probablemente, la pretensión por hacer visible las potencialidades de los profesionales de la Educación Social Escolar ha hecho que se incidiera vehementemente en estos ejes temáticos; los más visibles, por otro lado.

En las actividades cobran vida los propósitos, es donde se materializa lo abstracto de los objetivos; el lugar en el que confluye la intención, los conocimientos, las habilidades y los fines. Sin actividades que encarnen las voluntades, los planes educativos no serían nada más que un *desiderátum* pedagógico.

Las actividades deben ser un continuo que parte de los objetivos explícitos de la Educación Social Escolar, dentro de un plan amplio creado *ex profeso* para ese centro. Es decir, no se pueden convertir en un fin en sí mismas, aplicando tal cual actividades y planes siguiendo "modas pedagógicas" (Trilla, 2018) como sucede en ocasiones bajo la influencia del paradigma tecnológico (García-Molina 2003). Es tentador dejarse seducir por la seguridad y aplomo del discurso técnico en contraste con lo amplio y abstracto de la tarea socioeducativa. Pero la idealización del paradigma tecnológico tiene sus claroscuros, entre ellos "la acción sin reflexión" y la "innovación" *per se*, adoptando medidas de otras disciplinas sin pasar por el filtro de la pedagogía. Esto es, sin reflexionar sobre los fundamentos epistemológicos de los que se nutre y los efectos que produce, lo que convierte a la Pedagogía Social en una tecnología, en una mera aplicación de técnicas totalizantes y universalizadoras (García-Molina, 2003).

De ahí la necesidad de pasar por la lente de la pedagogía las valiosas aportaciones de otras disciplinas porque, como señala García-Molina, una de sus virtudes es su ligereza, ya que "la pedagogía encuentra su quehacer dentro de los límites que impone lo real" (2003, pp.52-53). Es decir, integra los límites y los enigmas que la propia actividad educativa implica, pero reflexiona sobre ellos, *evitando estandarizar las respuestas*.

Por eso, quien espere encontrar en las siguientes páginas un modelo de programación de actividades a implementar, se llevará una decepción. Es perfectamente factible, pero pedagógicamente cuestionable. Un modelo de Educación Social Escolar puede inspirar, pero no se debe copiar; deben ser creados *ad hoc*, en armonía con la realidad de esa escuela en concreto y en consenso con el resto de profesionales y alumnado del centro.

Un contenido universal, como el fomento de la salud, puede aplicarse y enfocarse de distintas formas en los centros escolares. En algunos se incidirá en la alimentación, en otros en el ejercicio físico y en otros en la salud sexual y las relaciones interpersonales, dependiendo de la edad y del contexto. En algunos centros, estos programas los desenvuelven los docentes o las familias con éxito, así que el profesional de la Educación Social puede abstenerse de actuar y enfocarse en otro tema. No es lo mismo trabajar en un centro escolar de una zona rural que de una zona urbana o industrial; no es lo mismo un centro de primaria que de secundaria, etc. Sus características y circunstancias son las que van a imprimir el carácter de las actividades. Por lo tanto, los programas *ad hoc* acomodan las actividades tanto al centro como a las personas y al entramado comunitario con en el que coexisten.

Por ello, los temas que se van a tratar en este apartado serán los contenidos que se suelen abordar, los criterios de calidad que deben tener las actividades, puesto que en algunos casos se han observado medidas cuestionables, contrarias a la profesión, los límites de las actividades y, por último, los métodos que más habitualmente se aplican.

2.6.1 Contenidos de las actividades a nivel grupo-clase

En este apartado vamos a describir algunas de las actividades más habituales subsumiéndolas en bloques temáticos. Podríamos aglutinar en 5 los contenidos de las actividades a nivel grupo-clase.

— *Bloque 1.* El primero está formado por aquellos temas que tienen que ver con el fomento de la convivencia en el centro.

— *Bloque 2.* Otro bloque está compuesto por temas socioeducativos que buscan mejorar el desarrollo de la infancia-adolescencia, básicamente relacionados con la promoción de la salud integral.

— *Bloque 3.* Otro bloque versaría sobre acciones que busquen preparar al alumnado para la vida adulta y/o confrontar las vicisitudes de la adolescencia.

— *Bloque 4.* En este caso los contenidos pretenden educar al alumnado en determinados valores democráticos o sensibilizarlos ante problemas sociales.

— *Bloque 5.* Son aquellas actividades relacionadas con el ocio y la cultura.

Bloque 1 Convivencia	Bloque 2 Salud	Bloque 3 Vida	Bloque 4 Valores	Bloque 5 Ocio
Resolución conflictos.	Sexualidad.	Autonomía.	Crisis climática.	Visitas culturales.
	Drogodependencias	Buen uso nuevas tecnologías	Igualdad.	Excursiones.
Mediación.	Alimentación.	Orientación empleo, formación.	Racismo	Talleres lúdicos o actividades deportivas.
HHSS.	Deporte.		Democracia.	

Tabla 20 *Ejemplos de contenido de las actividades por bloque temático.*

En la siguiente tabla se pueden consultar los resultados de un estudio realizado en Alemania donde aparecen las actividades que más frecuentemente realizan los proyectos de Educación Social Escolar, en el que se observa cómo se va adaptando la temática al tipo de centro educativo.

220

Actividades habituales	Primaria (6-10)	10-18 años Gesamtschule	10-18 años Gymnasium	F.P.
Competencias sociales	■	■	■	■
Conflictos entre el alumnado	■	■	■	■
Alumnado sobrepasado por el rendimiento escolar	■	■	■	■
Bullying	■	■	■	■
Problemas Familiares	■	■	■	
Actos violentos	■	■	■	■
Orientación profesional, laboral o vital.		■	■	■
Cybermobbing		■	■	■
Rechazo/desmotivación escolar		■	■	■
Pobreza, falta de recursos		■	■	■
Problemas psíquicos o trastornos		■	■	■
Adicciones		■	■	■
Fomento participación del alumnado en el centro		■	■	■
Conflictos alumnado-profesorado			■	■
Sexualidad			■	■
Apoyo de ideas y proyectos alumnado		■		
Democracia y conductas antidemocráticas			■	■
Migraciones				■

Tabla 21 *Realización de actividades más habituales por centro (Markert y Pust, 2023).*

2.6.2 Criterios de calidad de las actividades

Planificación de las actividades *ad hoc*

La filiación de la Educación Social no debe ceñirse a un tipo de acción de forma exclusiva e inflexible, sino que debe adaptar sus actividades a la idiosincrasia del centro escolar. Por eso, consideramos que los programas deben ser planificados *ad hoc*, es decir, construidos por consenso dentro de cada centro educativo con todos los gremios implicados adaptándose a la situación de cada escuela. Esto no es óbice para que exista una regulación del campo de trabajo y del puesto, que debe ser concluyente en los objetivos, condiciones y lugar del profesional en la escuela para evitar el solapamiento y atribución de funciones impropias, pero no debe ser dogmática en su aplicación a la hora de ser materializada en tareas. A veces, las normativas tienden a realizar una desmesurada atribución de tareas que, aunque sean adecuadas e interesantes a nivel documental y legislativo, son poco realistas y factibles a nivel práctico. Con lo cual, no dejan de ser pretensiones que convierten los encargos en papel mojado. Un educador/a social escolar no puede abarcar la totalidad del trabajo socioeducativo de una escuela. Además, los propios centros, en mayor o menor medida, ya se realizan actividades de Educación Social que los nuevos profesionales deben aprovechar y potenciar, o simplemente abstenerse de actuar cuándo funcionen adecuadamente.

Esta descentralización (Speck, 2020) coadyuvaría a que cada proyecto de Educación Social Escolar se creara *ad hoc*, en función de la priorización de necesidades y las particularidades existentes en cada centro. Adaptar los proyectos de Educación Social Escolar a cada centro permitiría llevar a cabo programas realistas, factibles y con impacto en las escuelas, así como adaptados a las necesidades del territorio en el que se encuadra y a la propia personalidad y habilidades de los y de las educadoras sociales que los llevan a cabo, aprovechando la idiosincrasia de cada recurso profesional.

Intensidad e integridad de la acción: ni pedagogías de gestión ni del postureo

En muchas ocasiones se instauran procesos ficticios de acción socioeducativa escolar que hemos subsumido en dos categorías: las *pedagogías de gestión* de Giroux y las del *postureo*, de cosecha propia, permitiéndonos el uso de esta expresión coloquial.

Por un lado, estarían las prácticas que englobamos dentro de la categoría de *pedagogías de gestión* (Giroux, 1990), acciones en las que el valor se mide en términos burocráticos de presencia y cantidad; de gestión de los recursos. Suelen ejecutarse por medio de intervenciones puntuales y que sirven a modo de "*check*" de las actividades recogidas en el Plan de Acción Tutorial o en el Proyecto Educativo de Centro.

Un ejemplo común de esta práctica es que en muchos centros de secundaria cuentan con multitud de colaboraciones con entidades del tercer sector para que impartan diversos talleres socioeducativos en el centro escolar. Cada entidad se encargaba de realizar una o dos sesiones anuales sobre una temática que esté recogida en el Plan de Acción Tutorial. El profesorado tutor en muchas ocasiones no está presente en ninguno de estos talleres ni tampoco participa de su planificación ni de su organización, por lo que resulta difícil que las actividades tengan continuidad en el centro.

222

Por otro lado, estarían las que hemos denominado *pedagogías del postureo*, para hacer referencia a las prácticas escolares en las que se exhiben las actividades más vistosas de cara al exterior, pero sin que en muchas ocasiones estas estén apoyadas en objetivos educativos de cambio y transformación. Son acciones revestidas de oropeles que se realizan a efectos propagandísticos y de imagen. Su existencia está muy ligada a las redes sociales de ahí que se enfatice la apariencia y se desatienda el contenido. En estos casos la acción socioeducativa se engalana con motivo de "días mundiales", festividades, acciones innovadoras, propaganda, etc. que inflan la oferta escolar.

En el caso siguiente, se puede ver una buena muestra de ello.

> *Un centro escolar de primaria subió a sus redes sociales una actividad realizada con su alumnado para conmemorar el día Internacional de la Eliminación de la Violencia contra la Mujer. Se trataba de vídeo de una canción pop que abordaba la temática desde la teoría feminista y que se había hecho conocida en las últimas semanas. En el vídeo se mostraba al alumnado haciendo playback de la canción y bailando al son de la música. A eso se limitó la acción "educativa"; al vídeo. No se trabajó ningún contenido más con el alumnado: ni el concepto ni los datos ni los hechos. Ni siquiera existía algún elemento artístico ni musical de valor. Eso sí, el vídeo estaba acompañado un título con muchas soflamas: "El Colegio X y su alumnado demuestra su compromiso contra la eliminación de todas las formas de violencia contra las mujeres".*

Como se puede observar en el ejemplo anterior, el objetivo no es el aprendizaje, sino propagandístico, dar una buena imagen; no es ser, sino aparentar.

Estas (pseudo)pedagogías están en sintonía con lo que Torrego y Moreno (2008) denominaron "turismo escolar", para describir el enfoque escolar sobre los contenidos transversales, el ir aquí y allá sin profundizar en nada, lo que supuso un avance con respecto a la modalidad anterior de asignaturización de los valores, pero que tampoco llega para abarcar una formación integral del alumnado.

Lo que caracterizaría a estas pedagogías socioeducativas de gestión y del postureo serían los siguientes aspectos:

- ✓ Son actividades eminentemente puntuales, marginales y adicionales.
- ✓ No tienen continuidad en el centro escolar.
- ✓ No forman parte del Plan Educativo del Centro.
- ✓ En la vida diaria del centro escolar no se llevan a cabo o bien se ejercen los valores contrarios.
- ✓ Su objetivo *de facto* no es el aprendizaje del alumnado (sino propagandístico, burocrático, etc.).

Preservar el eje educativo como núcleo de la acción

Las prácticas de la Educación Social deben estar impregnadas de la filosofía ética-educativa porque, cuando el modelo educativo no lo suministra la Pedagogía, el eje educativo se desplaza y puede dar lugar a que sean las lógicas de control las que dirijan el rumbo de la acción (Moyano, 2012).

En el campo concreto que nos ocupa son especialmente relevantes las siguientes áreas:

— Prácticas de vigilancia y control.

— Competencias ajenas a su función profesional.

Como norma general, no deben asumir funciones que no contengan el eje educativo en sus prácticas, que devienen fácilmente en actividades meramente de control y vigilancia, que convierten al profesional de la Educación Social en cómplice y rehén de acciones que favorecen su propia desprofesionalización.

En concreto, no se debería destinar a los profesionales de la Educación Social para vigilar pasillos, controlar recreos, supervisar comedores y transporte, si son actividades que no están sostenidas por unos objetivos educativos más amplios, además de suponer un considerable desperdicio de recursos profesionales valiosos que podrían hacer otras tareas más apropiadas. Del mismo modo, como ya se ha repetido, no deben asumir competencias docentes ni evaluadoras, porque suponen un obstáculo a la ya ardua tarea de crear y mantener el vínculo educativo de confianza pertinente con el alumnado. Y lo mismo se puede aplicar al campo de las intervenciones terapéuticas; existen otros campos disciplinares a los que les compete esta función. Asimismo, como decíamos, tampoco deberían asumir actividades pomposas conformadas por medidas cosméticas; adornadas con grandes palabras pero acompañados de pequeños (o nulos) efectos. Tampoco deberían ser cómplices de actuaciones que supongan una merma de los contenidos educativos, en las que el alumnado segregado según su rendimiento académico, se le acaba ofreciendo una formación devaluada (Escudero et. al., 2009), reducida en su componente educativo y exacerbando el contenido actitudinal y moralista.

Para clarificar la realidad a la que nos estamos refiriendo, en el que se desplaza el eje educativo y pasa a someterse a la Educación Social a prácticas de control y vigilancia, vamos a describir un programa real en el que se da esta situación. Confluyen, además, otros factores ya descritos, como la falta de autonomía profesional de la Educación Social, la excesiva dependencia de dirección de centro y la ausencia de sensibilidad socioeducativa de este agente.

Un buen ejemplo serían todas esas "aulas educativas o de convivencia" etc. que mudan de nombre pero no de filosofía (Barranco et. al. 2012), como es el caso de las "*Training room*" que vamos a explicar a continuación. Esta aula era uno de los principales encargos de un educador social de un centro de formación profesional de Baja Sajonia, que se destinaba a recoger al alumnado que tenía comportamientos disruptivos en el aula. En teoría, esas aulas tenían el cometido de reflexionar sobre el comportamiento inadaptado del alumnado: disculparse, resarcir y comprometerse con el cambio de conducta, y permitir que el alumnado que tuviese un buen comportamiento en el aula, pudiese seguir las clases, lo cual es un objetivo legítimo. Estaba, además, acompañada de mucho material visual acerca del organigrama que indicaba cada uno de los pasos del protocolo.

El funcionamiento era el siguiente: el profesorado enviaba al alumnado disruptivo a esta sala y le daba instrucciones al educador responsable; le contaba lo que había pasado y lo que debía escribir el alumno/a en cuestión en una ficha. Al llegar a la sala, el educador le asignaba un sitio separado del resto de jóvenes y le daba un formulario a cubrir. En este formulario, el alumnado debería responder a una serie de preguntas estructuradas: qué había hecho mal, qué consecuencias tenía para el resto, porqué lo había hecho y por qué no lo haría en el futuro. Una vez rellenado "satisfactoriamente", esto es, según los criterios indicados por el profesorado, se le enseñaba al educador y, si este estaba de acuerdo con el contenido, volvía a la clase. Sino, debía permanecer en la "Training room", hasta la siguiente clase o hasta el recreo.

Omitamos por un momento que el método se centra únicamente en el alumnado, desde una perspectiva unidimensional, sin tener en cuenta el eje estratégico situacional y que el profesional de la Educación Social se limita a recibir instrucciones del profesorado. En el párrafo siguiente se transcribe el registro de observación del aula:

El alumnado expulsado de clase, reunido en el aula de resolución de conflictos, se sienta con mucha distancia uno de los otros. A primeras horas de la mañana el aula estaba casi llena. El educador social se encarga de que la separación entre el alumnado sea considerable; les dice incluso donde sentarse. La actitud de gran parte del alumnado es de aburrimiento, desidia, enfado y desmotivación. Muchos escriben sin ganas. Otros no hacen nada. Durante el tiempo en el que se observó el aula -1 hora-, no se vio avanzar a casi ningún alumno/a en la realización de la ficha. Solamente uno se levantó a preguntarle al educador, si llegaba con lo que había escrito, y el educador se limitó a darle una pequeña instrucción para que terminada de cubrir la ficha "correctamente". Dicha instrucción procedía del profesorado que lo había expulsado, que en un papel informaba de lo que había pasado y a esos datos tenía que ceñirse la "declaración" del alumno/a en cuestión. Cuando quedaba poco para finalizar la hora de clase, el educador hizo el pertinente aviso. En ese momento, ante la inminente llegada del recreo, es cuando el alumnado se afanó en finalizar la ficha. Más allá de que la filosofía de la actividad afirme que se busca fomentar la reflexión y la asunción de las consecuencias de su conducta, no se observó nada de eso. No hubo ni rastro de reflexión ni siquiera diálogo. La comunicación era áspera, dominante. Solo se daban órdenes. No es un aula educativa, es un lugar de autoinculpación del alumnado bajo pena de, en primer lugar, comunicárselo a los padres y, si esta amenaza no funciona, se juega la carta de la expulsión.

(Registro observación ESE Realschule)

Como se puede observar, a pesar de los grandes lemas de la actividad, no se buscaba la reflexión del alumnado, puesto que no ha lugar a que se expresen libremente, sino que se buscaba su sometimiento, la aceptación sin fisuras de la visión del profesorado. Los efectos que tienen estas medidas son de sometimiento y domesticación del alumnado, pero no de tipo educativo.

Esta experiencia, que tiene muchos aspectos reprochables, supuso una mejora, puesto que la anterior directora del centro tenía lo que, tomándonos una pequeña licencia, hemos denominado *"libro de los pecados"*. Era una libreta en donde recogía todas y cada una de las faltas que cometía el alumnado (de las que tenía constancia). Cuando este reincidía, les recitaba su lista de defectos.

En este tipo de actividades, se observa cómo se capitaliza la fuerza ideológica de conceptos innovación, educación, reflexión, etc. pero adulterando su contenido. Aunque estas medidas se hagan con buenas intenciones, pecan de ser "más de lo mismo"; tienden más a la orientación punitiva que educativa, judicializa la vida escolar e incluso crea más burocracia en la institución (Torrego y Moreno, 2008).

2.6.3 Límites de la acción profesional de la Educación Social Escolar

El trabajo de la educadora social debe ser responsable, lo que en ocasiones significa claudicar o inhibirse cuando su actuación haga más mal que bien. En muchos casos se trata de marcar los límites a la omnipotencia profesional porque, a veces, abstenerse es también un deber.

La pauta que marca las lindes de las obligaciones profesionales son sus capacidades, los fines legítimos profesionales y los encargos recibidos.

Límite de los objetivos profesionales legítimos

Uno de los dilemas éticos más frecuentes a los que tienen que hacer frente los profesionales de la Educación Social es el de trabajar en pro de la justicia social en medio de un sistema neoliberal que, a menudo, se materializa en situaciones de exclusión resultado de las brechas en el sistema de garantías y de derecho y en programas que ahondan en la exclusión social. A este respecto, Martínez (1995, p. 29, citado en Caride, 2002, p. 109) enumera los diferentes objetivos que se le demandan a la Educación Social y que la posicionan ante un rol contradictorio; por un lado los objetivos eficientistas que imponen las estructuras burocráticas tendentes a destacar los logros; por otro los objetivos de socialización para integrar a los sujetos y, finalmente, los objetivos propios de la tarea educativa. Ante las paradojas a las que tienen que enfrentarse los profesionales de la Educación Social, Sáez y García-Molina (2017) proponen la ética del agente doble, que consiste en el bricolaje práctico e intelectual recreado en prácticas que fomenten la integración. Es decir, "trabajan para un sistema y en un sistema, pero no son exactamente ese sistema: la Educación Social es una profesión mediadora entre los intereses y finalidades de las políticas sociales y las necesidades y deseos de los ciudadanos" (p. 108).

Para Cortina (2013), no hay ambigüedad, señala que el compromiso de los profesionales debe ser con las "personas de carne y hueso" que son las que dan sentido a cualquier institución social, no con las burocracias.

Estas dos posturas confluyen en un aspecto importante: los profesionales de la Educación Social son representantes de la institución, pero no deben identificarse con las políticas públicas, volubles en función de quien las gestione y susceptibles de fomentar o no la justicia social, ni tampoco con la entidad para la que trabajan.

Sin embargo, la Educación Social tampoco se rige por la lógica mercantil de "el cliente siempre tiene la razón". Así como existen lógicas institucionales que fomentan la exclusión, puede suceder que las demandas de los sujetos sean improcedentes, injustas o contraproducentes. Si tomamos parte inflexible por los sujetos, podríamos estar asumiendo una posición partidista. Si nos posicionamos siempre a favor de la institución, caeríamos en el *ethos* burocrático. Si abandonamos la ética a favor del sectarismo profesional, claudicaríamos ante el corporativismo.

La educación se juega, por lo tanto, entre la integración y la transformación, entre la ayuda y el control, y en la búsqueda de este equilibrio la balanza deberá inclinarse hacia uno u otro lado. Por lo tanto, el eje sobre el que pivota la orientación es la ética profesional materializada en los objetivos profesionales legítimos.

La idea de los "fines legítimos profesionales" se la debemos a Cortina (2013, p.105), por medio de la cual declara que la capacidad técnica no debe destinarse a alcanzar cualquier fin, sino que debe reservarse a aquellos objetivos que respondan a los fundamentos éticos de la profesión. Sin embargo, en muchas ocasiones, debido, entre otros motivos, a lo apremiante de la tarea, la Educación Social adolece de una tradición actuadora-aplicacionista muy presente, resultado de su rápida evolución desde lógicas actuadoras de control y caridad, con repercusiones inmediatas en el abordaje de las cuestiones morales (Vilar, 2013, p. 142). Esto conduce a aplicar medidas que pueden cuestionar sus principios deontológicos. Para ello se precisan profesionales de la Educación Social reflexivos y críticos con ellos mismos (Sáez, 2003).

Límites en las capacidades-conocimientos

Los límites referidos a las capacidades, apelan a casos donde los conocimientos disciplinares de la Pedagogía Social no sean suficientes o adecuados para abordar la situación, o bien porque el germen del problema no sea índole socioeducativa y precise de otros recursos de los que la Educación Social no dispone.

Esto puede suceder cuando se detectan indicios de trastornos o enfermedades mentales y problemas de salud en el alumnado o sus familias, que exceden los conocimientos y competencias de la profesional de la Educación Social. Sin embargo, sus conocimientos sobre psicología, le permiten identificar con destreza y de forma temprana, señales que apunten a la presencia de alguna patología. Llegados a una situación así, solo cabe derivar a los servicios o instituciones especializadas, en estos casos a los profesionales de la psicología, psiquiatría o los servicios médicos.

> Por ejemplo, ante la sospecha de la existencia de un trastorno de conducta alimentaria en una joven, la educadora social escolar inició los pasos para informar a la familia para que acudieran a los servicios especializados y confirmar o descartar el posible trastorno y motivar a la joven para iniciar el tratamiento médico/psicológico pertinente.

> En otro caso, un adolescente que, tras mostrar una conducta apática e irritable en el aula, acudía a hablar con la educadora social escolar, pasado un tiempo le confesó tener ideas pasivas suicidas. Esto permitió a la educadora establecer mecanismos de control tanto en el centro como en la familia para prevenir cualquier intento de autolesión. Del mismo modo, como el joven se negaba tajantemente tanto a acudir a un profesional de la psicología como a hablar con su familia, la profesional de la Educación Social, con el asesoramiento de un servicio de prevención de suicidios, siguió actuando con él, hasta que pudo derivarlo al profesional competente.

Del mismo modo, en situaciones de abuso, desamparo o maltrato infanto-juvenil se deberá contactar con los servicios sociales para que tomen las medidas oportunas en el ámbito familiar.

> En un centro de educación primaria, una niña apareció llena de cardenales en el torso y en los brazos, que la madre, nerviosa y titubeante, no podía justificar plenamente y que excedían las heridas normales de una caída aparatosa. Se contactó con los servicios sociales de zona para que evaluaran la situación puesto que había indicios de maltrato por parte del padre.

> En un instituto, una chica empezó a bajar drásticamente su rendimiento académico y se mostraba bastante pasiva en clase. La educadora social escolar, hablando con ella descubrió que en su casa, que era la mayor de tres hermanos, tenían apuros económicos. Su madre, que había aumentado su jornada para incremen-

tar los ingresos familiares, pasaba muchas horas fuera de casa y la hija mayor había asumido, en gran medida, las tareas del hogar y el cuidado de sus hermanos pequeños cuando su madre no estaba. Tanto la madre como la adolescente estaban agotadas y sobrepasadas, lo que deterioró las relaciones familiares. La educadora social escolar contactó tanto con los servicios de empleo como con los servicios sociales para que esta familia pudiera acceder a los recursos económicos y socioeducativos pertinentes para que su situación mejorase.

Todos estos casos tienen en común que la etiología de la situación tiene un origen distinto del ámbito socioeducativo o que, la cuestión central de la situación, se puede resolver de forma más efectiva o adecuada con otros recursos. Esto no significa que el profesional de la Educación Social no tenga un papel que cumplir.

Límites referidos a los encargos institucionales

Esta categorización hay que acatarla prudentemente. Este aspecto tiene mucho que ver con las competencias profesionales y también se solapa con los límites éticos, pero en este caso se pretende enfatizar otro aspecto.

A veces los encargos son inadecuados, imprecisos e incluso excesivos. Entonces deberán convertirse en una referencia pero no en un dogma y, bajo el marco de la profesión, se irán materializando de una forma adecuada y realista. En otras ocasiones hay que ser flexibles con los límites establecidos puesto que hay que irlos adaptando a la realidad o, llegado el caso, se pueden realizar excepciones.

Como bien señala Cortina (2013, p. 111), un profesional que solo se dedica a cumplir normas cae en la burocratización que impide acceder a la excelencia profesional, entendida como ser el mejor en relación con algo, no solo para sacar provecho propio, sino para poner sus capacidades al servicio de la comunidad.

Lo mismo sucede con los protocolos (Núñez, 2013) cuando se transforman en biblias, que dejan de ser guías y pasan a convertirse en dogmas. Se vuelven instrucciones tiranas de un ente superior abstracto, que el personal educativo, convertido en neófito protocolario, defiende a ultranza. Se omite la reflexión y se cede el paso a la norma, supuestamente aséptica e infalible. Los equipos educativos rezan el credo de la desresponsabilización: "no soy yo, lo dicta el protocolo". Y, si algo falla, no se cuestiona al sagrado protocolo que encarna la concepción platónica del modelo de perfección, sino a la persona que no encaja debido a sus carencias.

En el caso de que los encargos sean suficientes y apropiados, existe la posibilidad de que el profesional de la Educación Social asuma funciones que, aunque sean beneficiosas y educativas, no forman parte de sus compromisos formales. Su flexibilidad y rápida capacidad de respuesta dan pie a que se le encomienden con frecuencia actividades o funciones que, si se hacen perennes, de alguna forma, desvirtúan su razón de ser y estar en la escuela.

Por ejemplo, esto sucede cuando se solicita que acompañe a alumnado con dificultades educativas o discapacidades, cuando su acción se reduce a situaciones imprevistas, conflictos o a cubrir a otros profesionales o servicios, o su papel se reduce a la acción individual o al tiempo de ocio, por ejemplo. En un momento así, contar con una normativa solvente que recoja las funciones profesionales propias de la Educación Social Escolar, ayuda a centrar la acción alrededor de lo que debe ser su identidad en la escuela.

2.6.4 Métodos de la Educación Social Escolar

En este punto vamos a examinar cuáles son los métodos de trabajo más habituales de la Educación Social Escolar. Pero antes de entrar en materia es importante aclarar dos aspectos.

Para empezar, hay que resaltar que los métodos en Educación Social no cambian en función del ámbito, es decir, son los mismos en cada uno de los contextos de la profesión, exactamente igual que las funciones y los objetivos profesionales.

Por otra parte, la Pedagogía Social no es una tecnología social (Colom, 1987). Como hemos reiterado, la Educación Social es, sobre todo, una profesión reflexiva (Sáez, 2003). Bajo una racionalidad empírico-positivista, la Pedagogía Social deviene en una tecnología que suministra técnicas a modo de "recetas" estandarizadas y universalizadas, para ser aplicadas por los "ejecutores" o "tecnólogos sociales" (p.49). Actuando bajo este paradigma, los profesionales de la Educación Social quedarían fragmentados y subordinados a las decisiones de instancias pedagógicas o políticas superiores (Caride, 2003).

Por ello, concordamos con Galuske (2013) cuando dice que la competencia profesional basada exclusivamente en la capacidad técnica, sirve principalmente al profesional, más que al cliente, porque la usa básicamente para sentirse seguro, pero no es de gran ayuda para el sujeto educativo, cuando las técnicas se aplican de forma estandarizada y sin reflexionar sobre las particularidades de la situación.

Se podría decir que, en sentido restringido, al hablar de método, estaríamos haciendo referencia al "cómo" (Schilling, 1993, p. 65). Pero, para que sea eficaz a los objetivos profesionales de la Educación Social, el método debe entenderse en un sentido más extenso e integrado. Galuske (2013, p.35), desde esta perspectiva extensa, enumera los elementos a los que debe atender: los hechos, los objetivos, la persona, el campo de trabajo o la institución, la situación, la planificación educativa y la verificabilidad.

Por lo tanto, el método es el ejercicio práctico de una teoría, resultado de un coherente proceso reflexivo: un contínuum que concatena todas las fases del proceso socioeducativo, desde el paradigma teórico desde el que se enmarque la acción hasta las variables personales-contextuales del sujeto.

De nuevo, no son fines en sí mismos, son medios que deben seleccionarse en función de su adecuación al programa.

Se van a describir y a ejemplarizar por medios de experiencias reales, para revelar la lógica que los acompaña. Para presentar un parte de la información, hemos empleado la clasificación por niveles de acción de Olk y Speck (2009), que pueden entenderse como la forma en la que se organizan y agrupan las actividades, así como el segmento de personas y/o departamentos a los que se orientan, pero se corresponden perfectamente, como no podía ser de otra manera, con el repertorio metodológico de la Educación Social.

Grupo-Aula

El aula es la unidad de referencia del centro escolar. Hay quien la considera un corsé y una limitación (Fernando-Enguita, 2018), pero lo cierto es que es la primordial forma de organización didáctica. El aula reúne al alumnado por nivel educativo y es su principal referencia de convivencia en el centro. Por ello, la realización de actividades en este formato se amolda perfectamente a los modos y tiempos escolares, con la novedad de tratar contenidos socioeducativos con técnicas y profesionales diferentes. En España, la acción socioeducativa escolar profesionalizada, suele emplearse para tratar algunos ejes incluidos en el Plan de Acción Tutorial.

La temática es variada pero suele hacer referencia a temas relacionados con la convivencia, de forma general o concreta, y de relevancia para el alumnado en ese momento evolutivo. Es especialmente oportuno cuando se pretende abordar por primera vez un tema, explorarlo y detectar otros intereses o necesidades educativas o evaluar el grado de incidencia de una determinada problemática entre el alumnado. Los estudios sociológicos, los debates filosóficos y pedagógicos, las investigaciones, pueden ser una buena guía para orientarse sobre dónde poner la lupa de los contenidos.

El trabajo a nivel del grupo-clase es interesante para informar sobre un tema y concienciar sobre un aspecto. Llegar a cambios más profundos dependerá de la intensidad y duración de la actividad y del devenir de los acontecimientos. Un taller sobre resolución de conflictos puede dar lugar a una reforma del reglamento de régimen interno escolar en el que el alumnado participe activamente en su elaboración; un taller sobre protección del medio ambiente puede culminar con la participación democrática del alumnado para solicitar mejoras municipales en eses sentido, por ejemplo, demandando más espacios verdes; un taller sobre violencia sexual puede coronarse con la creación de un espacio escolar de reunión para las adolescentes donde hablen de las situaciones de desigualdad a las que tienen que enfrentarse por cuestión de sexo. Los talleres puede ser la simiente que haga brotar nuevas ideas y proyectos.

Quizás convenga recordar que, siendo útiles e interesantes, no deben exagerarse sus bondades. Habría que relativizar el efecto de actividades puntuales que, aunque estén muy bien ejecutadas, sino tienen continuidad, no se obtendrán cambios de calado.

Grupo pequeño o temático

Este método, que tiene bastantes coincidencias con la *Interacción centrada en temas*" (Galuske, 2013), consiste en reunir a pocas personas en torno a un criterio que los une. Son actividades que se organizan *ex profeso* para una selección previa de alumnado. Va centrarse en un tema concreto y se va a trabajar de forma intensa y compartida. Puede tratarse de un interés que comparten las personas destinatarias, o bien una característica/problema que todos poseen.

El contenido puede ser de ocio o cultural o relacionado con un tipo concreto de tema o problemática que se quiere abordar con más vigor.

Casos concretos de este método son los siguientes: una educadora social escolar organizó actividades teatrales después de las clases por interés de diferente alumnado como medio para trabajar la expresión emocional. Otro caso del uso de este método, relacionado con el abordaje de una problemática, que además es innovador e interesante, es el de una educadora social escolar que, tras detectar diferencias de socialización entre chicas y chicos, en los que ellos mostraban de forma exacerbada altos niveles de agresividad e impulsividad y ellas, también de forma notable, pasividad e inhibición, organizó, con la colaboración de un profesor, dos grupos de alumnado separados por sexo para trabajar estas situaciones con la población afectada.

La gran diferencia del método del pequeño-grupo con respecto al grupo-aula, simplificando mucho, es que en el primero el grupo es en algún aspecto homogéneo y el contenido se trabaja de forma uniforme, y en el segundo es heterogéneo. En el caso del grupo pequeño se unen frente a un criterio común. La diferencia con respecto a trabajar de forma grupal y no individual, es, por un lado, abarcar más población y, por otra, beneficiarse de las ventajas del trabajo en grupo, que puede resultar especialmente motivante para infantes y adolescentes.

Trabajo individual

El trabajo individual supone una de las principales novedades de la acción socioeducativa escolar. Es una forma de atención al alumnado intensa, extensa e individualizada. En Alemania es una de las principales actividades encomendadas al profesional de la Educación Social Escolar.

El trabajo individual, *de facto*, se destina de forma mayoritaria a situaciones conflictivas. Es lógico que quien necesite más ayuda, reciba una atención educativa individual. Pero su ejecución no es sencilla. Primero hay que construir la relación educativa, ganarse la confianza del alumnado para que sienta que pueda hablar libremente. Otras de las particularidades de este nivel metodológico es que su ejecución es de duración incierta.

El discurrir de este nivel de acción, en líneas generales, consistiría en un primer momento en tratar de *establecer del vínculo* a través de la escucha activa, la aceptación, la validación (que no justificación) mientras se realiza el *proceso de evaluación*. En segundo momento, consistiría en la *explicación* de la situación de esa persona en relación a su contexto y en trazar un *plan de intervención*, más o menos formal, plan del que el alumnado deberá formar parte, estar de acuerdo e involucrarlo en los objetivos y acciones de trabajo y responsabilizarse de su proceso. En un tercer momento, se *desarrolla las acciones* previstas con las modificaciones contingentes necesarias y finalmente, la última fase, sería la de *consolidación y finalización de la acción*. El objetivo es que el alumnado, una vez conseguidos los objetivos, sea autónomo y no dependa del servicio de Educación Social Escolar, aunque sepa que puede acudir en el futuro.

Trabajo a nivel familiar

Recordemos que la familia no es el objeto de trabajo, no es una finalidad, sino que se concibe como un recurso, un medio para apoyar al alumnado.

Este nivel de acción se lleva a cabo en dos formatos: a nivel individual, habitualmente cuando se trata de una cuestión problemática y, a nivel grupal, cuando se hacen sesiones formativas o informativas en el centro escolar.

Si se requiere una acción terapéutica considerable, lo óptimo es derivar a la institución competente; a los servicios de salud o servicios sociales o a un profesional privado. Pero también es cierto que no todas las personas tienen el poder adquisitivo para poder acceder a una consulta privada y la pública está desbordada. ¿Qué hacer en estos casos? Pues lo propio de la profesión; ayudar. Cuando no se haga más mal que bien, el profesional de la Educación Social puede actuar en la medida de sus capacidades; es totalmente competente para asesorar en pautas educativas positivas a la familia mediante estilos de apego seguros, sobre el desarrollo de la infancia y la adolescencia, etc.

Relacionado con la familia, aunque se trataría de otra estrategia metodológica, estarían las *visitas domiciliarias*, que pueden ser muy útiles para observar *in situ* las condiciones de vida y las dinámicas familiares.

Trabajo a nivel de centro y/o departamento

Este nivel de acción es muy importante y puede solaparse con el nivel metodológico de proyectos. En este caso se centra en un enfoque que busca transversalizar la perspectiva socioeducativa en el centro escolar a través del profesorado, principalmente, y en el que uno de los resultados de este nivel de acción puede ser el nivel metodológico del trabajo o el aprendizaje por proyectos, por ejemplo.

El nivel de acción de departamento busca cambiar la escuela, modificar el paradigma desde el que actúa, su *modus operandi*. Busca cambios más profundos y permanentes. Su función es la de desenvolver, con el resto de profesionales, el concepto de escuela, desde su ámbito disciplinar. De este modo, lo que se consigue es que la Educación Social penetre en más rincones, que la perspectiva socioeducativa se extienda hacía más tiempos y espacios escolares y que la Educación Social, así, habite la escuela.

Trabajo por proyectos

El trabajo por proyectos es un método innovador y renovador. Esta metodología, o bien pone el foco en los objetivos gravitando alrededor de la consecución de una meta, o bien alrededor de un problema que hay que resolver. En cualquier caso, el trabajo se organiza en torno a preguntas u objetivos de partida, y no en torno a roles o funciones, como lo hace el formato de trabajo convencional. Se estructura en fases o bloques y de él suele resultar un producto final o algo incluso tangible.

El filósofo J. Dewey (1995) ya hablaba de las bondades de trabajar sobre contenidos de forma vivencial para que influyan en el razonamiento intelectual, trabajando activamente los saberes teóricos para resolver problemas o ejercitar la ciudadanía, y dejando en un segundo plano las tareas repetitivas y tediosas alejadas de la realidad.

Las formas de implementarlo pueden ser más generales, que se planteen objetivos globales a nivel de centro y que a su vez se van concretando en otros métodos. Su carácter y duración va a depender de su amplitud. Gran parte de su formato va a depender de su enfoque; si se plantea de arriba abajo (desde los profesionales de la escuela hacia el alumnado o familias); o de abajo a arriba (del alumnado al centro, o del alumnado a la comunidad) o bien si se va a acotar a grupos o temáticas (un proyecto que desenvuelve el alumnado para el mismo, como una oferta cultural o de ocio). Lo vamos a ejemplificar con proyectos reales.

— Un ejemplo de *proyecto vertical descendente* sería cuando, desde el centro, se plantea el fomento de la salud. Puede incluir desde trabajo en el grupo aula para tratar la prevención de drogas y el fomento de hábitos saludables, hasta el cambio de menús escolares o el aumento de la oferta de deportes.

234

— Un ejemplo de *proyecto vertical ascendente* puede darse cuando desde el alumnado se organiza un proyecto para demandar una determinada oferta de actividades al centro; o para participar o interpelar al gobierno local en algún tema.

— Un *proyecto horizontal* sería, por ejemplo, una cafetería que gestionan las propias familias en las que ofrecen menús saludables al alumnado.

Una de las posibilidades más interesantes, que se adapta a la perfección al contexto escolar, es la de conectar temas socioeducativos transversales con los conocimientos de diversas asignaturas.

Por ejemplo, se puede organizar un proyecto de teatro escolar en el que se va a trabajar por medio de obras clásicas el tema de la paz, pero en el que se va a pedir al resto de la comunidad escolar que participe. Por ejemplo, se puede pedir a agentes de la comunidad con experiencia o formación en artes escénicas que hagan voluntariado o bien que presten servicios, así como la imprescindible ayuda del profesorado del ámbito de literatura para trabajar los textos a interpretar; del profesorado de artes, para confeccionar el vestuario y el decorado; el de tecnología o de ciencias para crear efectos especiales, etc.; y a las familias para que colaboren en el proceso o el día de la interpretación preparando el escenario, cobrando entradas, etc.

También pueden ser actividades en las que se incluya la colaboración de agentes externos. Un ejemplo de ello, es la ejecución de un programa innovador realizado desde una universidad sobre el aprendizaje de matemáticas a través del juego con adolescentes que tenían problemas en el área. Otra experiencia es la de colaborar con otra entidad que organiza actividades para fomentar el papel de las niñas y la ciencia, y solicitarles que implementen sus actividades en el centro el día internacional que conmemora este tema.

Estos proyectos pueden ser iniciados por la profesional de la Educación Social, pero no siempre son ejecutados por ella personalmente. El fin es ceder el protagonismo a las partes implicadas y que se gestionen autónomamente. Conlleva una labor ingente de preparación del terreno, sensibilización o información, organización de las personas, recursos, tiempos, etc. Pero una vez que la maquinaria está bien engrasada y funcione autónomamente, el profesional de la Educación Social deberá inhibirse. O como el profesor García-Molina (2003) dice, debe darse la muerte del educador.

En Alemania, habitualmente al inicio de las vacaciones de verano, tienen el *Projektwoche* o *Projektag* (traducido como proyecto semanal o diario, respectivamente) en los distintos niveles educativos. En estos proyectos se trabajan contenidos educativos y socioeducativos de forma vivencial, en el que los profesionales de la Educación Social suelen responsabilizarse de determinados grupos. Las opciones van desde trabajar en un jardín hasta irse de excursión para trabajar un contenido o elaborar un trabajo material o intelectual.

Creación de espacios educativos

Este método resulta cautivador porque se acomoda bastante bien a los modos escolares, además de que crea la posibilidad de trasvasar los principios socioeducativos a diversos espacios y tiempos en la escuela. Este método evoca los principios de la pedagogía Montessori, cuando las lógicas educativas se trasladan desde el control de los tiempos al control de los espacios (Varela, 1992). Este método puede constituir una de las posibles ramificaciones del trabajo por proyectos.

Este método, como revela su nombre, consiste en crear espacios, en este caso escolares, desde la lógica educativa. Esto quiere decir que tanto el continente (la sala o habitación) como el contenido (muebles, materiales y normas) se orientan de un modo específico con el fin de alcanzar un determinado objetivo educativo. Es muy interesante porque las posibilidades que ofrece son múltiples. Este espacio puede crearse, habilitarse desde cero, o bien, reconstruirse conceptualmente, pasando de una lógica punitiva y/o de control, a otra educativa.

Un ejemplo de este método de creación de espacios educativos o de la orientación del espacio social (Galuske, 2013), es el que realizaron unas educadoras sociales escolares en un instituto de Castila La-Mancha. Estas profesionales identificaron que el Aula de Convivencia era solo un eufemismo, un barniz de oropel que ocultaba que, *de facto*, funcionaba como un aula normal de castigo. Estas educadoras transformaron el lugar convirtiéndolo, progresivamente, en un espacio real de convivencia para el alumnado (Barranco, et. al., 2012, pp.47-55). En este caso concreto, la forma de hacerlo fue cuestionarse cuál era la función deseada de ese espacio y cuál era la que estaba cumpliendo realmente. Era un aula que recibía alumnado con comportamientos disruptivos en clase, pero una vez allí, no hacían nada más que estar y sentirse vigilados en una sala por un docente. El objetivo perseguido era que ese alumnado pudiese volver al aula normal y que estas faltas se redujesen considerablemente, convirtiéndose en algo anecdótico, temporal. Gracias a la intervención de la educadora, a esta aula se la dotó de contenido educativo; el aula pasó a ser también un lugar de aprendizaje puesto que el alumnado tenía que realizar trabajo escolar pero desde una perspectiva más individualizada y flexible. Del mismo modo, se adaptó el espacio, pasando de una organización panóptica a otra educativa, con zonas diferenciadas destinadas a diferentes actividades. Se introdujo un ordenador, estanterías con libros y otros materiales. Se modificaron las dinámicas y se fomentó una relación más cercana entre el profesorado y el alumnado sancionado, y se emprendieron diferentes actividades: desde la catalogación de libros hasta la reparación de bicicletas. Esa aula pasó de ser un agujero negro en el espacio escolar, a un lugar de oportunidades.

Del mismo modo, el propio despacho del profesional de la Educación Social es un espacio educativo. Sus distintas zonas, mobiliario y recursos, permiten diversificar los usos y funcionalidades.

Otro aspecto importante a tener en cuenta en la Educación Social es la apropiación de estos espacios por parte de la infancia y de la juventud (Böhnisch y Schröer, 2010) o llegado el caso, de las familias. Este factor es especialmente relevante en la adolescencia, puesto que en este momento evolutivo los y las adolescentes está en un periodo de reconfiguración cerebral, de construcción de su identidad, de poner a prueba sus habilidades, asumir riesgos y ensayar su autonomía (Siegel, 2013). A nivel social, dentro de estos cambios los y las jóvenes se dan a conocer públicamente a través de su comportamiento de apropiación físico-territorial, organizados en muchas ocasiones en torno a grupos culturales en los que se valen de símbolos físicos, pero también físico-territoriales, para diferenciarse entre sí y del mundo adulto y crear así SU espacio, para poner a prueba los roles sociales y los límites normativos (Böhnisch y Schröer, 2010).

El cóctel adolescente es un momento evolutivo copioso de experiencias vitales intensas, alegres o tristes, pero todas deberían desembocar en una edad adulta equilibrada. Es también una etapa de riesgos. Por eso es interesante crear tiempos y espacios donde tengan cabida los impulsos adolescentes, pero en condiciones de seguridad. Crear espacios para la juventud en la escuela, que incluso gestionen con un elevado grado de autonomía, que puede favorecer el sentimiento de pertenencia a la escuela, a la clase, pasando del "tomar parte" al "ser parte" (Núñez, 2010).

A tenor de los tiempos, otro espacio relevante para la juventud a tener en cuenta en la Educación Social es el *espacio virtual* (Bonisch y Schröer, 2013), también en el contexto institucional escolar. En el espacio virtual también se da la apropiación; la juventud encuentra en la Red un micro-espacio de individualidad-colectividad donde se sienten libres, convirtiendo su tiempo libre en un tiempo de interacción, de intercambio, de generación y producción de información, que consideran de su propiedad, donde solo ellos establecen las reglas del juego (Muñoz-Rodríguez et. al., 2020).

No se han encontrado ejemplos relevantes de Educación Social Escolar virtual al respecto a nivel proactivo, sino que lo habitual es centrar la atención en el espacio virtual desde el prisma del control, que también es interesante para detectar casos de abuso asociados a las nuevas tecnologías, así como para conocer las reglas del mundo cibernético en el que también se mueven y tanto tiempo pasan. Sí que existen servicios de Educación Social Escolar virtual que florecieron especialmente a raíz de la pandemia Covid-19, despachos o salas virtuales donde se puede contactar, (in) directamente con la profesional o con contenidos socioeducativos. Lo que es una verdad evidente es que la Educación Social, y por extensión la Educación Social Escolar, debe mira al espacio virtual y articularse de alguna forma en él.

En la institución escolar, ceder espacios al alumnado, o incluso a sus familias, para que se auto gestionen, es una medida interesante para que el alumnado sea parte de la escuela.

Asesoramiento u orientación sociopedagógica

El asesoramiento casi siempre suele ser una parte integral de la comunicación que se establece con el sujeto de la acción. Este método consiste en intentar resolver un problema a través del diálogo, del intercambio de ideas, de la escucha atenta y del entendimiento, en el que la finalidad que se persigue es la de que la persona orientada, que en principio debe ser funcional, pueda aplicar un determinado enfoques de soluciones en pasos (Abplanalp et. al., 2020). Lo que se busca es partir de un diagnóstico compartido (Thiersch, 1997).

Puede ser muy relevante en casos de crisis (Gastier y Lachat, 2012) en el que el profesional de la Educación Social entra en escena para hablar y calmar al alumnado, aclarar la situación, analizar y definir el problema, clarificarlo y cerrar la situación planteando soluciones.

Se puede realizar en distintos formatos y con distintas personas o grupos, pero uno de los aspectos más importantes es contar con la participación del sujeto. Por lo que uno de los elementos fundamentales de este método es la relación, el vínculo que se establece con el profesional.

En la siguiente gráfica (Baier y Heeg, 2011, p.98) se pueden observar las valoraciones del alumnado de un estudio (n=152-154) que pretendía analizar los efectos de este asesoramiento socioeducativo.

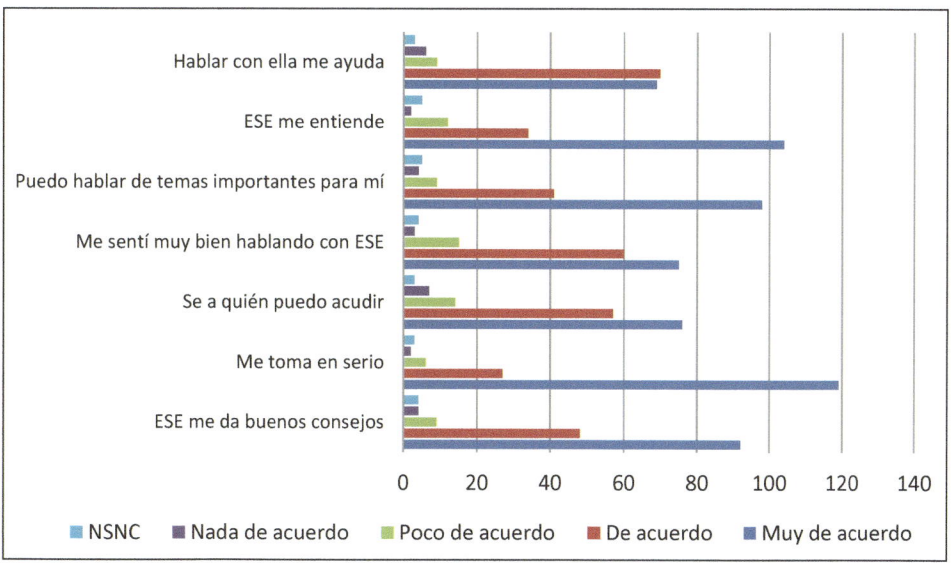

Figura 46 *Gráfico de barras sobre las valoraciones del alumnado sobre la orientación socioeducativa.*

Los resultados señalan que, según las apreciaciones del alumnado, los profesionales de la Educación Social tienen una influencia positiva en ellos.

238 Diagnóstico sociopedagógico

El diagnóstico socioeducativo es una forma de evaluación, primordialmente inicial, que no debe reducirse en su aplicación al ámbito de la investigación universitaria. El nombre, *diagnóstico*, de etimología griega y asociada al campo médico, es un método imprescindible en el *set* de herramientas de la Educación Social, puesto que le permite conocer la naturaleza de una situación o problema para cambiarlo. Es la parte reflexiva de la acción. El adjetivo que la acompaña, *socioeducativa*, ilustra el camino sobre el tipo de información que se va a recabar.

Como no entenderíamos que un profesional de la medicina nos recetara un medicamento sin conocer nuestros síntomas, tampoco la Educación Social debe actuar sin analizar previamente la realidad. El objetivo final es el de establecer soluciones globales y holísticas, lo más ajustadas posible a la realidad.

El primer paso para poder realizar un diagnóstico realista y adecuado es recabar información y que esta provenga de distintas perspectivas, distintos niveles, personas y ecosistemas en los que esa persona interactúa. Si algo caracteriza a la Educación Social, es ser el resultado de la combinación de diversas fuentes de conocimientos y la capacidad que posee de conectar distintas perspectivas y contextos.

Un diagnóstico socioeducativo debe contemplar, por lo menos, la dimensión personal y emocional, la familiar, relacional, contextual y académica. Puede ayudarse del profesorado como informante, de las familias y, muy especialmente, del sujeto de la acción; el alumnado en cuestión.

Este diagnóstico socioeducativo no debe circunscribirse a la evaluación inicial de casos particulares, sino que debe extrapolarse a la evaluación del centro escolar en general, o en temas, espacios y tiempos concretos. Algunos ejemplos serían evaluar el estado de convivencia del centro escolar, las conductas de riesgo del alumnado en distintos aspectos, descubrir intereses e inquietudes culturales del alumnado, identificar modelos de socialización inadecuados, valorar el grado de satisfacción con la oferta cultural y de ocio del centro escolar, el grado de participación activa del alumnado en la escuela, la participación o pasividad de las familias con la escuela, problemas del entorno comunitario que afecten negativamente a la escuela, etc.

La amplitud de temas en los que la Educación Social Escolar puede materializarse, es inmensa. La pericia profesional se pone a prueba en la adecuada selección del eje a tratar. Esta elección puede basarse en la intuición profesional (no se debe subestimar el valor de una buena intuición que nos es más que conocimiento acumulado inconsciente), pero el rigor profesional exige emplear métodos más ortodoxos.

A este fin sirve el diagnóstico socioeducativo; actuar donde más se necesita y de la forma más adecuada y adaptada posible.

Autoevaluación

La autoevaluación es un instrumento de acción indirecta sobre el alumnado y el centro (Speck, 2006) y uno de los métodos reflexivos sobre la acción, así como un elemento de mejora de la competencia profesional (Galuske, 2013).

Como sucede con el diagnóstico socioeducativo, la autoevaluación no debe reducirse al ámbito de la investigación formal. El profesional debe ser un investigador de su propia praxis y esta debe hacer uso de esta herramienta tanto para analizar el tipo de acciones que realiza como los efectos de su intervención. ¿Cómo podemos saber si no, si las acciones que estamos desempeñando sirven para algo?

Errare humanum est. Ni los mejores profesionales están a salvo de la conocida humana costumbre de equivocarse. La cuestión es que estos errores sean pequeños, que no tengan consecuencias dramáticas, que podamos repararlos y, sobretodo, que podamos mejorar aprendiendo de ellos. Caer en el despotismo técnico es la mejor receta para cometer siempre las mismas equivocaciones. Si no somos capaces de identificar nuestros errores, convertiremos nuestra vida profesional, en el mejor de los casos, en una concatenación de actividades infructuosas y, en el peor, en enemigos involuntarios de aquellos a los que pretendemos ayudar. Evolucionemos, pues, cometiendo errores nuevos.

Uno de los principales fines de la autoevaluación según Galuske (2013, p.350-351) es "medir" la efectividad de la acción y las describe en las siguientes dimensiones que pueden ayudar a orientar una posible evaluación en el caso de acciones con personas:

— *Dimensión de realidad*: ¿Cuál era la situación de partida y qué cambios se han observado? ¿Son correctas las hipótesis formuladas del diagnóstico socioeducativo?

— *Dimensión de deseabilidad*: ¿Cómo se valoran el tipo de cambios obtenidos? ¿Son adecuados y positivos? ¿Está la persona implicada satisfecha?

— *Dimensión de eficacia*: ¿En qué grado se han alcanzado los objetivos establecidos?

— *Dimensión de la eficacia económica*: ¿Con qué esfuerzo se han conseguido los objetivos?

— *Dimensión de compatibilidad*: ¿Cuáles son los efectos del cambio en su entorno? ¿Cómo han recibido el cambio?

Galuske (2013, p.352) también establece dimensiones a evaluar cuando se trata de instituciones y que se adecúa muy bien al contexto escolar:

- *Estructura de la oferta*. ¿Qué actividades en qué tiempos en qué combinación se ofrecen?

- *Uso de la oferta*. ¿Quién utiliza la oferta y quién no? ¿A quién no es está atendiendo en qué ofertas?

- *Distribución del tiempo*: ¿Qué actividades/beneficios ocupan qué parte del tiempo de trabajo?

- *Estructura del proceso*: ¿Fases en las que se ofrecen las actividades o las intervenciones?

- *Estructura cooperativa*. ¿Con quién se coopera y en qué aspectos? ¿Con quién no se coopera?

- *Estructura de aceptación*: ¿Cuál es el grado de satisfacción de la oferta que se presta?

Como se ha visto, los beneficios de la autoevaluación son considerables. Pero existen requisitos *sine qua non* para poder llevarla a cabo: tiempo y conocimientos.

Si se juzga a la autoevaluación como un aspecto normalizado del trabajo de un profesional de la Educación Social, requiere de tiempos para poder llevarla a cabo. Los tiempos requeridos para esta tarea no son puntuales, sino que deben ser constantes, estar incorporados a las tareas diarias. No puede existir evaluación sin registro ni recopilación de datos. Estos son los ingredientes principales del caldo evaluativo. Este compendio de datos requiere de una reflexión previa: qué datos se van a recoger, en qué formato se van a recaudar y por medio de qué método se van a analizar. Es un arduo y perseverante trabajo que requiere de conocimientos suficientes sobre métodos de investigación.

Los resultados de la autoevaluación pueden ser un testimonio poderoso que reivindique el saber hacer de los profesionales de la acción socioeducativa escolar, de los que los y las Educadora Sociales no deberíamos prescindir.

Mediación educativa

Aunque en los últimos años se ha hecho más conocida la mediación con respecto a su actuación en conflictos, en este apartado vamos a hacer uso de la mediación en su acepción socioeducativa.

La mediación socioeducativa consistiría, según García-Molina (2003) en mediar respecto a los contenidos culturales, respecto a otras personas y respecto al entorno social. Por su parte, para Galuske (2013) lo denomina trabajo en red y los clasifica en tres tipos de mediación: la *mediación primaria o microsocial*, que consiste básicamente en la familia, parientes cercanos, así como los vínculos con la vecindad y las amistades; la *mediación secundaria* hace referencia a las instituciones relevantes para cada situación y cada persona en un momento social o evolutivo concreto; y por último la *medicación terciaria o mesosocial*, que alude a los recursos entre lo privado y lo público, como grupos de autoayuda, tercer sector, etc.

Como se puede observar, son distintas formas de sistematizar y describir la mediación, pero inciden en la figura del profesional de la Educación Social como intercesora entre el sujeto de acción y el "mundo" en sus distintos niveles y sistemas. La mediación social es un recurso imprescindible para la creación de redes entre la escuela y toda la comunidad educativa por medio del entramado comunitario, así como la optimización de recursos y el vínculo con esta.

El educador/a social puede ser la figura profesional sobre la que la escuela deposita la responsabilidad de mediar socioeducativamente con la comunidad en la que está inmersa en sus distintos sistemas. Focalizar esta función en su figura profesional es una óptima distribución de las tareas profesionales puesto que forman parte de nuestro maletín de herramientas.

El contacto con la comunidad tanto en un sentido estricto como extenso, es un valioso recurso porque puede conectar la escuela con la riqueza de las prácticas educativas que en determinados lugares se ofrecen, y también porque a través del contacto con el mundo "real" desde un entorno "protegido" como es el marco escolar y la mediación educativa, y a través de la presencia - ausencia del educador y educadora social (García-Molina, 2003), se cede el protagonismo al sujeto de la acción.

En este sentido, la educadora y el educador social se transforman en un nexo de unión entre la escuela y la comunidad en la que está inscrita, para contribuir a articular formas de confluencia y cooperación entre la escuela y su medio, superando visiones artificialmente rupturistas. La Educación Social Escolar puede inspirarse por los principios del maestro Freinet (Cid, Dapía y Fernández, 1997; Dapía y Cid, 2000), por medio de los cuales criticaba con vehemencia la separación tan radical que existía entre la escuela y la vida y que, a través de sus técnicas innovadoras y renovadoras, contribuyó a vincular ambos mundos.

Siguiendo la estela de Freinet, la Educación Social podrá trabajar bajo este marco: frente a una escuela encerrada en sí misma, buscar una que se abra la comunidad; y frente a unos saber congelados, alejados de la vida y del mundo, fomentar otros que, identificando los bienes culturales de valor social, posibiliten el acceso a los conocimientos que les permitirán afrontar el mundo con destreza.

Bajo la supuesta uniformidad del "sistema educativo único" coexisten modos diferentes de educación y diferentes figuras de infancia (Álvarez-Uría y Varela, 1991, p.282), por lo que el recurso de la comunidad es imprescindible para permitir que los sujetos educativos puedan realizar otros recorridos por lugares sociales diversos que den respuesta a sus inquietudes (Moyano, 2012, p.79), así como la creación de redes sociales enriquecidas.

242

Otro aspecto a tener en cuenta, es la laboriosa creación que supone esta mediación. Muy sucintamente, para conseguir un buen trabajo en red hay que identificar potencialidades de la comunidad, crear la red, estabilizarla y emplearla (Galuske, 2013).

Iniciar y mantener las redes es algo que se consigue con mucho esfuerzo. Además, iniciar contactos sociales requiere de cuidado, esfuerzo y ciertas habilidades a priori. Las relaciones tanto personales como institucionales consisten en adquirir compromisos y tener confianza mutua. Esto es, el establecimiento de redes exige cierta reciprocidad del sujeto de la acción que va a beneficiarse de ellas, de adquirir compromisos y tener confianza mutua, de que posea ciertas habilidades y una voluntad que lo acompañe. Las redes exigen compromisos para elaborarlas y, sobre todo, para mantenerlas.

Por su parte, el profesional de la Educación Social necesita pericia para identificar qué persona, en qué momento (psicológico, personal, evolutivo...), puede encajar en qué institución. Una introducción precipitada en una persona no preparada para establecer según qué tipo experiencias sociales, puede conducir a un revés relevante en personas con una biografía conflictiva. No se trata de menoscabar el poder de los "fracasos" en los procesos educativos que, igual que el de las recaídas en los procesos terapéuticos, tienen sus puntos positivos, pero habrá que tener en cuenta este aspecto, no solo por el sujeto de la acción, sino también con el sistema o institución con el que se esté interactuando. Crear una red puede ser más asequible que mantenerla, por lo que habrá que actuar con cautela para no dinamitar los vínculos institucionales, y se deberá actuar con mucha diligencia cuando se produzcan conflictos.

Sin embargo, hay que tener presente la otra cara de la moneda, y es que no todos los contactos sociales son positivos. El profesional de la Educación Social deberá anular ciertas relaciones, modificar ciertos vínculos, sustituirlos por otros, etc. Por lo que la función de ayuda y control (Galuske, 2013), también tiene una fuerte presencia en este enfoque metodológico.

Mediación conflictos

En este método, que podemos llamar *internivel*, las educadoras y educadores sociales sirven de puente para favorecer la comunicación entre los distintos grupos de la comunidad escolar, en el caso concreto de que existan conflictos.

Mediación en conflictos Educación Social Escolar
Familias-centro/profesorado
Alumnado-Profesorado
Alumnado – Alumnado

Tabla 22 *Niveles de mediación en la Educación Social Escolar*

La mediación es especialmente relevante en la comunicación entre los elementos internos y externos a la escuela, como la comunidad y las familias. Pero, sin duda, uno de los aspectos más innovadores es su papel en la mediación en conflictos entre el alumnado, y el alumnado y los equipos docentes. Este último es una de las funciones atribuidas a las profesionales de la Educación Social Escolar formalmente en Alemania, pero no tanto en España.

Uno de los aspectos más positivos y señeros de la Educación Social ante la resolución de conflictos, es su visión positiva del mismo, que está en armonía con las ideas de Mollenhauer (1968). Este exponente de la Pedagogía Social Crítica, señala la artificialidad de evitar los conflictos y su importancia, puesto que suponen una oportunidad educativa para la juventud, que la Pedagogía Social no debe desaprovechar. En palabras de Mollenhauer "dicha regulación tiene lugar solo en nombre de la libertad del hombre frente a la opresión, sino que también es un medio eficaz para ayudar al hombre a conquistar su libertad y para la superación crítica de su situación, es también parte constitutiva fundamental de la educación" (1968, p.25). A excepción del uso genérico masculino, suscribimos totalmente sus palabras.

A continuación, en la siguiente tabla, hemos querido presentar la organización del trabajo entre todos los elementos presentados.

244

CONCEPTO		EJEMPLO
Nivel abstracto	Finalidad escuela	Proyecto educativo de Centro
	Objetivos profesional ES asignados	Objetivos asignados a esta profesional. Programa ad hoc. Función singular y compartida.
Nivel concreto	Personas destinatarias	Alumnado, familias, comunidad, profesorado.
	Nivel	Individual, grupo clase, grupo de trabajo específico, comunitario, departamento.
	Contenido/objetivo	Igualdad, sexualidad, tiempo no lectivo, etc.
	Método	Mediación, visita, charla informal, taller, etc.
	Recursos	Materiales, espaciales, profesionales, económicos, etc.

Tabla 23 *Organización del trabajo*

2.6.5 Facilitadores de la construcción de la relación educativa

Como se ha expuesto, los beneficios de las actividades que desempeñan los profesionales de la Educación Social tienen una influencia positiva en el alumnado y repercuten positivamente en el centro. Uno de los elementos claves del éxito de sus actuaciones, es la confianza depositada en este profesional por parte del alumnado.

Pero no es sencillo llegar a esa sensación de seguridad y apertura; hay que construir adecuadamente la relación educativa. Esta confianza se construye, en gran medida, a través de la flexibilidad y accesibilidad, así como gracias a su presencia diaria en la escuela construyendo de esta forma la relación educativa con el alumnado (Bennett et. al., 2024).

Ya se han descrito muchos elementos funcionales que la favorecen y que se pueden repasar en el apartado 2.5.6.1 de "Diferencias profesionales ES y Equipos Docentes". En este apartado vamos a describir otros aspectos que consideramos que funcionan como facilitadores del vínculo educativo. Digamos que, en este caso, de lo que se trata es de especificar algunas actividades previas a establecer la relación de confianza.

Para que las profesionales de la Educación Social puedan realizar sus funciones necesitan que el alumnado quiera hablar con ellos. Este se convierte en uno de los mayores retos del trabajo en la escuela; conseguir que el alumnado se relaje, confié y hable libremente.

Hay que tener en cuenta que, en muchas ocasiones, el contexto del que surge este contacto es fruto de una situación conflictiva y desagradable para el alumnado, por lo que su receptividad puede estar muy condicionada por ello.

En nuestro estudio (Borges, 2023) hemos aislado una serie de factores que funcionan como facilitadores de la construcción de la relación educativa que están directamente ligados al trabajo individual con el alumnado. Se trata de cuatro dimensiones que allanan el terreno para que los discentes tengan más predisposición a acceder a hablar con la educadora o el educador y a participar del trabajo individual con una buena disposición.

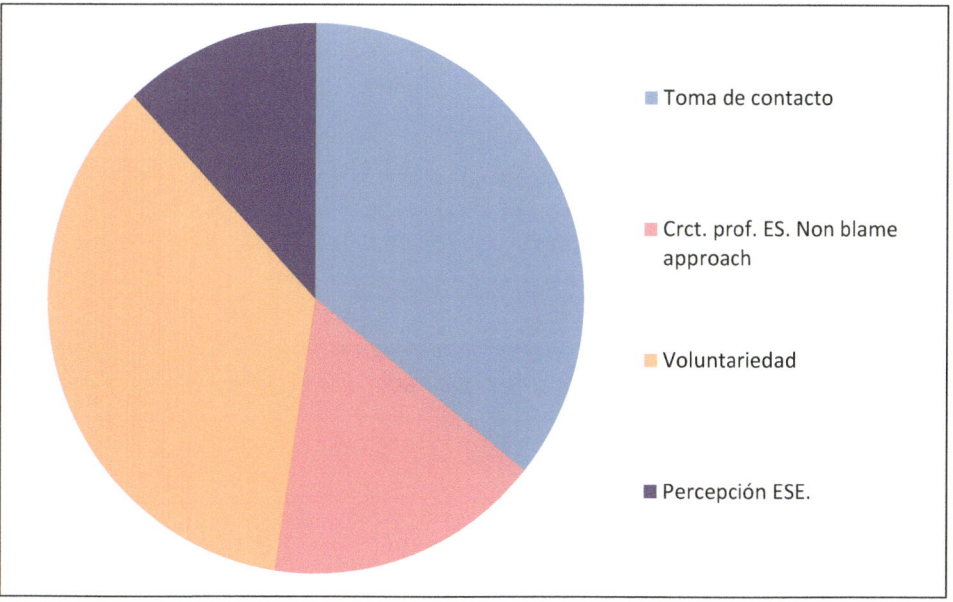

Figura 47 *Gráfico co-ocurrencia de código facilitadores de la construcción de la relación educativa de acceso al trabajo individual.*

Toma de contacto

Por un lado, se hace patente la importancia del marco desde el que se inicie y presente la acción, teniendo en cuenta que, como ya hemos mencionado, el contacto frecuentemente se inicia tras alguna situación problemática, sobre todo en el nivel de acción individual.

Cando alguien es derivado a la educadora social escolar es porque no se comporta en el aula o no respeta las reglas. Por lo tanto, no está muy cooperativo. Enton-

246

ces comienza a justificarse, "no sé por qué estoy aquí, no sé qué he hecho mal".
No es muy efectivo. En esta situación, primero tengo que encontrar una forma de
acceder a él, de que se abra. Cando una persona es mandada porque el profeso-
rado ha detectado que hay problemas con la familia...Por ejemplo, el profesorado
le dice: "Quiero ayudarte. Vamos a ir a hablar con la señora X (la educadora social
escolar)". Así es más efectivo, porque el punto de partida es otro.

(Educadora Social)

Como se puede observar, dista mucho la actitud cooperante de quien es enviado tras
cometer una falta, que recuerda más a una función punitiva de la medida, que el del
alumnado al que se le presenta la derivación como una ayuda.

Y también dejándoles claro a los profesores y al equipo de orientación que no es
un castigo. Son voluntarias y, a parte, es un apoyo, es algo para ti. Más bien una
oportunidad.

(Educadora Social)

Por lo tanto, el enfoque educativo del servicio de Educación Social Escolar debe
plantearse, no como un recurso punitivo del profesorado, sino como un apoyo y una
oportunidad para el alumnado, puesto que favorece el contacto y la confianza de este
para hablar.

Tengo confianza con ellas, pues cuando necesito algo, pues, le digo: mira que me
está pasando esto y esto, y miramos que hacer. Ellas me escuchan y lo resolve-
mos juntos.

(Chico Adolescente)

Voluntariedad del sujeto

Otro aspecto intrínseco de este enfoque es que se cuente con la aceptación del sujeto para participar en las tutorías. Es un principio fundamental en el trabajo socioeducativo contar con la participación activa del alumnado para poder conseguir cambios
reales.

Si vienen obligados, no tendría sentido la intervención.

(Educadora Social)

Tú puedes tener una toma de contacto y, a lo mejor, ganártelo. Pero sí que es
verdad que tiene que ser algo voluntario, y que estén de acuerdo todas las partes.

(Educadora Social)

Por lo tanto, contar con la aceptación del alumnado es imprescindible para que las acciones sean eficaces. Pero también ayuda que se facilite un primer contacto con la educadora, para que se conozcan, y que el alumnado pueda despojarse de los miedos y prejuicios que pueda tener sobre la profesional y la actividad. Esta primera toma de contacto, cuando no existe conocimiento previo, es fundamental.

Sí que es importante aumentar la presencia en los centros.

A un chaval le es más fácil..., no es lo mismo que te derivan a alguien, a una educadora o psicóloga que te deriven a X (nombre de la educadora), que ya te conocen. Es mucho más fácil que accedan a estar contigo a solas si ya te conocen.

(Educadora Social)

Pero lo ideal es que exista ya un contacto previo por parte del alumnado tanto de la profesional de la Educación Social a nivel personal (sabe que existe, conoce su nombre, la ha visto por el centro, ha hablado con ella informalmente o le han hablado de ella sus amistades) como a nivel profesional (puede que haya realizado alguna actividad con ella como un taller socioeducativo o alguna actividad de ocio, etc.).

No conocía nada. Un compañero vino antes de venir yo, porque sus padres se habían separado y, cuando me tocó a mí, dije yo: <<va a ser interesante ir, para estar así también como él, alegrarme un pouco y estar así más animado>>. Pensé que funcionaría bien. Cando el acabó, pensé que me gustaría probarlo, a ver cómo era.

(Chico Adolescente)

Ahora bien, la voluntariedad, en ocasiones, puede adolecer de cierta "coacción" y plantearla como una medida de última oportunidad. Una vez que desde el centro escolar se pretende derivar al alumnado a la profesional de la Educación Social, non hay muchas opciones a negarse, sin pasar al lado de las medidas más punitivas.

En el centro educativo están un poco obligados, "vas a tutoría porque te derivo, y punto".

(Educadora Social)

De nuevo, se pone de manifiesto la importancia de la orientación de la actividad en los efectos que tienen en el alumnado en función de si se plantea como medida punitiva o como recurso de apoyo. Sin embargo, siendo cierto que el uso de la coacción para derivar al alumnado a las educadoras o educadores no es la mejor carta de presentación del servicio, también es verdad que le otorga la oportunidad a la profesional de la Educación Social de demostrar al alumnado sus contenidos y métodos específicos, para conectar y redirigir. Cada caso concreto deberá ser estudiado para analizar si compensa más esperar o derivar.

Enfoque no culpabilizador

El *"non blame approach"* (Maines y Robinson, 1992), o no culpabilizador, consiste en no versar la conversación alrededor de la culpa del alumno/a en cuestión, puesto que produce rechazo o ponerse a la defensiva y, a fin de cuentas, no se favorece un diálogo real. Se trata de encauzar el diálogo a través de los derroteros de la comprensión y la empatía, la responsabilidad ante los hechos, la colaboración y la búsqueda de soluciones. Esto crea una atmósfera diferente. Consiste en la aceptación "incondicional" de la persona, la validación de las emociones, pero no la justificación de los hechos reprobables. Consiste en centrar la atención en el porqué de la conducta, y no tanto en la forma en la que se ha expresado.

> *Pues la educadora se acerca a ti, se interesa por ti. Ella te busca y te pregunta que tal esto o aquello....cómo estás... cosas así. Después, en las tutorías, habla tranquilamente de los problemas, aunque sea de cosas que hice que no están bien...digamos... No se toma todo a la tremenda. Non es que te diga que todo está bien, pero no te critica. No te agobia. Eso da confianza...no sé. Que te pregunte, y pensamos, y hablamos y buscamos soluciones.*

> *(Chica adolescente)*

Este punto de partida favorece la creación del vínculo educativo con el sujeto de la acción, puesto que permite aproximarse desde otra perspectiva a una persona en una situación conflictiva. No significa eximir al alumnado de la parte de responsabilidad que le corresponde, sino que, partiendo desde la articulación de una propuesta desde la comprensión de la persona, se busca que pueda darse un aprendizaje positivo de la situación.

Difusión de la Educadora Social Escolar

La variable "conocimiento" o "desconocimiento" de las profesionales de la Educación Social surge continuamente como un indicador del éxito o fracaso que influye en la acción profesional. Por consiguiente, vamos a analizar cómo se difunde esta figura profesional "nueva" en la escuela.

Por difusión de la educadora social en la escuela, entendemos todas aquellas acciones que se emprendan, desde cualquier sector o departamento, para dar a conocer a esta profesional y las actividades que realiza en la comunidad escolar; acciones de divulgación que pongan al alcance del alumnado, familias y profesorado los servicios que ofrece y las funciones que cumple en la escuela. Este conocimiento previo, esta imagen positiva, facilita la construcción de la relación educativa entre las educadoras sociales y el alumnado, y permite iniciar el trabajo individual desde un punto de partida más propicio para el tipo de actividad que se va a desarrollar.

Entrevistadora: ¿Cómo informas a la comunidad escolar de lo que haces o de lo puedes hacer? Yo visité todos los gremios de la escuela: Hice una presentación cuando empecé en el claustro de docentes, me presenté en las AMPAS, en el Consejo Escolar, me presenté a distintos grupos. En la página web de la escuela también me presento. En la jornada de puertas abiertas también estoy ahí, en el día que se habla con los padres, también estoy...miro donde hay oportunidades y me presento.

(Educadora Social)

Procedimientos dinámicos de presentación

Los profesionales de la Educación Social Escolar, a diferencia de los equipos docentes, no tienen un horario estructurado ni tampoco unas horas estipuladas con alumnado concreto, o no es lo general. Por lo tanto, no puede esperar para actuar, quedarse en el despacho aguardando a que el alumnado acuda. Debe tener una disposición activa para darse a conocer en el centro, a los distintos grupos de la comunidad educativa.

Es inteligente focalizar las acciones de divulgación de esta figura profesional en las agrupaciones de distintos colectivos, puesto que se consigue informar a mucha gente con una sola acción: el grupo de profesores, de las familias, en la página web de la escuela, etc. Esto permite dar a conocer los trazos más singulares del servicio, a grandes masas de la comunidad escolar. Estas acciones sirven para dar a conocer, tanto qué hace como quién lo realiza.

En lo que se refiere al alumnado, es interesante conjugar métodos más activos (la presentación) con otros pasivos (carteles informativos, web, etc). El objetivo es que el alumnado haya visto a la profesional, por lo menos, una vez, y así pueda identificarla.

Entrevistadora: ¿Y con el alumnado? Está ese cartel con el Equipo de Orientación, que están colgado por toda la escuela. Estuve en las clases al empezar el curso para presentarme. Y en las clases en la que hago talleres socioeducativos, pues ya me conocen. Más o menos intento que todo el alumnado, por lo menos, me haya visto una vez. El profesorado que me conoce hace propaganda del servicio. Cuando hablan con el alumnado o con las familias me nombran y les dicen que puede acudir a mí.

(Educadora Social)

El profesorado como altavoz

A excepción de las clases en las que se realizan acciones grupales, el educador/a no tiene ocasiones formales de acceso directo con el alumnado, únicamente los que establezca a través del contacto informal en los tiempos no lectivos o las actividades de tiempo de libre, que son de adscripción voluntarias. Por lo tanto, se hace imprescindible la colaboración del profesorado en la mediación y difusión de la educadora con el alumnado y sus familias.

250

A través de los resultados cuantitativos (Borges, 2023), se muestran cuáles son las acciones más eficaces para dar a conocer su figura en el centro escolar.

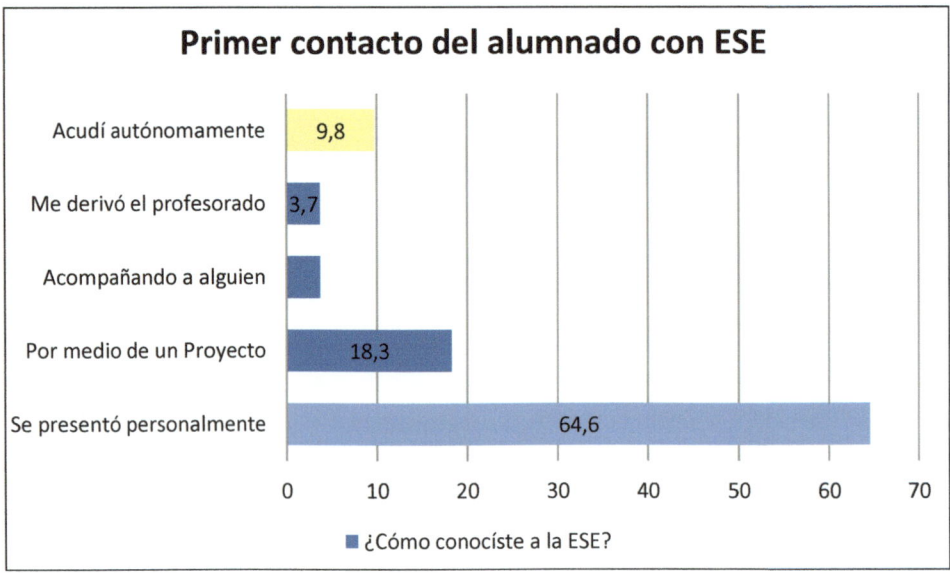

Figura 48. *Gráfico de barras sobre primer contacto del alumnado con la ESE.*

Como se observa en la gráfica, la actitud activa de la profesional de la Educación Social es la que consigue que el alumnado la conozca. Más de la mitad, casi un 65% del alumnado, conoce la educadora social por medio de la presentación que hace por todo el centro al inicio de curso, acercándose a todas las clases explicando quién es y qué servicios ofrece en el centro. Su actitud activa es la más eficaz a la hora de difundir su figura profesional. Muy por debajo, con casi un 18%, la conoció por primera vez tras realizar un proyecto temático con el grupo clase. Un no desdeñable casi 10% señala que acudió por iniciativa propia a hablar con la educadora social a su despacho y solo un 3,7% fue derivado por el profesorado y otro 3,7% acompañando a un amigo o amiga al despacho de la educadora social.

La investigación de Frey (2014) demuestra unos resultados análogos, también la mayor parte del alumnado entra en contacto por primera vez con esta profesional cuan- do se presenta personalmente (44,6%). Las derivaciones del profesorado suponen un 13,5%, por medio del trabajo por proyectos un 12,2% y un 6,8% acude autónomamente. En este estudio un 1,4% del alumnado es enviado por sus familias y un 1,4 % es recomendado por otro alumnado.

Otros métodos: acompañantes caninos

Tanto en las páginas webs de los centros del servicio de la Educación Social Escolar en Alemania como en la prensa, se han observado diversos proyectos realizados con perros. Uno de los más habituales es el de los acompañantes caninos. Consiste en que los profesionales de la Educación Social incorporan a sus perros para conectar con el alumnado. Se destina principalmente para el trabajo individual y el trabajo con grupos pequeños, en distintos tipos de centros; desde escuelas de primaria hasta institutos. Se utiliza para romper el hielo, reducir el estrés e incluso para que el alumnado mejore su lectura leyéndole cuentos al perro. En ocasiones, también se utiliza para trabajar temas socioeducativos en el aula, tales como la empatía, puesto que, según afirman, el alumnado se muestra receptivo a las necesidades del animal coadyuvando a que esté en silencio durante las sesiones. Los profesionales que los emplean coinciden en señalar que, al interactuar con los perros, los infantes y jóvenes aprenden a superar sus miedos, respetar las normas, mostrar sus sentimientos y asumir responsabilidades.

Figura 49 *Acciones con los acompañantes caninos*

Nota: Imagen creada con IA imitando acciones reales.

Confianza: elemento clave de la relación educativa

Los elementos expuestos en el anterior epígrafe sirven para construir la relación educativa y facilitar el contacto, pero después, lo fundamental, es ganarse la confianza del alumnado, que es el elemento clave (Frey, 2014; Baier y Heeg, 2011). Por ello, vamos a analizar qué elementos favorecen la confianza en la relación educativa, a través de una selección de los códigos co-ocurrentes con más densidad (Borges, 2023).

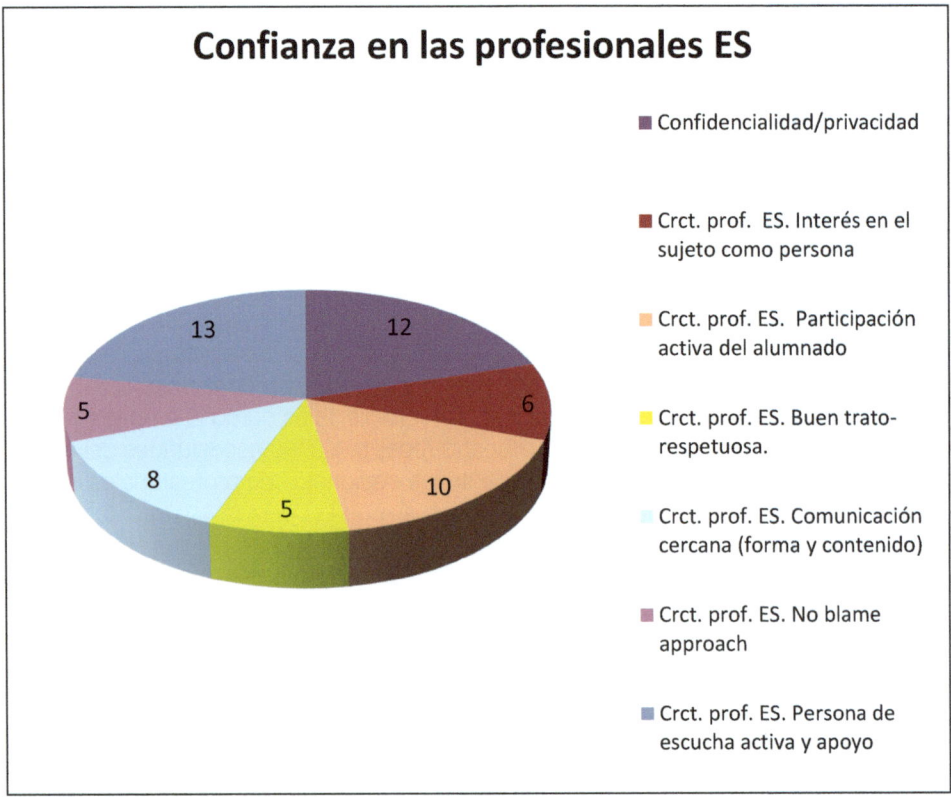

Figura 50 *Gráfico circular co-ocurrencia de códigos sobre la confianza en las profesionales de la Educación Social.*

Como se puede observar, muchos de los códigos hacen referencia a las características profesionales de la Educación Social, muchas de ellas analizadas en el apartado de la cooperación con los docentes, en las diferencias profesionales. A continuación analizaremos solo aquellos que aún no han aparecido.

Persona de escucha activa y apoyo. Las profesionales de la Educación Social son percibidas como una figura profesional que está disponible para ayudar, además de como persona que atiende individualmente a la juventud, a la que presta atención a lo que esta tiene que contar y con la que sienten que pueden hablar con sinceridad. Uno de los resultados de realizar esta escucha activa es la empatía que sirve, a fin de cuentas, para que la persona nos cuente más de sí misma con honestidad. Es importante mostrar, respeto y aceptación, dirigir la atención al paciente, mostrarse receptiva a lo que nos estén contando.

> *No esperaba algo igual tan cercano, no sé, lo vi bien eso, que puedas confiar en ella,...que sea joven, no sé, te da ese buen rollo el hablar con ella. Y sí, bien, más que nada también está bien tener alguien con quien poder abrirte y tal. Por ese lado, bien.*
>
> *(Chico adolescente)*

Confidencialidad/privacidad. Las educadoras guardan el secreto profesional de lo que tratan en privado con el alumnado y no lo desvelan al resto de profesionales del centro, ni tampoco a las familia, sin su consentimiento. Del mismo modo, garantizan la privacidad del alumnado que asiste voluntariamente al servicio.

> *Si, supongo que eso, que le puedas contar cosas...no sé...Me han preguntado por esto, dime la verdad, y si te parece muy tal no lo digo. ¿Sabes? Son esas cosas que te dan confianza. Puede ser verdad o no, no sé si al final se lo dijo. Entrevistadora: ¿Tu qué crees? A mí sí que me dio, por lo menos, confianza y le conté la verdad.*
>
> *(Chico adolescente)*

Otro estudio en Suiza (Baier, 2010) confirma estos resultados, que se visualiza muy bien en esta manifestación de un estudiante "Siempre me sentí segura con la educadora social de la escuela porque sabía que no le contaría a nadie mis problemas".

Buen trato-trato respetuoso. El alumnado adolescente siente que recibe un trato digno y justo por parte de las profesionales de la Educación Social. En el estudio de Montserrat y Melendro (2017), también se ponía de manifiesto que para los sujetos de la acción, en este caso adolescencia en riesgo de exclusión social, también valoraban especialmente las variables que tenían que ver con la relación y el buen trato con los educadores y educadoras.

> *Lo que más valoro es como se portan. Me gusta que me escuchen y me hablen con calma, tranquilas. Sin broncas. Además, es simpática y te anima a contarle cosas. Te da confianza, te pregunta qué piensas, qué quieres hacer....*
>
> *(Chico adolescente)*

254

Resumiendo, podríamos decir que la observación de la co-ocurrencia de códigos señala que la confianza depositada en las profesionales de la Educación Social se configura a través de una figura adulta que ofrece apoyo y ayuda, alguien con quien hablar libremente de sus preocupaciones; con la satisfacción y seguridad de pensar que la información que van a compartir se va a trata de forma confidencial y no va a trascender sin su consentimiento.

La confianza depositada por las profesionales en la juventud, a través del fomento de su implicación en la acción, produce, como efecto, que la juventud confíe su vez en las educadoras y se implique (Borges y Cid, 2021).

El tipo de comunicación de las educadoras, exento de formalismos, favorece el diálogo, un diálogo exento de culpabilización y de presión, puesto que las dinámicas de la evaluación no juegan ningún rol y se fomenta la reflexión sin coacción.

La relación educativa se basa en el trato respetuoso y en el interés en el alumnado como persona, no solo como alumno o alumna que tiene que rendir académicamente.

Todos estos factores tienden a confluir en una relación de confianza con la profesional. Los profesores suizos Baier y Heeg (2011), a través de los resultados de sus estudios en centros de secundaria, consideran la *confianza* y la *voluntariedad* como los requisitos centrales para ejercer una práctica eficaz. Explican algo muy interesante; el alumnado realiza pruebas de confianza como estrategia para averiguar si la Educación Social Escolar tiene sentido para ellos.

Estos profesores estipulan que los criterios de calidad para conseguir la confianza del alumnado son 3: informar sobre la confidencialidad, cumplir con el deber de confidencialidad y garantizar el respeto y el reconocimiento.

A través de las manifestaciones[14] del alumnado obtenidas por los estudios de Baier y Heeg (2011) se pueden observar los efectos negativos de no respetar estos principios y que suponen presentar a la Educación Social Escolar como una medida punitiva.

---

14 "Tagung „Neue Ansätze in der Wirkungsforschung", Erfurt, 6./7. Dez. 2010, Prof. Dr. Florian Baier".

	ESE enfocada como castigo
Obligatoriedad.	"La educadora social escolar no ayuda mucho, porque normalmente te envían allí y no quieres ir por tu cuenta".
Acceso por derivación	*"Que te tienen que enviar allí y no puedes ir voluntariamente. Porque yo personalmente no confío en la educadora social de la escuela y nadie puede ayudarme si no confío en ella"*
Falta de autonomía del alumnado del proceso.	"Que cuando digo que no quiero que hagan una entrevista con los padres, lo hace".
Incumplimiento de la confidencialidad	"Que la educadora social del colegio dice que no le cuenta todo a la profesora. Una vez estuve con ella y cuando terminamos, se lo dijo."

Tabla 24 *Manifestaciones del alumnado del estudio de Baier y Heeg (2011).*

Podríamos decir que la triada de la relación educativa es: la confianza, la confidencialidad y la voluntariedad. Estos principios deben mantenerse para no transformar la Educación Social Escolar en un castigo.

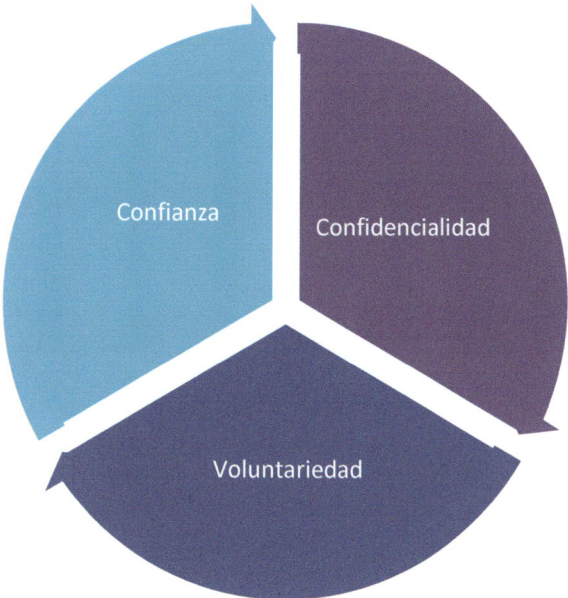

Figura 51 *Tríada de la relación educativa*

2.7 Recursos

En este apartado nos vamos a centrar en los medios físicos, en los recursos tangibles de los que la Educación Social Escolar puede servirse para optimizar su acción profesional. Como se podrá observar, no son muchos, puesto que el profesional de la Educación Social constituye la principal herramienta del programa, pero sí son necesarios para dotar de calidad al servicio. Pero, si tuviéramos que destacar uno, el más importante sería el despacho propio, puesto que constituye el núcleo de su acción; el lugar en el que confluye la planificación-reflexión y la acción multinivel y es, en sí mismo, un recurso educativo.

Para informar sobre el panorama de los recursos, no hemos encontrado estudios disponibles que informen sobre los diferentes medios de los que disponen los profesionales de la Educación Social Escolar en España. Así que vamos a hacer referencia a un estudio (n=232) reciente realizado en Alemania (Markert y Pust, 2023) que informa sobre el tipo de herramientas y condiciones bajo las que trabajan estos profesionales.

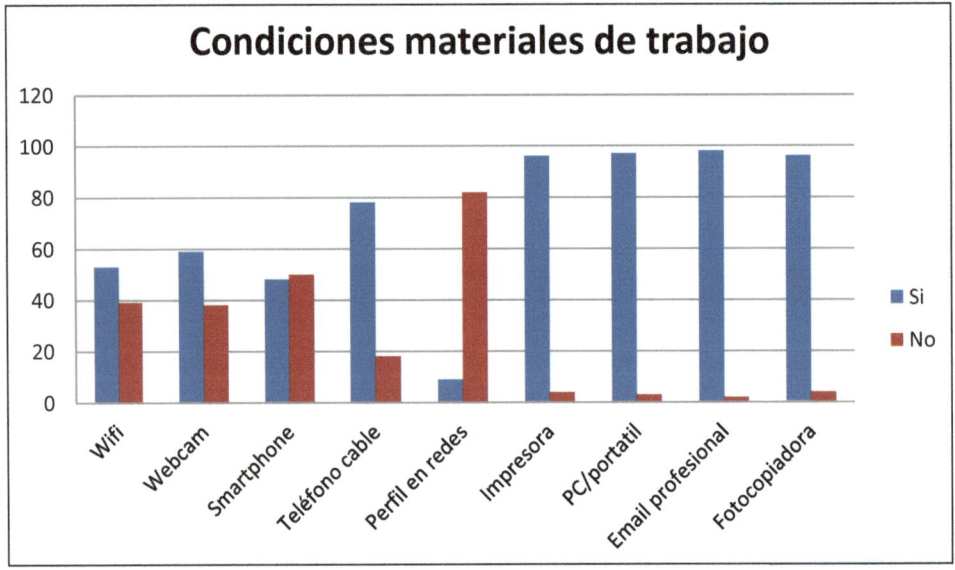

Figura 52 *Gráfico de barras de la valoración de los profesionales de la Educación Social Escolar sobre los recursos materiales de los que disponen (Markert y Pust, 2023).*

Como se puede observar, los materiales son los habituales del trabajo administrativo y que están disponibles en la mayor parte de los servicios, por ello, en general, el

71% de las personas encuestadas considera que tiene lo necesario para ejecutar sus funciones.

En cuanto a los espacios los resultados son los siguientes:

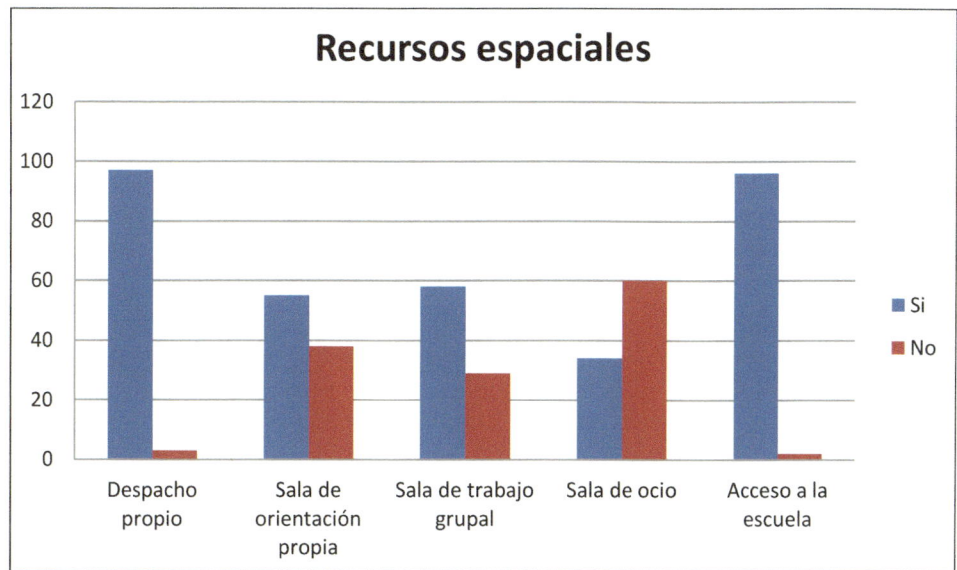

Figura 53 *Gráfico de barras de la valoración de los profesionales de la Educación Social Escolar sobre los recursos espaciales de los que disponen (Markert y Pust, 2023).*

En este caso, el 75% de los profesionales encuestados consideran que las instalaciones son adecuadas, en donde el despacho propio es un recurso habitual. Sin embargo el 58% considera que necesitarían salas más grandes para trabajar o una sala de trabajo grupal exclusiva para la acción socioeducativa. Sin embargo, la ESnE, debido a su itinerancia no suele contar con un lugar propio en los centros escolares.

2.7.1 Recursos materiales

Sin duda, el profesional de la Educación Social es el recurso por excelencia de estos programas pero, centrados en cuestiones más materiales, el despacho o sala personal, sería otro de los más relevantes. El hecho de que una de las marcas de nacimiento de la Educación Social Escolar sea el de convertir a la escuela, a la vez, en su lugar, objetivo y marco de trabajo, favorece que se le reserve un espacio propio y privado en el centro escolar.

Como se ha adelantado en el apartado de los métodos, el propio despacho se convierte en un recurso socioeducativo que, mediante la organización del espacio, favorece el desarrollo de diversas actividades y objetivos.

258 Esta distribución de los espacios debe responder a los objetivos y funciones de la Educación Social. En todos los despachos observados estaban constituidos principalmente por las siguientes demarcaciones:

— *Zona de trabajo*: una mesa con un ordenador y el material ordinario de oficina.

— *Zona de almacenaje*: Armarios o estantes que guarden tanto los materiales como lecturas necesarios para planificar y/o realizar sus funciones. Para garantizar la seguridad de los datos personales recogidos, es conveniente tener un armario en el que custodiar bajo llave esa información.

— *Zona de reunión*: un lugar habilitado con sofás o sillas confortables alrededor de una mesita de centro o bien una mesa normal, en donde se pone a disposición de las personas que recibe algo para beber y comer; se decora con plantas, cuadros o murales. En definitiva, se procura crear una zona acogedora que invite a quedarse, a relajarse. Se trata de inventar un ambiente hospitalario para que las personas que acudan se sientan cómodas y receptivas.

— *Zona informativa-formativa*: Se aprovechan tanto las paredes del interior de la sala como la zona exterior a modo de panel informativo. En estos paneles se describen las actividades y finalidades de forma accesible, informa sobre su horario, de su presencia o no en el despacho y cuánto tiempo va ausentarse, etc. Esto facilita la difusión de sus servicios escolares en el centro y el contacto con la comunidad escolar. Del mismo modo, informa sobre recursos comunitarios relevantes, de actividades, tanto del centro como de la comunidad. También puede incluir lemas, ideas, etc. En fin, la imaginación y la necesidad son el límite.

— *Zona discreta*: Otras de las características fundamentales de este recurso es la discreta ubicación en la que debe estar colocado, alejado de las zonas de paso, siempre que sea posible, para garantizar la privacidad del alumnado y de las familias que quieran asistir sin ser vistos.

— *Zona online*: En consonancia con los tiempos, la Educación Social Escolar debe intentar estar presente en el espacio virtual. Se publicita en la página web del centro, informando a la comunidad educativa de su existencia y funciones. Otra opción es que ofrezca sus servicios online: haciendo gala de su accesibilidad, puede abrir la posibilidad de solicitar una cita electrónica, responder preguntas vía correo electrónico, realizar sesiones online o, incluso, abrir un consultorio virtual anónimo.

Como una imagen valen más que mil palabras, hemos incorporado fotos creadas por IA imitando despachos reales de Educación Social Escolar que pueden resultar ilustrativas e inspiradoras.

Figura 54 *Zonas de trabajo particulares de la Educación Social Escolar*

2.7.2 Recursos económicos

Como un servicio más de la escuela, lo ideal es que la Educación Social Escolar cuente con un presupuesto propio de actividades en el centro educativo con el objetivo de financiar determinadas acciones. En NRW cuenta con un presupuesto propio que puede usar con la aquiescencia de Dirección de centro y que habitualmente es una partida que se destina a ofrecer actividades culturales o de ocio, realizadas por entidades externas, organizadas por la comisión de tiempo libre de la que la profesional de la Educación Social suele formar parte. Según el estudio de Markert y Pust (2023) de media disponen de unos 800 euros de presupuesto anual, aunque hay una amplia variación de cantidades.

Otros recursos económicos deseables, aunque no siempre se sufragan, serían aquellos destinadas a la formación específica de la profesional de la Educación Social Escolar, puesto que sus funciones profesionales en el centro pueden llegar a requerir de ciertas habilidades y conocimientos que no se contemplan en las formaciones generales que se ofrecen en los centros escolares para todo el personal.

Según el estudio de Markert y Pust (2023) las formaciones más demandadas por los profesionales de la Educación Social Escolar fueron las siguientes:

— Nuevas tecnologías: competencias digitales, educación online.

— Protección de menores.

— Intervención en trastornos psicológicos y del comportamiento: autismo, TDAH, trastornos de la personalidad, anorexia.

— Competencias sociales: intervención en crisis, gestión de conflictos y auto-competencia.

— Bullying.

— Asesoramiento: trabajo con familias y orientación.

— Democracia/discriminación.

— Pedagogías: de la vivencia, tiempo libre y naturaleza.

— Adicciones y drogas.

2.7.3 Registro documental

En una sociedad cada vez más burocratizada, el trabajo administrativo es una de las tareas más habituales, aunque no siempre de las más apreciadas, tampoco por parte de los profesionales de la Educación Social. No son solo habituales, sino que en las últimas décadas han terminado por acaparar una gran parte de las funciones profesionales convirtiéndolas, en más veces de lo deseable, en una tarea tediosa o, peor aún, en un fin en sí misma.

No se trata de denostar el trabajo documentario que, sin duda, tiene múltiples beneficios para la Educación Social, sino de racionalizarlo y convertirlo en una herramienta más al servicio de la profesión y de la escuela. Por lo tanto, este tema merece recibir nuestra atención para valorar qué registro documental es útil a los fines de la Educación Social Escolar.

En general suele haber dos tipos: la documentación obligatoria y la voluntaria.

La documentación obligatoria es toda aquella que tiene como finalidad presentarse a otra institución, instancia o profesional. Las finalidades son las siguientes:

— propositivo, diseñar un proyecto o actividad,

— acreditar el trabajo realizado, mayoritariamente, relacionado con la justificación de subvenciones o gastos,

— la de tipo informativo, como una relación escrita de actividades realizadas,

— y las autorizaciones, que tienen que ver con los permisos familiares de las personas menores de edad para realizar determinadas actividades o para compartir información privada.

Es habitual que, desde la Administración, tanto educativa como escolar, se requiera formalmente algún tipo de datos sobre la actuación. Normalmente, a modo de supervisión, se suelen requerir memorias de las acciones (en donde la exigencia de minuciosidad es variable) o justificaciones de gastos de tipo económico (siempre que se trate de dinero, la exigencia y la documentación aumenta). La supervisión externa, por molesta que sea, si se hace con corrección, siempre es recomendable, puesto que la Administración tiene que asegurar la calidad de los servicios que presta y censurar los excesos y malas prácticas profesionales.

Pero, como decíamos al inicio, la realización de registros no debe responder únicamente a motivaciones de control externo. En la siguiente lista recompilamos las funciones de los diversos registros que, a su vez, caracterizarán el tipo de información a almacenar.

— *Seguimiento de las acciones.* Conservar los datos relevantes de las personas (discentes y familiares) que acuden al servicio de Educación Social Escolar, entre tanto alumnado, permite "vigilar" su evolución de forma objetiva: cuántas veces acude, qué motivos tiene, cómo evoluciona su pensamiento y sus problemas, etc. El registro formal permite recuperar los diálogos mantenidos y la información compartida de forma más fidedigna, que dejar únicamente este depósito de datos en manos de la memoria.

Non tengo que llevar obligatoriamente ningún registro, pero lo hago porque me parece útil tener una visión de conjunto.

(Educadora Social)

Algunos de los datos relevantes a almacenar para poder hacer el seguimiento, pueden ser los siguientes:

262

Datos de seguimiento
a. Datos personales: Nombre, edad, curso,...
b. Acceso: Acude por propia voluntad, acompañado (por quién), derivado, etc.
c. Tipo de contacto: telefónico, email, etc.
d. Fecha de visita.
e. Motivo.
f. Situación del sujeto.
g. Acciones realizadas.
h. Tareas asignadas
i. Resultado de las acciones.

Tabla 25 *Modelo de ficha de datos de seguimiento.*

El mismo tipo de ficha, o similar, se puede aplicar en el caso de los equipos docentes. Esto es, llevar un pequeño registro de las comunicaciones mantenidas con el profesorado. También pueden tratarse de actas de las distintas reuniones que el profesional mantenga con familias, profesorado e instituciones.

— *Evaluación.* Sin recopilación de datos, no hay evaluación posible. Es evidente que en función de la clase de evaluación que se busque, se va a condicionar tanto el tipo de información como el método para obtenerla. Pueden ser especialmente interesantes las evaluaciones diagnósticas del centro/alumnado y la de las propias acciones profesionales. Otra posibilidad es la de permitir la realización de evaluaciones o investigaciones externas.

— *Reflexión y planificación.* Reflejar la acción profesional por escrito regala al profesional de la Educación Social la oportunidad de reflexionar sobre sus prácticas; concede un momento de sosiego que permite poner en orden las ideas y los hechos. Parar para pensar, en el frenesí del actuacionismo, permite analizar mejor la situación y planear estrategias cada vez más adaptadas a la situación, esto es, planificar las futuras acciones.

Las tutorías la das, después vienes aquí, reflexionas un poco, lo reflejas por escrito, también piensas que recursos puedes utilizar para la siguiente tutoría...tienes que programar un poco más. Tienes una programación inicial, unos objetivos pero eso luego se va transformando.

(Educadora Social)

— *Intercambio de información.* Tanto en el trabajo en equipo como en el trabajo en red se hace necesario coordinar y consensuar las actuaciones. Esto suele hacerse por medio de reuniones a distintos niveles en los que se comparte información. Puede ser a nivel horizontal como a nivel vertical, que alguna instancia superior exija algún tipo de informe. Este puede ser el caso de los servicios sociales o del juzgado de menores. En estos casos hay que prestar atención a los aspectos relativos a la confidencialidad, si permiten o no este traslado de datos personales.

— *Sustitución.* En caso de que el profesional de la Educación Social deba ser sustituido, bien temporal o indefinidamente, por otro profesional, el relevo será mucho más rápido y asequible si tiene un registro en el que apoyarse para continuar con la acción de su predecesor. De nuevo, habrá que prestar atención a los aspectos relativos a la confidencialidad de los datos.

— *Supervisión-fiscalización-justificación.* Como decíamos al inicio, los registros documentales pueden responder a peticiones externas de control tanto de las prácticas como de los gastos. En ocasiones se ha detectado un uso "defensivo" de estos registros. Esto es, como medida protectora del profesional, especialmente en casos conflictivos, que acredite que sus actuaciones han sido suficientes y apropiadas.

Desde hace nada empezamos a hacer un poco de recogida actas de reunión entre nosotras, o con un padre, si nos reunimos con un padre fuera de tutoría, actas donde el padre tiene que firmar, porque ya hemos tenido casos de que fiscalía o menores nos pide un informe, o servicios sociales. Recogemos todo lo que antes considerábamos una reunión informal. Lo hacemos porque se tienen dado casos de que hay una denuncia y nos piden información, y de las fechas no nos acordamos. En los casos en los que consideramos que son susceptibles "de" los recogemos por escrito. Tuvimos un caso de un intento de suicidio y el padre venia por aquí a menudo y nos pidieron información...y fue un lío. Ahora recogemos todo desde hace 2 años. Cuanto más cerrado posible, mejor.

(Educadora Social)

Otros aspectos de los registros documentales

Para que la documentación pueda realmente servir a los fines descritos, debe hacerse de forma sistemática, ordenada y regular. Lo ideal sería llevarla al día o, por lo menos, no con mucha distancia de las acciones para reducir la distorsión de los hechos o de los datos. De lo anterior se deduce fácilmente que el trabajo documental puede llegar a requerir un tiempo considerable de la jornada profesional y también que no es una de las tareas más estimulantes. Por ello es fundamental separar la paja del trigo, identificar los datos relevantes a almacenar, los que respondan a la información requerida y a la deseada, en un sistema eficaz de recogida de forma breve y concisa.

2.7.4 Confidencialidad

Se ha aludido frecuentemente a los aspectos relativos a la confidencialidad de los datos, así que vamos a centrarnos en este tema.

264 La confidencialidad tiene, por una parte, un interés técnico, puesto que la privacidad favorece la creación del vínculo educativo con el alumnado, aumentando que este confíe en la profesional y se abra a hablar libremente con ella. Por otra parte, contiene un aspecto ético, puesto que no se puede traicionar la confianza que el sujeto de la acción deposita en la profesional de la Educación Social. También comprende un aspecto normativo-legal, puesto que se recoge tanto en los códigos deontológicos de la profesión (aunque sus normas no son vinculantes) como en algunas regulaciones del campo de la Educación Social Escolar, como es el caso de Colonia, en NRW (Bass, 21-13 nr.14).

En determinados casos, especialmente cuando se trabaja en equipo, se hace necesario compartir información con otros profesionales, instituciones o familiares. En estos casos, los documentos profesionalizadores indican como ha de procederse en estas situaciones, en el *"principio de la información responsable y de la confidencialidad"*.

> "El educador/a social guardará el secreto profesional en relación con aquellas informaciones obtenidas, directa o indirectamente acerca de las personas a las que atiende. En aquellos casos en que por necesidad profesional se haya de trasladar información entre profesionales o instituciones, ha de hacerse siempre en beneficio de la persona, grupo o comunidad y basado en principios éticos y/o normas legales con el conocimiento de los interesados/as".

De este principio se extraen dos aspectos muy importes sobre cuándo proceder y qué condiciones hay que cumplir. El intercambio de datos se debe producir cuando el alumnado se beneficie con ello y se ha de hacer con su *conocimiento*, aunque no especifica si también debe contarse con su *consentimiento*. Esto aspecto lo trata en el punto *E* del *Artículo 7*: "Cuando tenga que transmitir dicha información, lo hará con conocimiento del sujeto de la acción, su representante o tutor y, si es posible, con su consentimiento." Esto es, el conocimiento es obligatorio, el consentimiento es deseable, pero opcional.

No sucede lo mismo con la profesión en Alemania. El secreto profesional se garantiza (203 StGB) y, solo en contadas excepciones, se puede saltar compartiendo información a terceros sin el consentimiento de la persona afectada. Como se dice en el país teutón el *"Königsweg"* del intercambio de datos personales, *"El camino del Rey"*, para compartir información es contar con el consentimiento, no solo con el conocimiento del sujeto.

Este conocimiento y consentimiento, en muchas ocasiones, viene acompañado y apoyado de un consentimiento firmado que, para que sea efectivo, debe ser detallado; el sujeto debe ser informado de que se van a compartir sus datos, con quién, con qué fin y cuánta información se va a trasladar. Esto se aplica incluso a la hora de compartir la información dentro del propio centro escolar o, en su caso, dentro del propio equipo de trabajo.

Del mismo modo, tampoco se puede almacenar ilimitadamente la información de una persona, sino que al cabo de unos años deben destruirse sus datos personales. Asimismo, los profesionales de la Educación-Trabajo Social pueden negarse a declarar ante un tribunal (53 StPO) y tampoco tienen obligación de denunciar en el caso de que tengan conocimiento de hechos delictivos realizados en el pasado por sus clientes (138 StGO, 8aSGB VIII, 34 StGB).

En el caso de que tengan conocimiento sobre intenciones delictivas, tienen las mismas obligaciones que cualquier ciudadana o ciudadano; tratar de evitarlo por medio de la palabra, pero no necesariamente están obligados a denunciar. Incluso en los casos en los que se tenga conocimiento de abuso sexual de menores, el profesional de la Educación-Trabajo Social, no está obligado a denunciar inmediatamente, tema no exento de polémica.

En el caso de la profesión en España, en el Artículo 7 de los documentos profesionalizadores, contiene otros puntos muy interesantes a tener en cuenta a la hora de recabar e intercambiar información:

C) Será consciente de cuál es la información relevante que precisa obtener de las propias personas y/o de su entorno.

D) Transmitirá, únicamente, información veraz y contrastada, separando en todo caso información de valoraciones, opiniones o pronósticos.

E) No podrá, en ningún caso, aprovecharse para beneficio personal o de terceros de la información privilegiada o del conocimiento de situaciones o de la posición que le proporciona su profesión.

Pero, como decíamos, las normas de los códigos deontológicos no son vinculantes y por encima de ellas está la normativa legal, que los profesionales de la Educación Social deben conocer.

2.8 Dificultades y efectos secundarios de la educación social escolar

2.8.1 Efectos secundarios: riesgo de estigmatización

Uno de los temas habituales que surgen tanto en la Educación Social como en los servicios sociales es el controvertido asunto de la estigmatización de las personas destinatarias. En el caso concreto de la Educación Social Escolar es también un tema a debate, considerado como uno de los efectos secundarios no deseados de la Educación Social Escolar (Speck, 2020), ya denunciado desde las primeras experiencias en Alemania (Tillmann, 1987).

266 Este conflicto, aunque tenga un componente técnico, se trata, principalmente, de un conflicto ético de los "efectos indeseables" entre los resultados previstos y los resultados reales de la tarea (Vilar, 2013).

Aunque los profesionales suelen ser reticentes a admitir la posible "estigmatización", lo cierto es que los resultados de las investigaciones tienden a confirmar el riesgo de este efecto secundario. Cuando se admite la posibilidad de que exista, se apunta a una idea interesante; que es una calidad "atribuida a la persona", no que aparezca por contacto con las profesionales de la Educación Social en la escuela (Borges, 2023) Las profesionales apuntan a que, cuando existe tal marca negativa, se debe a que el alumnado está estigmatizado previamente, por los conflictos continuos que mantiene con el alumnado o con el profesorado, los problemas que se manifiestan a la vista de todo el mundo, la situación en la que se encuentra, las etiquetas que recibe, la reputación que lo acompañe, etc. Serían estas circunstancias las que provocarían su estigmatización, no asistir al servicio de Educación Social Escolar *per se*. Por lo tanto, del mismo modo, cuando no existe problemática previa "visible-conocida-manifiesta", es decir, en referencia al alumnado o familias que acuden de forma particular, garantizando la privacidad, se reduce considerablemente el riesgo de estigmatización.

Pero, sin desdeñar el argumento anterior, lo cierto que es que las reticencias a participar, existen. Cuando asistir a la educadora o al educador social se convertirse en objeto de burla o ataque, queda implícita la valoración negativa del hecho.

Pues es que casi no lo saben. ¡Yo que sé! En primero de la ESO cuando iba no lo contaba porque había gente que iba que no quería que se supiera.

(Chica adolescente)

Bueno...al principio no me entusiasmó la idea. Pero es que tampoco sabía que me iba a encontrar ni cómo iba a ser a algo así. Me dijeron que era algo bueno, que me iba a ayudar,...y lo probé y ahora estoy contento.

(Chico Adolescente)

Yo creo que lo de la estigmatización lo usa el alumnado para enfadar el resto "¿Qué problemas tienes tú? Pero, normalmente, eso pasa poco.

(Educadora Social)

Esto puede significar que en el imaginario social simbólico está instalada una imagen carencial de la Educación Social y de los servicios sociales, etc., puesto que es la función más conocida y reconocible.

En este tema hay muchos aspectos paradójicos. Se podría decir que, globalmente, la percepción de la estigmatización se opone, de algún modo, al elevado grado de satisfacción de la comunidad educativa y a los buenos efectos que la Educación Social obtiene de las personas con las que trabaja. Es contradictorio el hecho de que algo que "hace bien" según las personas que lo viven, se perciba, sin embargo, como malo desde fuera. Esto podría estar sucediendo porque la percepción de la estigmatización, habitualmente, es una opinión y un temor de aquellas personas que no conocen el servicio ni tienen un contacto estrecho con la profesional. Este temor a la estigmatización es un recelo que se cristaliza en las reticencias a acudir a la educadora social por miedo a las consecuencias que tendrá en su reputación, lo que confirmaría las sospechas de esta educadora.

> *Creo que el miedo a que eso pase es mayor que las probabilidades de que eso pase. Estigmatización creo que es un problema de aquellos que no vienen, porque tienen miedo a ser estigmatizados.*

(Educadora Social)

Por lo tanto, factores importantes que influyen en la percepción de la estigmatización son:

— la existencia manifiesta de problemática en el centro con el alumnado.

— el grado de privacidad y discreción con el que se lleve la intervención (por lo que se hacen recomendables medidas como reservar un despacho propio para el servicio de Educación Social Escolar y que esté localizado en una zona discreta de la escuela),

— ideas preconcebidas sobre la Educación Social o los servicios sociales, y

— las intervenciones individuales, donde es más susceptible de producirse el riesgo de estigmatización (Rademacker, 2009).

Por lo tanto, la percepción de la estigmatización por la Educación Social Escolar va a orientarse a uno u otro signo, en función del tipo de personas destinatarias, el enfoque de la acción adoptado y en función del grado de satisfacción con el trabajo realizado.

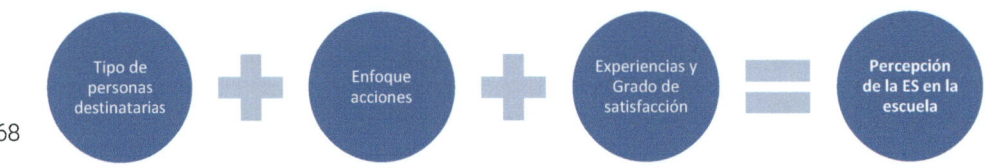

Figura 54 *Factores que influyen en el riesgo de estigmatización*

Los tres elementos que se han identificado son los siguientes:

— La percepción de la educadora social por la comunidad escolar son las impresiones, ideas o valoraciones que se mantengan en el imaginario de la comunidad escolar sobre lo qué es y lo qué hace la educadora social. Estas percepciones pueden difundir una imagen positiva o negativa de su trabajo.

— El grado de satisfacción que tenga el alumnado y las familias del trabajo realizado con esta profesional puede anular las visiones negativas que se expandan del servicio y abolir las reticencias a participar.

— Personas destinatarias de la acción: hacen referencia a la situación del alumnado y de las familias con las que trabaje, bien toda la población escolar o solo aquella que se encuentra en situación de conflicto o presente alguna problemática.

— Carácter/orientación de la acción de la Educación Social: hace referencia a la orientación de las actividades que realiza; si se enfocan únicamente a situaciones problemáticas de forma exclusivamente individual, como una oferta marginal a la del centro, o tiene una perspectiva de trabajo más preventiva, socializadora e integrada en la escuela.

2.8.1.1 Procesos de estigmatización: factores de riesgo y protectores

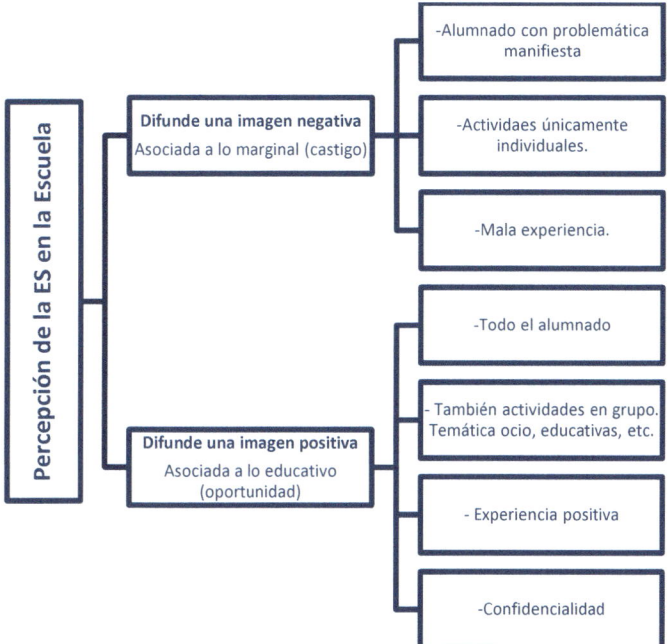

Figura 58 *Proceso de estigmatización.*

El proceso de estigmatización se incrementa cuando la acción de la educadora social se circunscribe al trabajo excesivamente reactivo y se limita al alumnado que tenga conflictos manifiestos en la escuela porque, de esta forma, la percepción de la educadora social se asocia a lo marginal y a lo conflictivo, lo que puede alimentar los temores a sufrir estigmatización (Speck, 2020; Spies y Potter, 2011; Schumann et. al., 2006).

Se incrementa el riesgo de estigmatización, si su actividad en el centro se reduce a la acción individual con este alumnado. Esto difunde una imagen negativa de la Educación Social Escolar, lo que puede provocar que el resto del alumnado sienta que la educadora no les tiene nada que ofrecer, porque son estudiantes "normalizado/as". Por supuesto, una mala experiencia con esta profesional extiende en la escuela una imagen negativa del servicio.

A su vez, trabajar con grandes masas de alumnado por medio de actividades orientadas a la socialización, de tipo educativo, difunden una imagen del servicio no asociada a lo marginal, sino más bien a lo educativo. Del mismo modo, un grado de satisfacción elevada y unas vivencias agradables con la educadora social divulgan una imagen positiva de ella, también porque expanden y aumentan su conocimiento dentro de la comunidad escolar. Esto puede anular los temores previos existentes que crean reticencias en acudir a esta profesional de forma privada, por voluntad propia. Asimismo, acudir de forma privada a la educadora social y tener una experiencia positiva, mejora su imagen. En este último caso, al mantener la privacidad, provoca que su buen hacer se propague muy lentamente o, incluso que se mantenga oculto porque no se habla de ello.

Lo que sí parece claro es que las reticencias a participar se disipan tras los primeros contactos con las profesionales y sus actividades; al vivenciar en primera persona la acción que fluye de sus métodos. Por lo tanto, la percepción de la estigmatización es, principalmente, un temor de los que no la conocen.

Al principio no estaba muy convencida, no conocía a nadie y estaba toda nerviosa. (...) me ponía nerviosa ir. Pero luego fui conociendo a la gente y me di cuenta de que...de que eran buena gente y me empecé a llevar bien con ellas; las educadoras y los participantes.

(Chica Adolescente)

Las causas que están alimentando estos temores son tres: el desconocimiento, el descontento y una imagen negativa de la profesional de la Educación Social derivada de esas ideas preconcebidos que circulan en el imaginario colectivo.

Mantener y garantizar la privacidad del servicio, especialmente vinculada al trabajo individual, sirve como mecanismo de protección frente a la posible estigmatización.

Los padres y madres o alumnado también, a veces, tienen miedo de eso (de la estigmatización). Yo siempre les repito que este es un lugar de confianza, un lugar seguro, que todo es confidencial, que el profesorado no va a saber lo que aquí se dice.

(Educadora Social)

En nuestra opinión, lo más probable es que el alumnado mantenga una concepción dual del trabajo de la educadora social escolar. A pesar de que la educadora social realice un trabajo socializador y preventivo e intente dar una imagen no asociada a lo marginal, en la praxis, los principales destinatarios de su trabajo intenso es aquel alumnado manifiestamente conflictivo. Una imagen positiva de su trabajo puede convivir con una asociación a situaciones problemáticas y alumnado disruptivo, que es probablemente lo que más destaca de su acción y a lo que más tiempo dedica. De este modo, el alumnado mantiene en el imaginario una idea dual de lo que es el trabajo da educadora social: grupal, para todo el alumnado pero, el trabajo individual solo para alumnado conflictivo o con problemas, que es, en la mayor parte de los casos, una valoración correcta del trabajo de la educadora en el centro escolar.

Lo fundamental es que la profesional de la Educación Social se mantenga constante en difundir una imagen positiva de su trabajo, en construir diariamente la relación educativa con el alumnado del centro, para que este se sienta receptivo a buscar apoyo, si lo necesita.

Por otra parte, como se ha visto, donde hay que destinar más esfuerzos para que no se produzca la estigmatización, es en el trabajo individual. Esto puede conseguirse con un enfoque correcto. Esto es, participar en las actividades de la Educación Social Escolar no debe ser ni un castigo ni una expiación, sino una oportunidad, algo positivo para el discente. En las manos de la profesional de la Educación Social quedará que, efectivamente, se convierta en una vivencia provechosa.

Es muy importante que no se lo tomen como un castigo, eso es una clave, y también dejándole claro a los profesores y al equipo de orientación que no es un castigo. Son voluntarias y, a parte es un apoyo, es algo para ti. Más bien una oportunidad.

(Educadora Social)

Asociado a la idea interior, estaría el tema de la voluntariedad: si no se trata de una imposición ni de un castigo, entonces la asistencia debería ser voluntaria.

En la siguiente lista recompilamos las acciones protectoras frente al posible riesgo de estigmatización:

Condiciones Materiales	Condiciones Formales	Condiciones Conceptuales	Condiciones Resultantes
Despacho privado. Localización discreta.	Contar con la voluntariedad del alumnado. Confidencialidad.	Enfocar su acción como una oportunidad, no como un castigo. No reducir la acción a situaciones problemáticas ni al trabajo individual.	Buena reputación. Buenos resultados. Satisfacción de la comunidad educativa.

Tabla 26 *Acciones protectoras frente al riesgo de estigmatización.*

2.8.2 Función bombera – apagafuegos.

La función "bombera/apagafuegos" es uno de los efectos secundarios de su flexibilidad y rápida capacidad de respuesta. Consiste en el hecho de que cada situación imprevista en la escuela sea susceptible de ser asumida por la educadora o educador responsable. Esto, que a su vez es un punto fuerte de su perfil profesional y una gran ventaja para la escuela, el tener a alguien que atienda conflictos y descargue de tareas a los docentes, también puede llegar a convertirse en un gran obstáculo que afecte negativamente a su trabajo, puesto que puede conducir a una sobrecarga de tareas así como a una fragmentación de la profesión, ya que diluye sus funciones y efectos cuando se le van atribuyendo tareas y más tareas que desvirtúan su razón de ser en la escuela.

Otro de los problemas asociados al exceso de tareas y a los aspectos laborales, es que la educadora social escolar tiene que conciliar *dos perspectivas de trabajo contrapuestas*: por una parte, las actividades fijas (formaciones, reuniones, citas) y, por la otra, atender las situaciones imprevistas, conflictivas, etc. asociadas a la "función de apagafuegos" y a la flexibilidad de sus horarios. Esto, unido a un elevado número de alumnado, provoca que sea imposible abarcar todo el trabajo que sería deseable y también a la sobrecarga laboral.

> *Entrevistadora: ¿Es común la función de apagafuegos en la escuela? (...) se trataría sobretodo de conflictos. Los conflictos no se pueden programar. Alguien en la clase explota porque no se ciñe a las reglas, dos que discuten... Alguien tiene que reaccionar muy rápido y ayudar, y esa persona puede ser la educadora. Pero estoy algo en contra. Yo puedo hacerlo cuando tengo disponibilidad, pero no siempre. No me siento 8 horas en la mesa esperando a que pase algo. Eso no puede ser. Tengo citas prefijadas, tengo sesiones grupales programadas... eso solo ya son muchas horas a la semana, horas de clase que tengo que preparar y, cuando pasa algo por el medio de lo que tengo que ocuparme, yo sigo teniendo todo ese trabajo por hacer.*

> *(Educadora Social)*

Algunas de las opciones que se han planteado en Alemania, sería aumentar el número de profesionales de la Educación Social por escuela para reducir la ratio de alumnado. Se trataría de acotar el número de alumnado por educador/a. Otras opciones son diversificar las funciones en dos profesionales; una para el trabajo fijo y otra para el espontáneo (Frey, 2014).

> *Yo creo que, si tuviese menos alumnado asignado, habría menos cantidad de alumnado para orientar, pero los talleres socioeducativos a nivel grupo clase estarían, de hecho, en todas las clases. Pero el tiempo libre, las conferencias, el trabajo con las familias sería más intenso...me parece difícil hacerlo todo, ya solo por la cantidad de alumnado.*

> *(Educadora Social)*

Incrementar el número de profesionales de la Educación Social por centro es bien recibido, en general, por la comunidad educativa puesto que consideran que existe una amplia necesidad de realizar más de trabajo individual con el alumnado (Bosch, 2023).

Mucho, creo que necesitamos dos o tres educadoras sociales escolares (ríe) Porque la educadora social escolar está sobrepasada con tanto trabajo...no agotada, pero si es cierto que ella podría tener más horas para hablar con el alumnado. El alumnado tiene más necesidades y la educadora hace lo que puede, pero el tiempo de trabajo non da, non llega. Me imagino que podría venir más veces a clase cuando fuese necesario...En 5ª curso lo hace para que la conozcan y conocer al alumnado, pero me parece que esto sería necesario para todos las clases y cursos. Por eso me puedo imaginar la presencia de más de una educadora en el centro.

(Profesor secundaria)

Hemos intentado poner de manifiesto las dos caras de la moneda de la función apagafuegos; una muy positiva para la escuela en general, pero que también conlleva una contrapartida negativa para la profesional de la Educación Social puesto que la induce a un tipo de actuación principalmente reactiva, con actuaciones improvisadas y a las prisas, asociada a la población escolar en conflicto y al trabajo individual. Por lo tanto, no se debe renunciar a esta función, pero si mantener un equilibrio razonable entre estas dos perspectivas de la acción para que la Educación Social Escolar pueda recrearse adecuadamente en la escuela.

Algunas propuestas, como reducir la ratio de alumnado por educador/a, parecen muy adecuadas, pero resulta una opción quimérica en un país como España en el que ni siquiera se garantiza la presencia de educadores/as sociales en los centros escolares de todas las comunidades autónomas por igual.

2.8.3 Otras dificultades

Otras dificultades halladas y que se han ido mencionando tiene que ver la gran carga de trabajo relacionada con la insuficiencia de tiempo y recursos de personal, dificultades en la cooperación con las familias y los servicios sociales, y la falta de correspondencia entre un elevado nivel de responsabilidad, pero bajos niveles de poder de decisión que les provoca angustia emocional (Beck et. al., 2023; Bosch, 2023; Speck, 2020).

2.9 Regularización del campo profesional

En este apartado nos vamos a centrar en el rol que tiene la regularización en el campo profesional de la Educación Social Escolar ya que, conforme a los resultados observados, juega un papel importante en los efectos de la acción socioeducativa, ya que instituye el marco y las condiciones en las que se recrean las prácticas.

2.9.1 Conceptualización del término regularización

En primer lugar, vamos a proceder a aclarar los conceptos que se van a utilizar basándonos en las definiciones de "regular" de la RAG y de la RAE.

Entendemos por regularización el proceso por el cual el Estado, a través de las instancias competentes, procede a ajustar o a determinar las reglas o las normas que definen un determinado campo laboral. También puede tratarse de normativizar la demanda que tiene el Estado de un determinado grupo profesional, esto es, los usos o servicios que el Estado va a hacer de una profesión para materializar políticas públicas concretas.

En el caso particular que nos ocupa, la acción socioeducativa escolar profesionalizada, se interpreta como que las instancias públicas competentes en materia educativa o de servicios sociales regulen la entrada de los profesionales de la Educación Social en los centros escolares en el mejor de los casos, o bien de los proyectos a realizar sobre la acción socioeducativa escolar.

La simple definición de los efectos reguladores da testimonio de sus virtudes. Pero no descubrimos el mediterráneo. El propio colegio profesional trabaja duro y constante desde 2016 para conseguir una Ley de Educación Social con este mismo propósito; que los poderes públicos regulen la profesión y articulen una demanda explícita de profesionales de la Educación Social.

Como se ha podido comprobar en el análisis de la profesionalización, existe una gran diversidad de profesiones, ocupaciones y nomenclaturas contempladas dentro del campo de la acción socioeducativa en la escuela.

Para explicar por qué sucede esto, vamos a recurrir a la noción de *espacio social* y *campo de poder* de Bourdieu (2006). La idea de espacio social, según Bourdieu, viene a designar a la sociedad como un sistema relacional configurado por el principio de la diferenciación social en función de cómo están distribuidas las formas y equilibrios de poder, siendo este un proceso dinámico que va transformando su estructura. Describe el espacio social global como un campo de fuerzas y un campo de poder "dentro del cual, los agentes se enfrentan, con medios y fines diferenciadas según su posición en la estructura del campo de fuerzas, contribuyendo de este modo a conservar o a transformar su estructura" (p.48-49).

274

Valiéndonos de estos conceptos en el campo social, los vamos a interpretar de la siguiente forma: existen distintos actores implicados en una determinada actividad social, en el que cada uno de ellos aporta una serie de recursos diferentes, situados en una constelación de relaciones y posiciones estratégicas diferenciadas desde las que actúan.

Aplicándolo en el caso concreto de la Educación Social Escolar, apuntamos a las siguientes ideas: existen diferentes ocupaciones, profesiones que están trabajando en colaboración con la escuela. Estas diferencias no son un resultado lógico o natural de una supuesta correspondencia "ideal" entre la idoneidad de un perfil profesional y un puesto de trabajo, sino que también son fruto de dinámicas que tienen que ver con factores derivados del mercado laboral, de la correlación de fuerzas entre los respectivos colectivos y asociaciones profesionales, del tramado comunitario, de las demandas escolares, de las políticas sociales, de los recursos económicos, etc. La confluencia de todos esos factores, y muchos otros, da como resultado la diversidad de ocupaciones y profesiones del ámbito socioeducativo escolar que existe en España. Por ejemplo, la figura del *promotor escolar* en Navarra, la entrada de los Técnicos/as de Integración Social en la escuela en Cataluña, las personas tituladas en Trabajo Social desde los Equipos de Orientación de zona, o bien casos en los que se da la entrada a la profesión a personas con titulaciones diferentes a la de Educación Social, etc. En común tienen la especificidad y la exclusividad en la asignación de funciones socioeducativas en la escuela y la de pertenecer a un grupo profesional u ocupacional más o menos próximo al campo socioeducativo.

2.9.2 Efectos de la regularización

La regulación es habitual en la Educación Social Escolar en contraposición a la Educación Social en la Escuela. A continuación vamos a aglutinar, en unos pocos párrafos, las principales consecuencias de regular el campo de trabajo.

— *La regularización mejora la profesionalización*. Tiene como principales efectos sobre la profesionalización de la Educación Social Escolar, la creación de un nuevo nicho de empleo idóneo para la educación social cómo práctica educativa, que favorece la entrada de profesionales titulados, como es el caso de España, (aunque los puestos no siempre están reservados para los profesionales de la Educación Social con titulación), o bien crea puestos en exclusiva para titulados en Educación Social como es el caso de Alemania. Es decir, a través de la regularización de la profesión del campo profesional, la Educación Social tiene más posibilidades de adquirir jurisdicción sobre este sector, algo bastante insólito en la Educación Social en España.

— *La regularización mejora las condiciones laborales*; aumenta la estabilidad de los profesionales, favorece la existencia de jornadas completas y

276

la permanencia en el tiempo y a veces, incluso, mejores salarios. También mejora las *condiciones profesionales*, porque reserva tiempos y espacios destinados a la Educación Social Escolar, hecho bastante relevante. Siendo la actividad principal de la escuela la instrucción, las clases y las evaluaciones, en muchas ocasiones es difícil buscar tiempos en los que desarrollar las actividades socioeducativas cuando se trata de una programación aditiva a la escolar. Constituye este una de las principales dificultades en la ESnE, por ejemplo (Borges, 2023). La existencia de normativas palía este efecto, puesto que reserva más tiempos de contacto con la profesional de la Educación Social tanto para el alumnado como las familias y los docentes, aumentando su presencia en el centro y, por lo tanto, su disponibilidad en general y ante situaciones imprevistas. Asimismo, incrementa las opciones de implementar más niveles de acción como el institucional, las aulas lectivas reservadas para la Educación Social, y crea más oportunidades tanto a la hora de construir la relación educativa en la vida cotidiana del centro como concebir nuevos proyectos. La regularización también optimiza los recursos materiales, puesto que garantiza así un despacho personal e incluso a veces un presupuesto propio del servicio.

— *La regularización ofrece una visión unificada de la profesión*. A mayor nivel de normativización, se tiende a estandarizar la nomenclatura del campo de trabajo, lo que contribuye a revocar la fragmentación del campo profesional y reduce la flexibilidad para acceder a la profesión, puesto que acota el tipo de titulaciones de acceso. Además, la regularización tiende a especificar el rol y funciones del profesional de la Educación Social, reduciendo la posibilidad de solapamiento con otras figuras profesionales. Otro efecto importante en la profesionalización es que, cuando hay regulación, hay un mayor nivel de identificación del campo con la profesión de educador o educadora social. En las modalidades no reguladas, vinculadas a la Educación Social en la Escuela, la ausencia de normativa induce una imagen difusa de la profesión, que provoca que se identifique a la acción socioeducativa más por el programa y por las actividades que por la profesión que la desempeña. Incluso se confeccionan descripciones incorrectas a nivel disciplinar, asimilándola con funciones psicológicas y terapéuticas. En general, se instaura una imagen mucho más diluida de la figura profesional de la Educación Social en la ESnE.

— *La regularización focaliza los efectos*. Tiende a establecer la escuela como el lugar y el marco de referencia de trabajo, lo que tiene efectos directos en los resultados de la Educación Social Escolar, puesto que aumenta su focalización y rango de acción. Al incrementar todos los niveles de acción de las profesionales, se intensifica su impacto profesional en un determinado centro escolar. Cuando la presencia de la figura profesional de la Educación Social es *de iure*, de pleno derecho, favorece su integración en los procesos y estructuras del centro ya que, mejor o peor, crea un lugar para la profesión *en* la institución.

— *La regularización asegura la presencia de Educación Social profesionalizada en la escuela*. En definitiva, crea la posibilidad de introducir acción socioeducativa por medio de sus profesionales representativos. En el caso de los equipos de acción socioeducativa, las intervenciones itinerantes solo son posibles si están dentro del espacio de acción de la entidad que las desarrolla. Fuera de su ámbito geográfico de trabajo, las escuelas, aunque quieran y lo necesiten, no pueden acogerse a estas medidas. Esto provoca una gran desigualdad de atención socioeducativa escolar profesionalizada dentro del territorio español. Como se apunta en el estudio de Bretones et al. (2019, p.71), casi un 75% de los centros encuestados no puede acceder a profesionales de la acción socioeducativa por la falta de financiación de la administración educativa de un profesional así.

Los efectos positivos de la regulación del campo están en sintonía con los criterios de calidad que debe tener la Educación Social Escolar según Speck (2006), cuando señala que los mejores resultados se alcanzan en la medida en que se pase de una acción reducida a resolver problemas y a cubrir "huecos", a otra en la que se trabaje de forma más proactiva y en la que sus profesionales puedan desarrollar sus funciones profesionales de forma amplia.

No regularizar, tiene algunos efectos negativos derivados de las dinámicas laborales. La falta de regulación puede llegar a resentir su autonomía profesional tanto el acceso como en la intensidad de la acción, puesto que sería potestad del sector escolar decidir todos estos aspectos. Y, aunque el paso del tiempo, la estabilidad de los programas y las profesionales mejora este indicador al aumentar la confianza y observar sus efectos, lo cierto es que su acción profesional tiende a acotarse a programas, objetivos y destinatarios. Es decir, tiene una capacidad limitada de acción. Al haber una regulación, la presencia de la profesional de la Educación Social Escolar es *de iure*, lo que aumenta su nivel de autonomía porque, aunque debe de seguir la jerarquía escolar como en cualquier otra organización, su relación es más colegial y de consenso, no tanto definida por el sometimiento a las decisiones unilaterales del centro.

2.9.3 Propuesta de regularización

Por lo tanto, teniendo en cuenta todo lo señalado anteriormente, el Estado debe regular en general la profesión de Educación Social y en concreto la entrada de estos profesionales en la escuela siguiendo estrictos criterios de calidad. Algunos motivos que lo avalan y que interpelan directamente a la Administración, son los siguientes:

278

- La eficacia de sus acciones justifica su entrada.

- Regular con criterios de calidad un campo de trabajo que se está siendo realizado *de facto* por los profesionales de la Educación Social en las instituciones escolares, que está sirviendo para cumplir las leyes educativas en medidas descuidadas por la escuela, haciéndolo, además, con más garantías y eficacia.

- Garantizar la calidad del empleo de las profesionales de la Educación Social.

Otro debate relevante al respecto, es qué nivel administrativo debe regular y responsabilizarse de la gestión (tema que se ha analizado en el apartado 1.3.). Todos los modelos poseen ventajas y desventajas fruto de sus características organizativas y contextuales. Por eso, dependiendo de cada caso, puede resultar interesante o apropiado articularse desde uno u otro lado. Pero, sea cuál sea el modelo que se escoja, para que la acción educativa sea eficaz, la regulación debe asegurar unas condiciones mínimas.

Desde nuestra posición, en vez de centrar el debate alrededor de la institución que debe regular y gestionar la entrada (como sucede en Alemania en donde hay una tendencia clara a favor de los Servicios Sociales y en España, a favor de la administración educativa), lo vamos a centrar alrededor de los criterios de calidad que tiene que tener esta regulación, con indiferencia de la entidad o nivel administrativa que lo gestione. No se trata de desconsiderar la influencia de estos factores, sino más bien de discernir los aspectos más relevantes que deben estar presentes en todas las modalidades. Sea cual sea el modelo escogido, al pasar por el filtro de una serie de criterios básicos que deben poseer los programas de Educación Social Escolar, se evitarán muchos de los problemas que aparecen habitualmente.

A estos aspectos básicos los vamos a denominar: *"Criterios de calidad de la regulación de la Educación Social profesionalizada Escolar"*.

Hemos sintetizado estos criterios básicos en estos seis puntos:

1. Acción profesionalizada y colegiada. (Personas con la titulación y colegiados)

2. Profesionales adscritos a los centros educativos.

3. Buenas condiciones laborales (salario, horario, jornada completa).

4. Estabilidad en la financiación, tanto de las profesionales como del programa.

5. Autonomía profesional de las profesionales, contando con la colaboración de los colegios profesionales.

6. Definición de los objetivos y funciones profesionales del campo profesional.

La demanda de condiciones positivas para el empleo, no es una demanda *domo pro mea*, sino que viene avalada por los estudios. La investigación de Bolay, et al. (2003) puso de manifiesto que la duración del proyecto y los niveles de dotación de personal, tienen una influencia demostrable en el alcance cuantitativo y cualitativo de la acción. Demostraron que, basándose en estadísticas y análisis cualitativos, los educadores y educadoras sociales escolares con puestos a tiempo parcial ofrecen una gama de servicios comparable a la de los profesionales con puestos a tiempo completo, pero solo consiguen una eficacia limitada: atienden un número significativamente menor de alumnado, los seguimientos de los casos individuales son menos intensivos, no siempre atienden con prontitud al alumnado, la acción se demora, además de que los profesionales cuentan con una preparación más deficiente de las actividades y muestran peor evaluación de los proyectos realizados.

La experiencia profesional acumulada a lo largo de los años nos hace plenamente consciente que estos criterios básicos son un arduo desafío, especialmente en tiempos de neoliberalismo salvaje y merma de presupuestos públicos. Sin embargo, nuestro compromiso pedagógico, siguiendo la huella del maestro Freire, nos obliga a no claudicar de las utopías educativas. Estos criterios básicos parten de la convicción y la evidencia de que son los mejores puntos de partido para un destino educativo provechoso.

2.10 Principios de la acción

Los principios hacen referencia a las bases que deben regir las actuaciones de las profesionales de la Educación Social en los centros escolares que, a su vez, hacen referencia a factores que inciden positivamente en los efectos, pero teniendo siempre como marco de referencia los principios y las normas deontológicas de la profesión.

En Alemania, para hacer esta clasificación, se amparan en los principios en la profesión y después concretan otros específicos aplicados al ámbito escolar (Speck, 2020). En nuestro caso, nos hemos decantado por organizar estos principios en base a las tres dimensiones que conforman la profesión: la científica, la técnica y la valorativa (Vilar, 2013)y este es el resultado:

280

Dimensiones	Principios
Científica	Acciones de socialización como apoyo a la instrucción.
	Educación como proceso.
	Orientación al alumnado.
	Oferta educativa, socializadora y preventiva.
	No inculpación.
	Programa incardinado en la escuela.
	Visión holística del alumnado.
	Orientación a la vida diaria de la escuela.
Técnica	Participación activa del alumnado.
	Autonomía profesional.
	Estabilidad programa y profesional.
	Límites profesionales (objetivos profesión, competencias, encargos).
	Trabajo en red.
	Trabajo con las familias.
	Cooperación colegial con los docentes.
	Investigación-evaluación.
	Contacto, seguimiento.
	Interés genuino en la persona, no solo como alumnado.
Valorativa	Confidencialidad.
	Voluntariedad.
	Respeto y buen trato.
	Creer en el alumnado y en el poder ser.

Tabla 27 *Principios de la Educación Social Escolar (síntesis).*

Epílogo
El Futuro de la Educación Social Escolar

En definitiva, este monográfico, a través de las investigaciones y la literatura especializada, ha sido un "repaso" de lo que ha ayudado a la Educación Social a llegar y mantenerse en la escuela, así como los factores que son decisivos para obtener unos buenos resultados. Asimismo, hemos intentado prescribir aquellos aspectos esenciales que le van a permitir seguir creciendo y desarrollándose en la institución escolar.

Solo nos queda tratar de identificar las opciones que tienen los profesionales de la Educación Social de seguir avanzando y mejorando; declarar cuáles son sus ideales de futuro.

Siguiendo los elementos más básicos de la indagación apreciativa (Subirana y Cooperrider, 2013), vamos a ver cuáles son las opciones de futuro de la Educación Social Escolar, basándonos en sus fortalezas y su esencia. La selección de este método basado en los aspectos positivos se debe a que la mayor parte de los aspectos negativos y desprofesionalizantes del campo, no están en manos de los profesionales: la ausencia de un compromiso económico firme en la acción socioeducativa escolar profesionalizada por parte de la administración, las precarias condiciones labores, la falta de estabilidad, la fragmentación de la profesión, etc., son elementos sujetos a decisiones externas. Por lo tanto, nos vamos a centrar en los factores y circunstancias que han contribuido a obtener los mejores resultados.

Para presentar estas reflexiones, vamos a emplear de nuevo la herramienta analítica de los actores implicados en la profesionalización.

— **Universidad**: haciendo uso de sus competencias formativas e investigadoras, deberá realizar estudios de la praxis que doten de contenido teórico-práctico a los profesionales y difundiendo estos nuevos conocimientos a través de la divulgación científica. Del mismo modo, deberá formar a los futuros profesionales en los conocimientos y competencias requeridos por el ámbito de trabajo. Además, puede ser un motor de difusión de las posibilidades de la profesión en los centros escolares, a través del practicum.

— **Colegios profesionales:** en general, siguiendo sus principios de trabajo de defensa y mejora de la profesión, es imprescindible que siga realizando acciones de difusión de los efectos de la acción profesional, medidas de presión para ejercer un papel activo en las políticas públicas que mejoren la calidad de los servicios para las personas usuarias de la Educación Social. En concreto, las acciones desarrolladas para conseguir una ley de Educación Social son muy interesantes, así como su participación en proyectos pilotos o innovadores de Educación Social Escolar. Otra de las medidas más efectivas es el de aumentar el número de profesionales colegiados, para ser un colectivo con fuerza a la hora de presionar e influenciar al Estado en la consecución de sus objetivos profesionales.

— **Profesionales del campo:** su desempeño profesional en las escuelas debe seguir los criterios de calidad encomendados, por ejemplo, los principios de la acción de este monográfico. El objetivo es conseguir los mejores resultados posibles, para que las evidencias de la praxis no dejen lugar dudas sobre la necesidad de incorporarlos masivamente a las escuelas.

— **Clientes:** Como ya hemos comentado, la figura del cliente individual es la menos común de la Educación Social. Además, su grupo prioritario suele ser las personas más desfavorecidas. En el caso concreto de la Educación Social Escolar trabaja con infancia y adolescencia, colectivos que no ejercer el voto y su presencia en la política está poco representada. Sin embargo, es ahí donde se encuentra una de sus mayores fortalezas: la satisfacción de las personas con las que trabaja, la influencia positiva que tiene en la vida escolar y en la comunidad educativa. En los últimos años ha cambiado la situación, pero no hace tanto tiempo que el debate de la presencia de la Educación Socia en las escuelas parecía solo un tema universitario o profesional; era como predicar a los convencidos. Por ello, además de ser una demanda del sector profesional y universitario, debe convertirse en una vindicación de los centros escolares y sus profesionales, de las familias y, si se consigue activar su potencial político y su conciencia crítica, también del alumnado. Dentro de este bloque, los **equipos docentes** son clave, son los profesionales que más tiempo pasan con el alumnado y los que pueden demandar a la Administración recursos profesionales adicionales adecuados para que los apoyen en la realización de sus funciones profesionales.

— Hay que dirigir también la mirada a los Servicios Sociales, no solo en su faceta más interventora en situación de riesgo, sino sobre todo a su función preventiva y protectora de la infancia y de la adolescencia, entre las que se encuentra las medidas de *apoyo a la escolaridad*. Este servicio público, este nivel de la administración puede jugar una baza muy importante en la introducción equitativa de profesionales de la Educación Social en las escuelas en los distintos territorios, como lo está siendo también en Alemania.

Apéndice:
Casos prácticos

A continuación presentamos dos casos reales de la praxis de la Educación Social Escolar y otro que, siendo una situación habitual, procede de una prueba de selección de personal para un puesto en un centro de primaria.

Caso 1. Inicio de un programa de Educación Social Escolar

Acabas de empezar a trabajar en una institución educativa que nunca ha contado con una profesional de la Educación Social Escolar. Se trata de un centro de secundaria situado en una ciudad dormitorio, sin mucha actividad económica ni cultural, que se caracteriza por tener a mucha población emigrante retornada. Pocas personas de la comunidad educativa conocen exactamente cuál es el papel de la educadora o del educador en un centro escolar ni qué actividades o funciones puede desarrollar. ¿Cómo articularías una propuesta de actividades adaptada y aceptada en ese centro? ¿Cómo difundirías tu papel en la comunidad educativa? ¿Qué recursos demandarías a dirección para desarrollar tu trabajo?

Caso 2. Reconversión de una actividad escolar: *Training room*

Trabajas en un instituto en el que tienen implantado desde hace un tiempo las *"Training room"* (la descripción la puedes recuperar en el apartado 2.6.2.). Es un proyecto que pretende reducir la conflictividad en las aulas, que está sirviendo al profesorado para poder continuar con la docencia y que fue impulsado desde dirección de centro. ¿Cómo transformarías estas "Training room" para mantener el eje educativo como el punto vertebrador de la actividad? ¿Cómo convencerías a dirección de centro y equipos docentes para modificar la actividad, según tu criterio?

Caso 3. Intervención a petición de una profesora

En un centro de primaria la profesora se dirige al despacho de la profesional de la Educación Social Escolar de su centro muy preocupada. Indica que hay un alumno en su clase que tiene un comportamiento peculiar y necesita ayuda. Es un caso de un niño de padres divorciados recientemente. La profesora solicita a la educadora/r que intervenga rápidamente con el alumno y la familia, y se ofrece amablemente a estar presente en la reunión con los servicios sociales de la zona.

Caso 4. Conducta disruptiva en clase

Un profesor acude a tu despacho con un alumno que ha tenido un comportamiento sancionado en el RRI (ofensa, gritos, dañar material, etc. lo que sea). El docente, enfadado, te relata la situación e indica la medida a adoptar (disculparse, reparar, expulsar, reprenderlo, llamar a los padres, etc. lo que sea). Por su parte, el alumno, también alterado, aunque tiene que quedarse contigo en el despacho para hablar, no quiere, no está receptivo. ¿Cómo actuarías en esta situación? ¿Qué medidas iniciales adoptarías?

Recuerda, si quieres compartir tus ideas educativas al respecto o ver posibles soluciones a las situaciones planteadas y muchas cosas más entra en la comunidad www.educacionsocialescolar.net y ayúdanos a construir una Educación Social mejor.

Referencias bibliográficas

A

Abels, H. (1971). Schulsozialarbeit. Ein Beitrag zum Ausgleich von Sozialisationsdefiziten.[Educación Social Escolar. Una contribución a la compensación de los déficits de socialización] *Soziale Welt, 28*(3), 347-359.

Abplanalp, E. Cruceli, S. Disler, S., Pulver, C. & Zwilling, M. (2020). *Beraten in der Sozialen Arbeit.* [Orientación en el Trabajo/Educación Social]. Utb.

Adelantado, J. (2018). Reestructuración de los Estados del Bienestar ¿Hacia un cambio de paradigma?. *Argum,. 9,* (2), p. 38-52.

Adelantado, J. (2010). *Política social, estado del bienestar y modelos de protección.* https://ddd.uab.cat/pub/caplli/2010/195738/polincsoc_a2010p34.pdf

Aichhorn, A. (2006). *Juventud desamparada.* Gedisa.

Álvarez-Uría F. & Varela Fernández, J. (1991) *Arqueología de la escuela.* La piqueta.

Ambord, S., Hostettler, U., Brunner, M., & Pfiffner, R. (2018). Interprofessionelle Kooperation zwischen Lehrpersonen und Schulsozialarbeit. Die Rolle der sozialen Belastung bei Lehrpersonen. [Cooperación interprofesional entre profesorado y educación social escolar]. In: *Beiträge zur Lehrerinnen- und Lehrerbildung, 36* (1), 50-62. https://doi.org/10.36950/bzl.36.1.2018.9451

Arendt, H. (1997). *La crisis de la educación.* Cuaderno gris. https://www.ucm.es/data/cont/docs/953-20190704La%20crisis%20de%20la%20educacion.pdf

ASEDES & CGCEEES (2007). *Documentos profesionalizadores.* Asociación Estatal de Educación Social. https://eduso.net/res/revista/13/repertorio/documentos-profesionalizadores

ASEDES (2007). *El educador y la educadora social en el Estado Español: una concreción de su trabajo en centros escolares.* https://weww.ceespv.org/downloads/E.S._Centros_Escolares_ASEDES.pdf

B

Baier, F. & Deinet, U. (2011). *Praxisbuch Schulsozialarbeit. Methoden, Haltung und Handlungsorietierungngen für eine professionelle Praxis.* [Práctica de la Educación Social Escolar. Métodos, actitudes y orientaciones para la práctica profesional]. Barbara Budrich.

Baier, F. & Heeg, R. (2011). *Praxis und Evaluation von Schulsozialarbeit. Sekundäranalysen von Forschungsdaten aus der Schweiz.* [Práctica y evaluación de la educación social escolar. Análisis secundarios de datos de investigación de Suiza]. VS.

Baier, F. (2010). Wirkungsvoraussetzungen in der Schulsozialarbeit: Zusammenhänge zwischen Praxisgestaltung und Wirkungen. [Condiciones previas para la eficacia en la educación social escolar: conexiones entre el diseño de la práctica y los efectos]. En T. Olk, und K. Speck (Hrsg.), *Forschung zur Schulsozialarbeit. Stand und Perspektiven* (pp.255-268). Beltz Juventa.

Ballester, L. & Ballester, M. (2014). El trabajo socioeducativo en red como estrategia política y técnica. La experiencia de los TISE en las Islas Baleares. *Revista de Educación Social,* (18).

Barranco, R., Díaz, M. & Fernández, E. (2012). *El educador social en la educación secundaria.* NauLLibres.

Bauman, Z. (2005). *Los retos de la educación en la modernidad líquida.* Alianza.

Beck, E., Vornanen, R., Hämäläinen, J. y Borrmann, S. (2023). Work-related stressors

Accompanying school social workers while assessing children's well-being: A comparative study between Germany and Finland. *International Social Work,* ol. 66(4) 1262–1276.

Benjumea, S., Caracuel, J.C.; Fernández, F., Moreno, R.; López, J.; Navarro, J. I. (1988). *Principios y métodos de la psicología del aprendizaje aplicados a ambientes educativos (Texto programado).* Servicio de Publicaciones de la Universidad de Cádiz.

Bennett, V. , Roberts, L., Lugg-Widger, F., Meindl, M., Pallmann, P., Smith, P.,Schroeder, E., Adara, L., Munnery, K., Meister, L., Ayayo, S., Rawlinson, S.,Torrester, D., Petrou, S., White, J. y Westlake, D. (2024). Student perspectives on school-based social workers: A mixed-methods study. *Journal of Children's Services,* 19 (3), pp. 189-221.10.1108/JCS-04-2023-0021

Böhnisch. L. & Schröer, W. (2010). Soziale Räume im Lebenslauf – Aneignung und Bewältigung. [Espacios sociales en el curso de la vida - apropiación y afrontamiento]. In: sozialraum.de. https://www.sozialraum.de/soziale-raeume-im-lebenslauf.php

Bolay, E. & Iser, A. (2015). Lebensweltorientierte Schulsozialarbeit.[Orientación a la vida cotidiana en la educación social escolar]. En Grunwald, K. und Thiersch, H., (Hrsg.), *Praxishandbuch Lebensweltorientierte Soziale Arbeit Handlungszusammenhänge und Methoden in unterschiedlichen Arbeitsfeldern* (pp.142-152). Beltz-Juventa.

Bolay, E., Flad, C., & Gutbroad, H. (2003). *Sozialraumverankerte Schulsozialarbeit. Eine empirische Studie zu Kooperation von Jugendhilfe und Schule.* [Educación social escolar centrado en el espacio social. Un estudio empírico sobre la cooperación entre la asistencia a los jóvenes y las escuelas]. Landeswohlfahrtsverband Württemberg-Hohenzollern.

Bolívar, A. (2012). Justicia social y equidad escolar. Una revisión actual. *Revista Internacional de Educación para la Justicia Social (RIEJS), 1*(1), 2012, pp. 9-45. http://www.rinace.net/riejs/numeros/vol1-num1/art1.pdf

Borges, C. (2023). A Educación Social E Escola. Contribucións Da Pedagoxía-Educación Social Para Restituír O Papel Educativo Da Institucion Escolar. [Tesis doutoral] Universidade de Vigo.

Borges-Veloso, C., & Cid Fernández, X. M. (2025). Cooperación entre equipos docentes y profesionales de la educación social en centros escolares: estudio sobre dos propuestas antagónicas de equipos detrabajo. *Revista Colombiana De Educación,* (96), e20371. https://doi.org/10.17227/rce.num96-20371

Borges Veloso, C., & Cid Fernández, X. M. (2025a). A Schulsozialarbeit: un estudo do desenvolvemento histórico da educación social escolar alemá. *Sarmiento. Revista Galego-Portuguesa de Historia da Educación, 28*(1), 180–201. https://doi.org/10.17979/srgphe.2024.28.1.11708

Borges, C. & Cid, X. (2021). Ingredientes éticos de la Educación Social: el respeto como mandato de sus profesionales. *Edetania. Estudios Y Propuestas Socioeducativo* (60), 187–207. https://doi.org/10.46583/edetania_2021.60.927

Borges, C. & Cid, X. (2019). Educación social y profesorado: la escuela como espacio común de intención. *RES, Revista de Educación Social.* (29), 174-193.

Bosch, R. (2023). *Das Deutsche Schulbarometer: Aktuelle Herausforderungen aus Sicht von Schulleitungen. Ergebnisse einer Befragung von Schulleitungen allgemein und berufsbildender Schulen.* [Barómetro alemán. Retos actuales de las Escuelas desde de Dirección]. Robert Bosch Stiftung. https://www.bosch-stiftung.de/sites/default/files/publications/pdf/2023-01/2023-%2001-18_Deutsches_Schulbarometer_5_Schulleitung_FACTSHEET.pdf

Bourdieu, P. (2006). *Razones prácticas (Sobre la teoría de la acción).* Anagrama.

Bretones, E., Solé, J., Meneses, J., Castillo, M. & Fábregues, S. (2019). ¿Qué dicen los centros educativos de Cataluña sobre la incorporación de educadores y educadores sociales en las escuelas y los institutos? *Educació Social. Revista d'Intervenció Socioeducativa,* (71), 39-59.

Bronfenbrenner, U. (1987). *La ecología del desarrollo humano: experimentos en entornos naturales y diseñados.* Paidós Ibérica.

Brückner, P. (1995). *La tentación de la inocencia.* Anagrama.

C

Caballo, M.B. & Gradaílle, R. (2008). La educación social como práctica mediadora en las relaciones escuela-comunidad local. *Pedagogía Social. Revista Interuniversitaria,* (15), 45-56. https://doi.org/10.7179/PSRI_2008.15.04

Cabanas, E. & González-Lamas, J. (2021). Felicidad y educación: déficits científicos y sesgos ideológicos de la «educación positiva». *Teoría de la Educación. Revista Interuniversitaria,* 33(2), 65-85.https://doi.org/10.14201/teri.25433.

Cabanas, E. & Illiouz, E. (2018) *Happycracia: Cómo la ciencia y la industria de la felicidad controlan nuestras vidas.* Paidós.

Cabrera, L. & Rosales, C. (2018). *Informe de evaluación de la experiencia piloto ESEC. Universidad de La Laguna [Archivo PDF].* http://www.educacionsocialcanarias.org/wp-content/uploads/2018/11/INFORME_EVALUACION_ESEC_Noviembre2018-1.pdf

Cabrera, J. (2004). La función de los educadores sociales en los institutos de educación secundaria. Un nuevo ámbito de intervención: la función de los educadores sociales en los institutos de educación secundaria *[Archivo PDF].* I Jornadas Universitarias "Jutedu2004" Competencias sociao-profesionales de las titulaciones de educación. UNED-Madrid.

Cacho, X. (1999) Antecedentes, ámbitos y perfiles profesionales del educador social. *Pedagogía Social. Revista Interuniversitaria,* (4), 139-149.

Calabuig, I & Luque, J. (1996). El educador social en el ámbito escolar. *Educación Social,* (2), 93-95.

Calzado, D. (4 de xullo de 2020). Pugna en el ámbito educativo por la figura del coordinador de Bienestar Social y Atención a la Infancia. *ElDiario.es.* https://www.eldiario.es/castilla-la-mancha/pugna-bienestar-social-atencion-infancia_1_6080135.html

Camps, V. (2013). *Breve historia de la ética.* RBA.

Camps, V. (2008). *Creure en l'educació: L'assignatura pendent.* Ediciones 62.

Candedo, M., Caride, J. & Cid, X. (2007). La educación social y la escuela. Una apuesta de futuro en la formación universitaria. *Aula de innovación educativa* (160), 32-35.

Capp, G., Watson, K., Astor, R., Kelly, M. and Benbenishty, R. (2021) 'School social worker voice during COVID-19 school disruptions: A national qualitative analysis', *Children & Schools*, 43(2), pp. 79–88

Caride, J.A. (2020). La (in)soportable levedad de la educación no formal y las realidades cotidianas de la educación social. *Laplage em Revista* (Sorocaba), *6* (2), 237-58. DOI: 10.24115/S2446-6220202062855p.

Caride, J.A., Sanjurjo, Liliana, & Trillo, F. (2017). Maestros y educadores en el espacio común de las profesiones y la educación superior. *Revista Interuniversitaria de Formación del Profesorado*, 89, 89-101.

Caride, J. A., Gradaílle, R. & Caballo, M. (2015). De la pedagogía social como educación, a la educación social como Pedagogía. En *Perfiles Educativos, XXXVII* (148), 4-11.

Caride, J.A. Ortega, J. & Úcar, X. (2013). La Pedagogía Social en la formación-profesionalización de los educadores y las educadoras sociales, o de cuando el pasado construye futuros. *RES, Revista de Educación Social,* 7, 1-24.

Caride, J.A. (2006). Da escuela e da educación social como espazos e tempos para o encontro entre o profesorado e os educadores sociales. En X. Castro M., Malheiro X., Rodríguez. (Coords.). (2006). *A Escuela, ¿Punto de encontro entre o profesorado e educadores/as sociales?* (pp. 27-32). Nova escola galega.

Caride, J.A. (2005). *Las fronteras de la Pedagogía Social. Perspectivas científica e histórica.* Gedisa.

Caride, J.A. (2003). El pluralismo teórico como argumento epistemológico en el quehacer pedagógico-social. *Pedagogía Social. Revista Interuniversitaria*, (10), 123-159.

Caride, J. A. (2002). Construir la profesión: la Educación Social como proyecto ético y tarea cívica. *Pedagogía Social. Revista interuniversitaria*, (9), 91-125.

Castel, R. (1984). *La gestión de riesgos. De la anti-psiquiatría al post-análisis.* Anagrama.

Castillo, M., Paredes, L, & Bou, M. (2016). *Escuela y educación social. Necesidades, contextos y experiencias.* UOC.

Castillo, M & Bretones, E. (2014). *Acción social y educativa en contextos escolares.* Editorial UOC.

Castro, M., Malheiro, X. & Rodríguez, X. (Coords.). (2006). *A Escola, ¿Punto de encontro entre o profesorado e educadores/as sociales?*. Galicia: NEG e Cesg.

Challen, A., Machin, S., & Gillham, J. (2014). The UK Resilience Programme: A school-based universal non randomized pragmatic controlled trial. [El Programa de Resiliencia del Reino Unido: un ensayo controlado pragmático universal no aleatorizado basado en la escuela].*Journal of Consulting and Clinical Psychology, 82*(1),75–89. https://doi.org/10.1037/a0034854

Chamseddine Habib Allah, M. (2022). Docencia y familias migrantes: comunicación acuciante. *Revista Iberoamericana De Educación*, 89(1), 77–92. https://doi.org/10.35362/rie8914709

Chozas, A. (2003). El educador social en las instituciones educativas: expectativas y tareas. En García-Molina, J. *De Nuevo, la Educación Social* (pp.127-138). Dykinson.

Cid, X. M. y Borges, C. (2022). La profesionalización de la educación social en la escuela. *Pedagogía Social. Revista Interuniversitaria, 41,* 127-142. https://doi: 10.7179/PSRI_2022.41.09

Cid, X.M. & Borges, C. (2018). A educación social escolar ante o "ciberbullying". Un estudio de caso nunha "Gesamtchshule brühl". En Gonçalves, D. (coord.) *A Fenda Dixital: TIC, NEAE, Inclusión e Equidade* (1-4, pp. 598-606). Escola Superior de Educação de Paula Frassinetti.

Cid, X.M, Dapía, M. & Fernández, R.(1997). *Por unha escola do pobo. No centenario de C. Freinet (1896-1996) IX Xornadas de educación para a paz*. Servizo de Publicacións Universidade de Vigo.

Cid, X.M. & Díaz, P. (2018). Que hai sobre Educación Social e Escola nos Graos de Educación Infantil, Educación Primaria e Educación Social na Universidade de Vigo? En X.M. Cid, S. Riveiro, M. Victoria, M.Castro, X. Rodríguez, A. Fernández, A. Cid, P Alonso e F Cania. Educación Social e Escola. Una análise da última década (2006-2016). (pp 249-260. Nova Escola Galega e Ceesg.

Colás, M. P., de Pons, J., & Ballesta, J. (2018). Incidencia de las TIC en la enseñanza en el sistema educativo español: una revisión de la investigación. *Revista de Educación a Distancia (RED)*, *18*(56). https://revistas.um.es/red/article/view/321471

COPGalicia. Colexio Oficial de Psicoloxía de Galicia, (2022). Reclama no Parlamento de Galicia a incorporación de psicólogos/as educativos para traballar a igualdade nos centros de ensino. https://circular.copgalicia.gal/a-decana-do-colexio-oficial-de-psicoloxia-de-galicia-reclama-no-parlamento-de-galicia-a-incorporacion-de-psicologos-as-educativos-para-traballar-a-igualdade-nos-centros-de-ensino/

Colom, A. (2014). Presentación. En M. Marc y C. Orte (Ed.), *La pedagogía social y la escuela. Los retos socioeducativos de la institución escolar en el siglo XXI* (pp.9-12). Octaedro.

Colom, A. (1987). Marco teórico, en Colom, A. J. (coord.), *Modelos de intervención socioeducativa* (15-35). Narcea.

Cortina, A. (2013). ¿Para qué sirve realmente la ética? Paidós.

Cortina, A. (s.f.). Ética de las profesiones y de la función pública. https://archivos.juridicas.unam.mx/www/bjv/libros/5/2228/9.pdf

D

Dapía, M. D., & Fernández, M. R. (2018). Educación social y escuela en España. A propósito de la formación e inserción laboral. *Revista Iberoamericana De Educación*, *76*, 209-228. https://doi.org/10.35362/rie7602857

Dapía, M. & Braña, F. (2018). A escola nos Traballos de Fin de Grao de Educación Social na Universidade de Vigo. En X.M. Cid, S. Riveiro, M. Victoria, M.Castro, X. Rodríguez, A. Fernández, A. Cid, P Alonso e F Candia. Educación Social e Escola. Una análise da última década (2006-2016). (pp 329-346). Nova Escola Galega e Ceesg.

Dapía, M. & Cid, X. (2000). *Da Escola rural á educación social. Xornadas sobre os 25 anos de Freinet en Galicia*. Servizo de Publicacións Universidade de Vigo.

Dewey, J. (1995).Democracia y educación: una introducción a la filosofía de la educación. Morata.

Diario Enfermero (30, de junio de 2020). Enfermeras y pacientes solicitan la implantación de la enfermera escolar el próximo curso. https://diarioenfermero.es/enfermeras-y-pacientes-solicitan-la-implantacion-de-la-enfermera-escolar-el-proximo-curso/

Díez-Gutiérrez, E.J., & Muñiz-Cortijo, L.M. (2022). La educación social en la escuela: una revisión actualizada. *Revista de Investigación Educativa*, *40*(2), 403–419. https://doi.org/10.6018/rie.454511

Drillig, M. (2008). *Schulsozialarbeit. Antworten auf veränderte Lebenswelten*. Haupt verlag.

E

Ecclestone, K. & Brunila, K. (2015) Governing emotionally vulnerable subjects and 'therapisation' of social justice. [El gobierno de los sujetos emocionalmente vulnerables y la "terapia" de la justicia social]. *Pedagogy, Culture & Society, 23*, (4),485-506, DOI: 10.1080/14681366.2015.1015152

292

Ecclestone, K. (2004). Learning or therapy? The demoralisation of education. [¿Aprendizaje o terapia? La desmoralización de la educación]. *British Journal of Educational Studies*, (52), 2,112–137.

Eibeck , B. (2014). Warum die Schulsozialarbeit zur Jugendhilfe gehört. [Por qué el trabajo social escolar forma parte del bienestar de los jóvenes]. In *dreizehn. Zeitschrift für Jugendsozialarbeit*, (11).

Elsner, G. & Rademacker, H. (1997). Sozial Differenzierung als neue Herausforderung für die Schule. Erfahrungen aus einem Modellversuch zur Schulsozialarbeit in Sachen. [La diferenciación social como nuevo reto para las escuelas. Experiencias de un proyecto piloto sobre el trabajo social escolar en las escuelas]. *Zeitschrifft für Pädagogik*, (37), 183-202.

Engelke, E., Borrmann, S. & Spatscheck, C. (2018). *Theorien der Sozialen Arbeit. Eine Einführung.*[Teorías del trabajo social. Una introducción]. Lambertus.

Escudero, J.M. & Martínez, B. (2012) Las políticas de lucha contra el fracaso escolar *¿programas especiales o cambios profundos del sistema y la educación?. Revista de Educación*, (1) 174-193. https://sede.educacion.gob.es/publiventa/

Escudero, J.M. (2005). El Fracaso escolar: nuevas formas de exclusión educativa. En García-Molina, J. (coord.). Exclusión social-exclusión educativa .Lógicas contemporáneas (83-108).

Escudero, J.M., Guarro, A., Martínez, G. & Riu, X. (2005). *Sistema educativo y democracia. Alternativas para un sistema escolar democrático*. Octaedro.

Escudero, J. M. (2005a). Fracaso escolar, exclusión social: ¿De qué se excluye y cómo?. Profesorado. *Revista de Currículum y Formación de Profesorado*, 9(1),0. https://www.redalyc.org/articulo.oa?id=56790102

Escudero, J.M. (2003) La educación compensatoria y la organización escolar: ¿un programa marginal o una prioridad de los centros?, en Linales, J. & Sánchez, M. (coord.) *Estrategias para una respuesta educativa compensadora. IES, Consejería de Educación y Cultural* (pp.7-81).

Fermoso, P. (1998). La violencia en la escuela: el educador/pedagogo social escolar. En Pantoja, L. (coord.). *Nuevos espacios de la educación social*, (85-98). Universidad de Deusto. Servicio de Publicaciones.

Fernández Enguita, M. (2018). *Más escuela y menos aula*. Morata.

Fernández Enguita, M. (2016). *La educación en la encrucijada*. Fundación Santillana.

Fernández Enguita, M. (2015). *El atasco de la educación y cómo salir de él.* https://www.letraslibres.com/mexico-espana/el-atasco-la-educacion-y-como-salir-el

Fernández Enguita, M., Mena, L. & Riviére, J. (2010). *Fracaso y abandono escolar en España*. Obra Social Fundación "la Caixa".

Fernández Enguita, M. (1995). *La escuela a examen. Un análisis sociológico para educadores y otras personas interesadas.* Pirámide.

Fernández-Simo, J. & Cid, X. (2020). *Adolescencias Invisibles. A educación social nos camiños do empoderamento.* Andavira.

Freire, P. (2006). *Pedagogía de la autonomía. Saberes necesarios para la práctica educativa.* Siglo XXI.

Freire, P. (2002). Pedagogía del Oprimido. Siglo XXI.

Frey, A. (2014). Bericht zur Beratung und wissenschaftlichen Begleitung des Modellprojekts: "Soziale Arbeit an Schulen-Steuerung im Dialog" Landkreis 2012-2013. [Informe sobre la dirección de la Educación Social Escolar]. https://www.thkoeln.de/mam/downloads/deutsch/hochschule/fakultaeten/f01/frey_soziale_arbeit_an_schulen_in_kreuznach.pdf

Frigerio, G., Poggi, M., Tiramonti, G. & Aguerrondo, I. (1992). *Las instituciones educativas. Cara y ce̋ca.* Troquel.

Furedi, F. (2004). *Therapy Culture: Cultivating Vulnerability in an Uncertain Age.* [Cultura terapéutica: Cultivar la vulnerabilidad en una época incierta]. Routledge.

G

Gaibar, L. (2020). Educadores sociales exigen ser incluidos en centros educativos a través de la Ley Rhodes. *El Salto.* https://www.elsaltodiario.com/educacion/educadores-sociales-exigen-ser-incluidos-centros-educativos-ley-rhodes

Galán, D. (2018). El estado de la cuestión y la normativa en Extremadura. En X.M. Cid, S. Riveiro, M. Victoria, M.Castro, X. Rodríguez, A. Fernández, A. Cid, P Alonso e F Candia. *Educación Social e Escola. Una análise da última década (2006-2016)* (pp51-68). Nova Escola Galega e Ceesg.

Galán, D. (2008). Los Educadores sociales en los centros de Educación Secundaria de Extremadura. *Pedagogía Social. Revista Interuniversitaria,* (15), 57-71.

Galuske, M. (2013). *Methoden der Sozialen Arbeit. Eine Einführung.* BeltzJuventa.

García-Molina J. & Blázquez, A. (2006). El educador social en la educación secundaria. *Educación social: Revista de intervención socioeducativa,*(32), 39-66. https://raco.cat/index.php/EducacioSocial/article/view/165521.

García-Molina, J. (2003). *Dar (la) palabra: deseo, don y ética en educación social.* Gedisa.

García-Molina, J. (2003a). Educación social: ¿profesión educativa o empleo social? En J. García-Molina (Coord.), *De nuevo, la educación social* (15-40). Dykinson.

Gasch, B. (2005). Espacios educativos que ofrecen una alternativa al fracaso escolar. Gestión perversa de un modelo de aprendizaje. *Educación Social,* (32), 61-78.

Gastier, S. & Lachat, B. (2012). *Schulsozialarbeit – soziale Arbeit am Lebensort Schule.* Lambertus.

Gimeno, J. (1998). ¿Qué es una escuela para la democracia?. *Cuadernos de Pedagogía,* (275), 19-26.

Gimeno, J. (2013). *En busca del sentido de la educación.* Morata.

Giroux, H. (1990). *Los profesores como intelectuales. Hacia una pedagogía crítica del aprendizaje.* Paidós.

Gonçalves, D. (2018). Professoras/es e Educadoas/es sociais em busca do sucesso educativo:uma experiência de uma escola pública no âmbito do Programa TEIP. En Cid, X., Riveiro, S., Carrera, M., Castro, M., Rodríguez, X., Fernández, A., Cid, A., Alonso P, & Candia, F. (Coord.) *Educación social e Escola. Unha análise da última década (2006-2016),* (pp.93-101). Ourense: Nova Escola Galega e Ceesg.

González, M., Olmos, S., & Serrate, S. (2016). Análisis de la práctica profesional del educador social en centros de educación secundaria. *Pedagogía Social. Revista Interuniversitaria,* 28 229-243. DOI:10.7179/PsRI_2016.28.17

Guillén, M. (1990).Profesionales y burocracia: Desprofesionalizacion, Proletarizacion y poder Profesional en las organizaciones Complejas. *REIS: Revista Española de Investigaciones Sociológicas,* (51) p.35-52. https://dialnet.unirioja.es/descarga/articulo/248991.pdf

H

Hargreaves, A. (1998). The emotional practice of teaching.[La práctica emocional de la enseñanza] *Teacher and Teaching education.14* (8), 835-859.

Hargreaves, H. (1997). La investigación educativa en la era Postmoderna. *Revista de Educación*, (312), p.111-130.

Herbart, F (1983). *Pedagogía general derivada del fin de la educación*. Humanitas.

Hernández-Echegaray, A. (2017). La precarización laboral como factor de la desprofesionalización del trabajo social: análisis y propuestas desde la perspectiva experta. *Documentos de trabajo social: Revista de trabajo y acción socia*l, 59, 117-139.

Hoyos, F., Galán, D. & Vilar, J. (2003). Entre la escuela y la educación social. *Revista de Educación Social*, 32, 19-28.

Huxatble, M. (2022). Huxtable, Marion (2022). A Global Picture of School Social Work in 2021. *International Journal of School Social Work,* 7(1). https://doi.org/10.4148/2161-4148.1090

I

Iglesias, A. & Sanchez, A. (2008). Socialización profesional e violencia de xénero. En Iglesias A. & Sanchez, A. (Coord.) *Tratamento da violencia de xénero desde as políticas de igualdad* (pp.7-22). Universidade de A Coruña- Servicio de Publicacións

J

Jensen, F. E. (2022). *El cerebro adolescente*. RBA

Jiménez, R. (2022). Alumnado en situación de riesgo de exclusión social: propuestas y actuaciones desde la Educación Social en el sistema educativo. En A. Martín-Cuadrado (coord.) *Retos actuales del sistema educativo. Propuestas de actuación desde la Educación Social* (67-84). Octaedro.

Jiménez-Jiménez, R., Martín-Cuadrado, A.M y Pérez-Sánchez, L. (2025). La formación especializada de educadoras y educadores sociales en el sistema educativo. *Pedagogía Social. Revista Interuniversitaria*, 46, 153-173. DOI:10.7179/PSRI_2025.46.09

K

Kant, E. (1803). *Über Pädagogik. https://www.deutschestextarchiv.de/book/view/kant_paedagogik_1803?p=1*

Kastirke, N. & Holtbrink, L. (2013). *Evaluation zum Beitrag der Schulsozialarbeit in Dortmund zur Realisierung der Ziele des Bildunhs-und Teilhabepaketes*. Fachoschule Dortmund. https://www.lwl-landesjugendamt.de/media/filer_public/a3/90/a3905305-ed6c-49bd-8331-01f75b8c10e0/2014-05_evaluation-but-schulsozialarbeit_evaluation-2.pdf

Kjellgren, M., Lilliehorn, S. Markström y U. (2023). School Social Work in Sweden—Who are the Children in Counselling, and What Support are They Offered? A Protocol Study About Individual Counselling in Elementary Schools. *Child and Adolescent Social Work Journal*. https://doi.org/10.1007/s10560-023-00943-y

L

Lahire, B. (2003). Los orígenes de la desigualdad escolar. En Marchesi. A. e Hernández, C. (coord.). *Fracaso escolar. Una perspectiva internacional* (pp.73-84). Alianza.

Laorden, C., Prado, C. & Royo, P. (2006). Hacia una educación inclusiva. El papel del educador social en los centros educativos. *Pulso, Revista de Educación (*26), 77-93. https://dialnet.unirioja.es/descarga/articulo/2200894.pdf

Larson, M. S. (1977). *The Rise of Professionalism: A Sociological Analysis.* University of California Press

Laval, C. (2005). *Per què l'escola no és una empresa.* UOC. https://www.uoc.edu/dt/cat/laval0505.pdf

Lipovetsky, G. (2005). *La era del vacío. Ensayos sobre el individualismo contemporáneo.* Anagrama.

Lirio, J. (2005). El educador social en el sistema educativo actual: Funciones y tareas. En Lirio, J. (coord.). *La metodología en educación social. Recorrido por diferentes ámbitos profesionales,* (pp.177-193). Dykynson.

Llongás, M. (2000). Educador social i escolanous àmbits d'intervenció?. *Educació social: Revista d'intervenció sòcioeducativa,* (15), 97-102. https://raco.cat/index.php/EducacioSocial/article/view/144583.

López, P., Cussolo, I., Rodríguez, E. & Riera-Romaní, J. (2016). Hacia una Nueva Propuesta de Evaluación del Éxito Educativo. *REICE. Revista Iberoamericana sobre Calidad, Eficacia y Cambio en Educación,* 14(2), 97-114.

López, R. (2013). Las educadoras y los educadores sociales en centros escolares en el Estado Español. *RES. Revista de Educación Social,* (16).

M

Maines, B. & Robinson, G. (1992). *Michael´s: The no blame approach.* [El enfoque de no culpar a nadie]Lame Duck Publisch.

March, M. & Orte, C. (2014). La recuperación de la institución escolar en el proceso de reconceptualización de la pedagogía social. En M. Marc y C. Orte (Ed.), *La pedagogía social y la escuela. Los retos socioeducativos de la institución escolar en el siglo XXI* (pp. 57-84). Octaedro.

March M. & Orte, C. (2003). La recuperación de la institución escolar en el proceso de reconceptualización de la Pedagogía Social. *Pedagogía Social. Revista interuniversitaria,* (10), 85-110.

Marchesi, A. (2012). *Qué será de nosotros, los malos alumnos.* Alianza.

Markert, & Pust, (2023). Onlinebefragung Schulsozialarbeit MV: Ausgewählte Ergebnisse. [Encuesta en línea sobre el trabajo social escolar: resultados seleccionados]. Hohschule Neubranderburg.

Meirieu, P. (2016). *Recuperar la Pedagogía.* Paidós.

Melendro, M. (2008). Absentismo y fracaso escolar: la educación social como alternativa. En *Bordón. Revista De Pedagogía,* 60(4), pp. 65-77. https://recyt.fecyt.es/index.php/BORDON/article/view/28869

Mollenhauer, K. (1968*). Erziehung und Emanzipation.* [Educación y emancipación]. Juventa.

Montagut, T. (2008). Educación social, ciudadanía y tercer sector. *Educación Social: Revista de intervención socioeducativa,* (38), 107-120. https://raco.cat/index.php/EducacioSocial/article/view/165589

Montserrat, C. & Melendro, M. (2017). ¿Qué habilidades y competencias se valoran de los profesionales que trabajan con adolescencia en riesgo de exclusión social? Análisis desde la acción socioeducativa. *Educación XXI,* 20(2), 113-135. https://doi.org/10.5944/educxx1.19034

Morgenstern,I., Köpke,C., Fieber-Martin,K., Raudies,B., Koßmann, J. & Schulte, A. (2014). *Abschluss-berich Schulsozialarbeit in Sachsen*. [Informe final sobre la educación social escolar en Sajonia]. Orga-nisationsberatungsinstitut Thüringen - ORBIT e.V.

Morgenstern, I. & Volkmar, S. (2007). Befragung der Schulsozialarbeiter/innen, Lehrer/innen und Träger. Zur Evaluation der Schulsozialarbeit in Jena. .[Encuesta a trabajadores sociales escolares, profesores y organizaciones. Evaluación del trabajo social escolar en Jena.] ORBIT, Organisations-beratungsThüringen. https://www.schuso-thueringen.de/fileadmin/user_upload/teilhabe/Schu-so/Publikationen/Abschlussbericht_Evaluation_der_Schulsozialarbeit_in_Jena.pdf

Morán Mª C., Varela, L. & Vargas, G. (2017). Interacciones entre Educación Secundaria y Educación Social. Un análisis de la formación inicial de sus profesionales en las universidades españolas. *Revista interuniversitaria de formación del profesorado:* RIFOP, *89*, (2), 43-59. https://www.redalyc.org/articulo.oa?id=27452662003

Moyano, S. *(*2012*)*. *Acción Educativa y funciones de los educadores sociales.* Editorial: UOC.

Moyano, S. (2007). Retos de la educación social. Aportaciones de la Pedagogía Social a la educación de las infancias y las adolescencias acogidas en Centros Residenciales de Acción Educativa. [Tesis doctoral].Universidad de Barcelona.

Muñoz-Rodríguez, J., Torrijos, T., Serrate, S. & Murciano, A. (2020). Entornos digitales, conectivi-dad y digitalización: percepción y gestión del tiempo en la construcción de la identidad digital de la juventud. *Revista Española de Pedagogía.* 78(277):457-475

N

Natorp, P. (2001). *Pedagogía social: teoría de la educación de la voluntad sobre la base de la comunidad.* Biblioteca Nueva.

Niffeler, L., Kalbermatter, L. & Chandrapala S. (2018). *Die Kooperation zwischen Schulsozialarbeiten-den und Klassenlehrpersonen, Eine qualitative Forschungsarbeit an drei Sekundarschulen im Kanton Luzern.* [Cooperación entre Educación Social y tutoras. Estudio cualitativo en Luzern].Hochschule Luzern.

Novella, A. M., Agudo, I., Llena, A., & Trilla, J. (2013). El concepto de ciudadanía construido por jó-venes que vivieron experiencias de participación infantil. *Bordón. Revista De Pedagogía*, *65*(3), 93–108. Recuperado a partir de https://recyt.fecyt.es/index.php/BORDON/article/view/23166

Núñez, V. (2013). Pedagogía Social, del imperativo de homogenización al espacio de la pluralidad. *Educatio Siglo XXI, 31*(2), 57–72. https://revistas.um.es/educatio/article/view/187081

Núñez, V. (coord.)(2010) *Encrucijadas de la educación social. Orientaciones, modelos y prácticas.* UOC.

Núñez, V. (2003). Los nuevos sentidos de la tarea de enseñar. Más las allá de la dicotomía enseñar vs. Asistir. *Revista Iberoamericana de Educación, 33*, 17-35.

Núñez, V. (2002). *La educación en tiempos de incertidumbre: las apuestas de la Pedagogía Social.* Gedisa.

Núñez, V. (1999). *Pedagogía social: cartas para navegar en el nuevo milenio.* Santillana.

Núñez, V. & Planas, T. (1997). La educación social especializada. Historia y perspectivas: una pro-puesta metodológica. En Petrus, A. (coord.). *Pedagogía social.* Ariel.

Núñez, V. (1990). *Modelos de educación social en la época contemporánea.* PPU.

O

Oelerich, G. (2013). EvaluationSchulsozialarbeit im Rahmen des Bildungs- und Teilhabepakets (BuT) in Wuppertal. Abschlussbericht, August 2013. Bergische Universität Wuppertal. https://www.wipev.de/Fachtagung_DPWV_Berlin/I_Abschlussbericht_Evaluation_Schulsozialarbeit_BuT_Wuppertal.pdf

Olk, K. & Speck, K. (2009).Was bewirkt Schulsozialarbeit? - Theoretische Konzepte und empirische Befunde an der Schnittfläche zwischen formaler und non-formaler Bildung. [¿Qué consigue la educación social escolar? - Conceptos teóricos y resultados empíricos en la interfaz entre educación formal y no formal] *Zeitschrift für Pädagogik, 55*, (6), pp. 910-927. https://www.pedocs.de/volltexte/2011/4283/pdf/ZfPaed_2009_6_Olk_Speck_Schulsozialarbeit_Befunde_D_A.pdf

Olk & Speck (2001). LehererInnen und SchulsozialarbeiterInnen-Institutonelle und berufskulturelle Bedingungen einer "schwierigen" Zusammenarbeit. [Profesores y educadores sociales escolares - condiciones institucionales y profesionales-culturales de una cooperación "difícil] In Becker, P., Schirp, j. (Hrsg.). *Jugendhilfe und Schule. Zwei Handlugnsrationalitäten auf dem Weg zu einer?* 46-85.

Ortega, J. (2014). Educación social y enseñanza: los educadores sociales en los centros educativos, funciones y modelos. *Edetania: estudios y propuestas socio-educativas*, (45), 11-32.

Ortega, J. & Mohedano, J. (2011). Educadores sociales escolares, concepto y modelos. A partir de los casos de Castilla y León, Castilla la Mancha y Extremadura. https://iuce.usal.es/wp-content/uploads/Educadores-Sociales-Escolares.pdf

Ortega, J. (1999). Hacia la construcción de una pedagogía social especializada. En Ortega, J. (coord.). *Pedagogía social especializada* (pp.11-27). Ariel.

P

Parcerisa, A. (2008). Educación social en y con la institución escolar. *Pedagogía Social. Revista interuniversitaria*, (15), 15-27. https://doi.org/10.7179/PSRI_2008.15.02

Parcerisa, A. (1999). El currículum oculto. *Eufonía*, (17), 6-14.

Pelegrí, X., Juliá, R. & Mata, A.(2017). La participación de los profesionales sociales en los centros educativos. Encuentros y desencuentros. En Garreta J., (Coord.) *Familias y escuelas. Discursos y prácticas sobre la participación en la escuela*. Pirámide.

Penalva, J. (2009). Análisis crítico de los aspectos antropológicos y pedagógicos en la educación emocional. *REICE, Revista Iberoamericana de Educación*, (49), 247-265.

Pérez Gómez, A.I. (2000). *La cultura escolar en la sociedad neoliberal*. Ediciones Morata.

Pérez, M., Sánchez, J.C. & Cabanas, E. (2018). *La vida en tiempos de la felicidad. Crítica de la psicología (y de la ideología) positiva*. Alianza Ensayo.

Perrenoud, Ph. (2008). *La construcción del éxito y del fracaso escolar*. Morata - Fundación Paideia.

Perrenoud, Ph (2002). Os sistemas educativos face ás desigualdades e ao insucesso escolar: uma incapacidade mesclada de cansaço. En J.B. Duarte (dir.) *Igualdades e Diferença. Numa escola para todos* (17-44).Universitarias Lusófanas.

Petrus, A. (2004). Educación Social y Educación Escolar. En *Pedagogía social: Revista interuniversitaria*, (11), 87-109. https://www.redalyc.org/articulo.oa?id=135015179005

Petrus, A. (1997). Concepto de educación social. En Petrus, A. (coord.). *Pedagogía Social* (pp.9-39). Ariel.

Pfiffner, R., Windlinger,R., Hostettler, U.(2023). When do pupils talk about their problems? Explaining pupils' intentions to seek help from school social work services. *Children and Youth Services Review*, 152, 107-77. https://doi.org/10.1016/j.childyouth.2023.107077

Pötter, N. & Segel, G. (2009). (Hrsg.) *Profession Schulsozialarbeit: Beiträge zu Qualifikation und Praxis der sozialpädagogischen Arbeit an Schulen*. VS Verlag für Sozialwissenschaften.

Prieto, M. (2018). La psicologización de la educación: Implicaciones pedagógicas de la inteligencia emocional y la psicología positiva. *Educación XXI, 21*(1), 303-320, Doi: 10.5944/ educXX1.20200

Puig, X. & Fernández, A. (2018). Profesión necesaria para una escuela inclusiva. En X.M. Cid, S. Riveiro, M. Victoria, M.Castro, X. Rodríguez, A. Fernández, A. Cid, P Alonso & F Candia. *Educación Social e Escola. Una análise da última década* (2006-2016). (pp 17-50.). Nova Escola Galega e Ceesg.

R

Rademacker, H. (2011). Schulsozialarbeit in Deutschland. [Educación Social Escolar en Alemania] In Baier, F. & Deinet, U. (Hrsg.). *Praxisbuch Schulsozialarbeit. Methoden, Haltungen und Handlungsorientierungen für eine professionelle Praxis* (pp.17-44). Verlag Barbara Budrich.

Rademacker, H. (2009). Schulsozialarbeit-Begriff und Entwicklung.[Educación social escolar, concepto y desarrollo]. In Pötter, N. & Segel, S. (Hrsg.) *Profession Schulsozialarbeit Beiträge zu Qualifikation und Praxis der sozialpädagogischen Arbeit an Schulen* (pp.13-25). VS Verl. für Sozialwissenschaften.

Rademacker, H. (1994). Zum Konzept von Schulsozialarbeit als Beitrag zu einer neuen Bildungsreform.[Concepto de educación social escolar como aportación a la reforma educativa] *Pädagogische Führung, 5*, 148—154.

Riberas, G. & Vilar, J. (2014). La praxis reflexiva: un reto para la educación social. *Edetania*, 45, 129-142. https://revistas.ucv.es/edetania/index.php/Edetania/article/view/177

Riera Romaní, J. (1998). *Concepto, formación y profesionalización de: el educador social, el trabajador social y el pedagogo social. Un enfoque interdisciplinar e interprofesional*. Nau Llibres.

Ríos-Macías, R., Ríos-Macías, M., Yusta, R. (2021). 15 años de Educación Social en la escuela pública de Andalucía. *RES, Revista de Educación Social, 32*, Enero-Junio. https://eduso.net/res/wp-content/uploads/2021/05/res-32-manu.pdf

Rodorigo, M. & Aguirre-Martín, T. (2020). La educación social en los centros educativos institucionalizados posmodernos. *Contextos Educativos*, (25), 183-200. https://doi.org/10.18172/con.3646.

Romans S., M., Petrus, R., & Trilla, J. (2000). *De profesión Educador Social*. Paidós Ibérica.

Ruedas-Cletrio, J. y Serrate, S. (2021). La importancia de la educación emprendedora tutorizada por Educadores Sociales. Cuestiones pedagógicas: Revista de ciencias de la educación, N°. 31, 2, 2022, págs. 47-64 https://revistascientificas.us.es/index.php/CuestionesPedagogicas/article/view/17336/20346

S

Sánchez-Rojo, Alberto y Prieto-Egido, Miriam (2020). Jóvenes transitando a la educación posobligatoria: el reflejo de la injusticia hermenéutica en sus discursos. Revista de Sociología de la Educación-RASE, 13 (4), 579-596. http://dx.doi.org/10.7203/RASE.13.4.17843

Sáez Pérez, M. (2022). Respuestas a las necesidades socioeducativas de las familias dentro del sistema educativo: participación, inclusión y vínculo desde la Educación Social. En A. Martín-Cuadrado (coord.) *Retos actuales del sistema educativo. Propuestas de actuación desde la Educación Social* (103-120). Octaedro.

Sáez, J & García Molina, J. (2005). Los educadores sociales ante la exclusión social. En García Molina (coord.). *Exclusión social-exclusión educativa. Lógicas contemporáneas.* (109-132).Diálogos.

Sáez, J. & Campillo, M. (2013). La Pedagogía Social como comunidad disciplinar: entre la profesionalización y desprofesionalización del campo. *Educatio Siglo XXI, 31*(2), 73-96. https://revistas. um.es/educatio/article/view/187091

Sáez, J. & García Molina, J. (2006). *Pedagogía social: Pensar la Educación Social como profesión.* Alianza Editorial.

Sáez, J. & García-Molina, J. (2017). Investigadores, docentes y educadores frente a la exclusión social: Paradojas y apuestas. *Educación XXI, 20*(2), 95-112. https://doi.org/10.5944/educxx1.19033

Sáez, J. (1993). (coord.). El educador Social. Universidad de Murcia.

Sáez, J. (2003). *La Profesionalización de los Educadores Sociales. En busca de la competencia educattiva cualificadora.* Dykinson.

Sáez, J. (2003a). Cambiando concepciones en la construcción de la Pedagogía Social. En García-Molina, *De nuevo la educación Social,* 41-68. Dykinson.

Sáez. J., Campillo M, & Bas, E. (2004). El mercado como actor clave en la profesionalización de los educadores sociales. Pedagogía Social. Revista Interuniversitaria, (11), 165-211. https://dialnet. unirioja.es/descarga/articulo/1457975.pdf

Sánchez-Valverde, C. (2020). Las paradojas en la educación social y en sus efectos: la asignación de destinos desde la adjetivación y el paternalismo. La responsabilidad de los formadores y formadoras. En Sánchez-Valverde , C & Montané, A. (coord.). *La Educación Social en los Extremos: Justicia Social y paradojas en la práctica,* (pp.13-32) Universitat de València, Institut Universitari de Creativitat i Innovacions Educatives

Sancho-Álvarez, C., Jornet, J. M., & González-Such, J. (2016). El constructo valor social subjetivo de la educación: validación cruzada entre profesorado de escuela y universidad. *Revista de Investigación Educativa, 34*(2), 329–350. https://doi.org/10.6018/rie.34.2.226131

Sánz, R., Giménez, J. A., & López-Luján, E. (2022). La iniciación a la docencia: análisis de la percepción sobre los futuros problemas de enseñanza de los alumnos de Magisterio y del Máster del Profesorado. *Bordón. Revista De Pedagogía, 74*(2), 93–109. https://doi.org/10.13042/Bordon.2022.91641

Schumann, M., Sack, A. & Schumann, T. (2006) .Schulsozialarbeit im Urteil der Nutzer. [El trabajo social escolar a juicio de los usuarios] Weinheim.

Sen, A. (1999). *Nuevo examen de la desigualdad.* Alianza Editorial.

Serra, J. (2021). Educación contará con cien orientadores sociales en los centros. *Ultima hora.* https://www.ultimahora.es/noticias/local/2021/07/09/1282443/educacion-baleares-centros-contaran-cien-orientadores-sociales.html

Serrate, S. (2014). *La acción profesional del educador social en el sistema educativo.* (Tesis doctoral). Facultad de Educación. Universidad de Salamanca. Salamanca.

Serrate, S., González, M. & Olmos, S. (2017). La acción socioeducativa interdisciplinar en la etapa de educación secundaria. Situación y necesidades profesionales. *Revista de Educación,* (376), pp. 200-228.

Siegel, D. (2013). Tormenta cerebral: El poder y el propósito del cerebro adolescente. Alba.

Sierra, J.; Vila, E., Caparrós, E. & Martín, V. (2016). Rol y funciones de los educadores y las educadoras sociales en los centros educativos andaluces. Análisis y reflexiones. *Revista complutense de educación, 28*(2), 479-495.

Solé, J., & Moyano, S. (2017). La colonización Psi del discurso educativo. *Foro de Educación, 15*(23), 101-120. DOI: http://dx.doi.org/10.14516/fde.551

Soriano, R. & Trinidad, A. (2014). La aplicación de criterios de la Grounded Theory en el análisis documental: los textos legales y normativos españoles en materia de extranjería. *EMPIRIA. Revista de metodología de Ciencias Sociales,* (28), *pp.157-182.* DOI.10.5944/empiria.28.12125

Speck, K. & Wulf, C. (2019). Kooperation von Jugendsozialarbeit und Schule Befunde aus der Evaluation des Landesprogramms „Jugendsozialarbeit an Berliner Schulen". [Cooperación entre el trabajo social juvenil y las escuelas Conclusiones de la evaluación del programa estatal "Trabajo social juvenil en las escuelas de Berlín".] *Unsere Jugend,* (10), 418-427.

Speck, K. (2006). *Qualität und Evaluation in der Schulsozialarbeit. Konzepte, Rahmenbedingungen und Wirkungen.* [Calidad y evaluación en el trabajo social escolar. Conceptos, condiciones marco y efectos]. Verlag für Sozialwissentchaften.

Speck, K. (2019). Wirkungsforschung in der Schulsozialarbeit. [Efectos_de_la_Educación_Social_Escolar]. En A. Begemann, (Hrsg.). *Wirkungsforschung zur Kinder- und Jugendhilfe,* (pp.149-164). Beltz Juventa.

Speck, K. (2020). *Schulsozialarbeit. Eine Einführung.* [Introducción a la Educación Social Escolar]. utb.

Speck, K., Olk, T. & Stimpel, T. (2011). Auf dem Weg zu multiprofessionellen Organisationen? Die Kooperation von Sozialpädagogen und Lehrkräften im schulischen Ganztag. Empirische Befunde aus der Ganztagsforschung und dem Forschungsprojekt „Professionelle Kooperation von unterschiedlichen Berufskulturen an Ganztagsschulen"[¿Hacia organizaciones multiprofesionales? Cooperación entre pedagogos sociales y profesores en las escuelas de jornada completa. Conclusiones empíricas de la investigación en escuelas de jornada completa y del proyecto de investigación "Cooperación profesional entre diferentes culturas profesionales en escuelas de jornada completa".] (ProKoop). *Zeitschrift für Pädagogik,* (57),184-201.

Spies, A. & Pötter, N. (2011). *Soziale Arbeit an Schulen. Einführung in das Handlungsfeld Schulsozialarbeit.* [La educación social en la escuela. Introducción al campo del trabajo social escolar.] VS Verlag.

Strauss & Corbin, (2002). *Bases de la investigación cualitativa. Técnicas y procedimientos para desarrollar la teoría fundamentada.* Universidad e Antioquía.

Straβ, U., Engels, S., Hettler, I., Kunitsch, L. Heike, W. & De Bartolo, C. (2020). *Dokumentation zum Austausch von Erfahrungen und der Gestaltung der Schulsozialarbeit in BaWü während der Schulschließungen aufgrund der Corona-Pandemie.* [Documentación sobre el intercambio de experiencias y la organización de la educación social escolar en BaWü durante el cierre de escuelas debido a la pandemia de corona] KVJS. https://www.netzwerk-schulsozialarbeit.de/cms/docman-default/sonstige/33-dokumentation-schuso-corona-8-4-2020/file

Subirana, M. & Cooperride, D. (2013). *Indagación apreciativa: un enfoque innovador para la transformación personal y de las organizaciones.* Kairos.

T

Tedesco, J.C. (2010). *Educación y justicia: el sentido de la educación.* Fundación Santillana. XXV Semana Monográfica de la Educación.

Tenorth, H.E. (1988). Profesiones y profesionalización: un marco de referencia para el análisis histórico del enseñante y sus organizaciones. *Revista de Educación,* (285),77-92.https://www.educacion-yfp.gob.es/dam/jcr:db5b1546-c9b9-400b-b14c-8ccfd62ce880/re28505-pdf.pdf

Terrón-Caro, T., Cárdenas-Rodríguez, R., & Rodríguez, R. (2017). Educación intercultural inclusiva. Funciones de los/as educadores/as sociales en instituciones educativas. En Pedagogía Social.*Revista Interuniversitaria*, (29), 25-40. DOI:10.7179/PSRI_2017.29.02.

Thiersch, H. (1997). Lebensweltorientierte Jugendhilfe –zum Konzep des 8. Jugendberichts. In Thiersch, H. (Coord.), *Lebensweltorientierte Soziale Arbeit. Aufgaben der Praxis im sozialen Wandel* (pp.13-40). Weinheim.

Tillmann, K-J. (1987). Schulsozialarbeit-Bilanz eines Jungen Praxisfeldes. *Die Deutsche Jugend, 79*, (3), 385-395.

Torrego, J. & Moreno, J. (2008). *Convivencia y disciplina en la escuela. El aprendizaje de la democracia.* Alianza editorial.

Touraine, A. (2006). Hay que pasar de una escuela de la demanda, orientada hacia el alumno. *Cuadernos de Pedagogía*, (354), 48-54.

Touriñán, J.M. (2014). Crisis 'de' la educación, crisis 'en' la educación y crisis de valores: la educación en crisis, en Grupo SI(*e*)TE. *Educación y crisis económica actual* (pp.7-35). Horsori Editorial.

Travería, X., Pelegrí, X. & Mata, A., (2017). La participación de los profesionales sociales en los centros educativos. Encuentros y desencuentros. En Garreta J., (Coord.) *Familias y escuelas. Discursos y prácticas sobre la participación en la escuela* (pp.185-210). Madrid: Pirámide.

Trilla, J. (2018). *La moda reaccionaria en educación.* Laertes.

Trilla, J. (2002). La respuesta del marco escolar frente a las nuevas necesidades de la familia y el educando. *Aula de Innovación educativa*, 112, 39-43.

Trinidad, A., Carrero, V. & Soriano, R. (2006). *Teoría Fundamentada "Grounded Theory". La construcción de la teoría a través del análisis interpretacional.* CIS.

U

Ubieto, J. & Pérez, M. (2018). *Niños hiper: infancias hiperactivas, hipersexualizadas, hiperconectadas.* Nuevos emprendimientos.

Úcar, X. (2001). Actualidad de la profesión de educador social. *Letras de Deusto, 31*, (91).

Urban, U. (2003). *Kooperation zwischen Schule und Jugendhilfe. Demokratienbausteine.* [Cooperación entre los centros escolares y los servicios de asistencia a los jóvenes. Elementos constitutivos de la democracia]. BLK.

V

Valcárcel, A. (2002). Ética para un mundo global: una apuesta por el humanismo frente al fanatismo. Temas de Hoy.

Vaquer, I. (23/06/21*)*. Educació modificará la figura del educador social el próximo curso. La conselleria incorporará a profesores técnicos de servicios a la comunidad para las mismas funciones. *Periodico de Ibiza*. https://www.periodicodeibiza.es

Varela, L. & Serrate, S. (2021) La educación social en la escuela *un análisis de la formación universitaria.* En M. A. Santos Rego, M. M. Lorenzo Moledo y A. Quiroga Carrillo, (coord.) *La educación en Red. Realidades diversas, horizontes comunes: XVII Congreso Nacional y IX Iberoamericano de Pedagogía.* Santiago de Compostela 7-9 de julio de 2021. Libro de resúmenes. (pp.110-111) https://dx.doi.org/10.15304/cc.2021.1393

Varela, J. (1992). Categorías espacio temporales y social acción escolar: Del individualismo al narcisismo. *Revista de Educación*, (298). https://www.educacionyfp.gob.es/dam/jcr:67470c31-6999-4b0e-8a4d-ed483ceb652b/re2980100486-pdf.pdf

Vila, E. S., Cortés, P., & Martín, V. M. (2019). Los Educadores y Educadoras Sociales en los Centros Educativos de Andalucía: Perfil y Desarrollo Profesional. *REICE. Revista Iberoamericana Sobre Calidad, Eficacia Y Cambio En Educación*, 18(1), 47–64. https://doi.org/10.15366/reice2020.18.1.003

Vilar, J. (2013). *Cuestiones éticas en la educación social (Manuales)*. UOC.

Villareal-Sosa, L. (2022) 'School social work: Challenges and opportunities'. *Children & Schools*, 44(2), pp. 67–9. DOI:10.1093/cs/cdac005

W

Wollter, F.(2024). Social workers' core components for mitigating problematic school absenteeism: the case of school social teams in Sweden. *Nordic Social Work Research*. DOI: 10.1080/2156857X.2024.2393818

Z

Zipperle, M, Wurzel M., Gschwind A., Werling M. & Rahn S. (2023). Wissenschaftliche Analyse "Sozialraumorientierte Schulsozialarbeit an Sekundarschulen". [Investigación_sobre_la_Educación_Social_Escolar_en_Secundaria]. Universität Tübingen. https://www.kvjs.de/fileadmin/publikationen/Forschung/SOSSA_SEK_Abschlussbericht_lang_2022-04-08_barr.pdf

FUENTES LEGISLATIVAS

BASS 21-13 Nr. 6. Beschäftigung von Fachkräften für Schulsozialarbeit in Nordrhein-Westfalen. RdErl. d. Ministeriums für Schule und Weiterbildung v. 23.01.2008 (ABl. NRW. S. 97, berichtigt 03/08 S. 142). https://bass.schul-welt.de/8598.htm

Bezigregierungs Koln, (2021). Erlassen 21-13 Nr. 6 und Nr. 9 Schulsozialarbeit in Zeiten einer Pandemie. https://www.bezreg-koeln.nrw.de/brk_internet/leistungen/abteilung04/generalien/schul-sozialarbeit/

BMFSFJ. (2005). Zwölfter Kinder und Jugendbericht Bericht über die Lebenssituation junger Menschen und die Leistungen der Kinder und Jugendhilfe in Deutschland. https://www.bmfsfj.de/resource/blob/112224/7376e6055bbcaf822ec30fc6ff72b287/12-kinder-und-jugendbericht-data.pdf

BMJFFG (1990). Bundesministerium für Jugend, Familie, Frauen und Gesundheit. 8 Jugendbericht. *Bericht über Bestrebungen und Leistungen der Jugendhilfe — Achter Jugendbericht.* https://www.dji.de/veroeffentlichungen/literatursuche/detailansicht/literatur/12730-8-jugendbericht.html

DOE (2009). ORDEN de 9 de noviembre de 2009 por la que se crea la Red Extremeña de Escuelas de Inteligencia Emocional y se regula la convocatoria para la incorporación a la misma de los centros educativos públicos de enseñanza no universitaria de Extremadura. (2009050497). Consejeria de Educación.

Gesetze für die Soziale Arbeit. Textsammlung - Rechtsstand: 24. Juli 2024. (BGBl. I Nr. 249). Nomos.

Instrucción de la Dirección General de Ordenación, Innovación y Promoción Educativa, derivada del Convenio de Colaboración entre la Consejería de Educación y Universidades y el Colegio Profesional de Educadoras y Educadores Sociales de Canarias (CEESCAN), para la mejora del sistema educativo y de la educación social (CEU, 207)

Instrucciones Andalucía de la Dirección General de Participación e Innovación Educativa por las que se regula la intervención del educador social en el ámbito educativo.17 de septiembre de 2010.

Instrucciones de la Dirección General de Ordenación, Renovación y Centros, por las que se establecen las funciones y ámbitos de actuación de los educadores sociales en centros de educación secundaria de la red pública dependiente de la Consejería de Educación, Ciencia y tecnología de la Junta de Extremadura, 25, octubre de 2002.

Instruccions de la DGOIE, de 30 de juny de 2001, que estableixen el procediment d'escolarització compartida i el traspàs d'informació sobre l'avaluació de l'alumnat d'ESO, entre els centres i les UEC.

Orden de 26 de junio de 2002, por la que se desarrollan determinadas medidas contempladas en el Plan para la Mejora de la ESO en Castilla-La Mancha. DOCLM, 26junio, n°78, p.9874

Plan de Mellora da Educación Secundaria Obrigatoria, publicado na Orde do 26 de xuño do 2002. https://www.educa.jccm.es/es/normativa/orden-26-06-2002-consejeria-educacion-cultura.ficheros/127426-orden_26062002_plan_mejora.pdf

Plan de Mellora da Educación Secundaria Obrigatoria, publicado na Orde do 26 de xuño do 2002. https://www.educa.jccm.es/es/normativa/orden-26-06-2002-consejeria-educacion-cultura.ficheros/127426-orden_26062002_plan_mejora.pdf

Resolución por la que se establece la Red de Acompañamiento y Orientación personal y familiar (RAOGAL) para el curso 2022-2023. https://www.edu.xunta.gal/portal/es/node/37632

Sozialgesetzbuch (SGB VIII) Achtes Buch Kinder- und Jugendhilfe § 13 SGB VIII Jugendsozialarbeit. https://www.sozialgesetzbuch-sgb.de/sgbviii/13.html